누 구 나 쉽 게 이 해 하 는

애자일
Agile
기본 정석

이두표 · 강석환 공저

PMP를 위한 애자일 완벽 가이드

NODE MEDIA
노드미디어

머리말

　≪애자일 기본 정석≫은 탄탄하게 이론적으로 애자일과 관련된 내용을 정리하여 PMP (Project Management Professional) 애자일 부분을 충실하게 대비할 수 있도록 준비하여 일종의 학습서 개념으로 각 부분을 기술하였다. 또한, 기업에서 애자일을 도입하는 경우를 감안하여 실무 도입 순서로 목차를 정리하여 도입과 관련된 핵심 부분을 이해하도록 구성하였다. 애자일 기본 정석은 PMI-ACP 학습교재의 일부 부분과 애자일 실무 가이드와 애자일 팀 리딩 책들의 핵심 부분을 응용하고 필자들의 실무 사례 경험을 토대로 만들어졌기 때문에 학습서와 실무 적용가이드의 두 가지 성격을 가지고 있다. 따라서 대학교의 교육 교재로도 사용이 가능하고, 기업의 애자일 팀에서 애자일의 상세한 내용을 이해하는데도 도움이 된다.

　왜 ≪애자일 기본 정석≫을 출간하게 되었는가?

　애자일 주제로 출간된 책들은 무수하게 많지만 특정 주제를 바탕으로 집필한 경우가 대부분이다. 애자일의 처음부터 마무리까지 체계적으로 구성된 책은 없다고 볼 수 있다. 최근에 PMP시험에서 애자일 부분이 거의 50% 수준으로 출제가 되고 있는 현실에서 애자일의 학습서가 필요한 상황이기도 했다. 필자들은 PMP, PMI-ACP, PMI-DASM 자격증을 취득하면서 얻은 경험과 관련 자료들을 분석하여 제대로 자격증 공부를 하는 분들에게 도움이 되는 책을 만들어 보자고 생각을 했고, 약 10개월의 준비를 통해 책을 출간하게 되었다. 또한, 실무 적용 부문에서 애자일 코치들이 기업에 코칭을 수행하면서 애자일의 기본 이론을 정확히 이해 못하고 코칭을 할 수 있을 것이다. 또한, 애자일 팀은 단편적인 정보를 바탕으로 업무를 추진할 수도 있을 것이다. 이런 관점에서 애자일 지식을 잘 정리해서 전달을 해야겠다는 마음으로 이 책을 출간하게 되었다.

　이 책의 제목이 '애자일 기본 정석'이다. 애자일을 적용하는데 중심이 되고 정확한 가이드가 되기를 기대한다. 따라서 프로젝트 관리에 있어서 필독 도서가 되기를 기대하며 책 소개를 마친다.

비즈니스 리더들의 추천사

급변하는 시대에 R&D 개발 체계에서 전통적 방식의 프로젝트 관리 방법을 탈피한 작은 단위의 조직으로 빠른 고객 대응 및 효율성을 향상 시키기 위한 Agile 방법론은 적합한 개발 체계라고 생각하며, 산업계에서의 개발 업무를 효율화 및 최적화하고 빠짐없이 관리하기 위한 필독 도서라고 생각합니다.

김재성(단암시스템즈(주), 상무이사(제조본부))

전통적 Waterfall 방법과 Agile 방법을 오랫동안 경험한 저자가 Agile 방법으로 프로젝트를 성공시키기 위해서 리더의 팀원 지원 관점, 팀웍 관점, 문제 해결 관점에서 잘 풀어낸 책입니다. 빠르게 변화하는 고객의 요구에 맞춰 프로젝트를 성공시키기 위해서는 이 책을 꼭 정독 할 것을 권해 드립니다.

노성주(LG유플러스(주) 상무이사(NW플랫폼그룹장))

Agile을 활용한 Project 수행 관리 방법은 실사구시적 지식을 담고 있는 좋은 책이라 믿습니다. 과학기술정보의 급속한 변화 속도로 인해 기업에서 프로젝트를 개발하고 관리하는 것이 상당한 부담으로 다가옵니다. 특히, 고객사의 요구사항에 잘 대처하는 것이 그대로 경쟁력인 세상에 살고 있습니다. 이 도서를 통해 많은 분들에게 지적 통찰력이 높아지기를 기대합니다.

박원수(한국노벨과학상포럼, 사무총장, 지식펜(주), 대표이사))

30년이 넘게 정보 통신 분야의 1위 업체인 LG연구소에서 근무하던 친구가 Agile 분야의 책을 집필하였습니다. 그동안의 대형 프로젝트 수행 경험과 성공을 통하여 스스로 증명했던 프로젝트 관리 방법을 이해하기 쉽고 실감나게 표현한 친구에게 아낌없는 박수를 보내며, 수많은 R&D분야의 개발자와 프로젝트 관리자 모두에게 더할 나위 없는 지침서가 되기를 기대합니다.

신창균((주)우리넷, 전무이사)

4차 혁명 시대의 기업들은 급격한 환경, 기술 변화에 적응하기 위한 비즈니스 모델과 경영 방식을 바꿔야 한다. 이처럼 신속하고 민첩한 변화 대응에 초점을 둔 용자(勇者)형 리더십이 '빠르게 행동하고, 빠르게 후회하며, 빠르게 배우는' 경영시스템이 Agile한 조직 문화를 이루는 토대다.

금번에 집필한 본도서는 두 분의 저자가 산학연에서 장기간 고루 경험한 엘리트 전문가들의 마음을 모아 연구한 학생들에게도 지식을 축적하여 사회 진출함에 있어 크게 기여하리라 생각이 된다. 본 도서의 출판을 축하하고 많은 활용을 권장하는 산업 현장과 학교에서 학생들의 학업에 기본 도서로 활용되기를 기대합니다.

백정선(인천국제공항보안(주), 대표이사/경영학박사, 前 인천국제공항공사 상임이사)

프로젝트 수행에 있어 체계적인 관리 방법은 전통적인 방식인 Waterfall 방식이 대표적이었으나, 고객의 요구사항이 정확히 반영된 것을 확인하기 까지의 시간이 순차적으로 진행되고 검증되어야 다음 단계로의 진행이 가능하다는 점에서 지금의 빠르게 변화하고 제품이나 솔루션의 주기가 빨라지는 현대 사회의 시장 흐름과 고객의 지속적인 요구에 빠르게 대처하기에 어려움을 느낄 수 있다는 것이 단점으로 부각되고 있습니다. 30여년의 기업 연구소에서의 경험에 비춰보면 이를 해결하고 빠르게 고객에 대응하는 개발 체계를 갖춘 기업은 연속성을 유지하지만 그렇지 못한 기업은 경쟁에서 뒤처지는 상황을 어렵지 않게 보았습니다. 요즘 회자되고 있는 CI/CD(Continuous Integration & Continuous Delivery)라는 단어를 통신 장비 또는 서비스 제공사의 경우 많이 사용하는 것을 볼 수 있습니다. 이를 지원할 수 있는 근거가 Agile 기법이 도입되지 않고는 이룰 수 없다고 생각합니다. ≪Good to Great≫라는 책에서 언급된 바퀴를 계속해서 돌려야 한다는 큰 전제를 말하였다면 이것에 대한 방법론과 구성원들이 이해하고 목표를 세워 적극 참여할 수 있는 실질적인 내용을 이해하기 쉽게 풀어 설명한 이 책은 개발자와 관리자에게 Guide Line 및 방법론을 제시하였다는 의미에서 추천드립니다.

신은수(HFR, 사업담당)

애자일에 대한 내용 구성이 체계적이고 순차적으로 잘 되어 있고 내용을 쉽게 이해할 수 있도록 설명된 것으로 보입니다. 이에 애자일을 도입하는 기업들의 구성원에게 많은 도움이 될 것 같습니다.

김승진(인바디 팀장)

고객은 늘 새로운 가치에 반응한다. 기업에게 있어 Time to Market이 경쟁력이며 이것을 뒷받침하는 것이 개발 리드타임 단축이다. 2000년대 들어 우리나라의 가전제품이 글로벌 리더로 우뚝 섰다면 2020년대에 들어 전기자동차가 글로벌 리더로 자리매김하고 있다. 빠르게 변화하는 기술과 시장, 경쟁 환경에서 Agile 프로세스를 적용하는 것은 기업의 지속 가능 경영을 담보하는 철학이자 원천적 역량이다. 본서는 저자가 애자일 프로세스의 학문적 접근과 산업에서의 경험을 반영하여 실무에서 간단히 적용할 수 있도록 한 실무서로서 독자들의 역량 향상과 해당 기업의 경쟁력 강화에 도움을 줄 것을 확신한다.

심재억(단국대학교 경영대학원 테크노융합경영전공 주임교수)

Agile Manifesto가 발표된 지도 어느덧 20년이 넘었습니다. 시대의 흐름에 따라 소프트웨어 시스템의 개발 주기는 점점 짧아지고 있고 개발 과정 중에도 무수히 많은 변화를 수용하고 능동적으로 대처할 필요성이 커졌습니다. 모두 Agile을 이야기 하지만 정작 교육 현장에 활용할 만한 제대로 된 교재가 거의 없거나 지나치게 오래 되어 아쉬움이 있었습니다.

이번에 출간되는 ≪애자일 기본 정석≫은 풍부한 현장 경험을 바탕으로 집필된 Agile 입문서로 Agile을 처음 시작하거나 혹은 최신의 강의 교재를 찾고 계신 모든 분들에게 추천 드립니다.

황희정(가천대학교, 컴퓨터공학과 교수)

Agile은 문서 작업 및 설계에 집중하던 개발 방식에서 벗어나 프로그래밍에 더욱 집중하는 개발 방법론으로서 '날렵한', '민첩한' 이란 사전적 의미가 말해 주듯 정해진 계획만 따르기 보다는 개발주기, 소프트웨어 개발 환경 및 변화에 따라 유연하고 민첩하게 대처하는 방식을 뜻한다.

본 교재는 Agile을 처음 시작하는 초보자와 산업체 구성원(IT분야)들이 Agile의 개념과 필요성에 대해 쉽게 이해할 수 있도록 하고 프로젝트를 수행 시 적용이 용이하도록 하는 가이드를 제공해준다.

또한, 프로젝트를 수행해 본 경력자들에게도 Agile의 기본 개념에 대한 이해 확대는 물론 프로젝트 수행 과정 중 개발 환경 변화, 요구사항 변화, 고객의 피드백 사항들에 대해 효과적으로 반영할 수 있는 응용력을 기를 수 있도록 도와주는 학습서이다.

정석종(경기대학교, 조교수)

Agile이라는 말을 들은 지는 꽤 오랜 시간이 지났다. 하지만, 한국 산업 현장의 경험을 바탕으로 쓴 Agile 프로젝트 수행 관리 방법에 관한 제대로 된 책은 별로 없는 것 같다. 실제 산업 현장에서 저자들이 직접 경험한 사례를 바탕으로 작성한 본 저서가 Agile 프로젝트 수행 관리 방법을 산업 현장에 효과적으로 도입하려는 많은 사람과 미래를 준비하는 Software 전공 학생들에게 큰 도움이 될 것이라 생각된다.

이수정(이포넷(주), 대표이사)

제 4차 산업과 디지털 변환의 시대에 도래하며 기업은 급격한 기술 변화와 함께 지속적인 피드백 수용과 높은 유연성이 요구되고 있다. 이 책에서 소개하는 Agile은 기업 생존 전략에 필수적인 개발 접근 방식으로 저자들의 경험을 기반하여 효율적인 솔루션을 제시한다. 디지털 혁신과 경쟁력 있는 기업 성장을 목표하는 기업인, 산업 현장의 트렌드와 Agile 리더십을 배우고 싶은 청년과 학생들에게 귀감이 되는 내용으로 추천하는 바이다.

유영선(가톨릭대학교 생명공학과 교수, 한국바이오소재패키징협회 회장)

국내외 조직에서 애자일이 열풍처럼 불고 있지만 애자일의 철학을 담아 제대로 적용되는 사례는 많지 않은 것 같다. 애자일의 철학을 충분히 녹여낸 가이드가 부족한 것도 하나의 원인일 것이다. 본 도서는 우리가 애자일의 원칙과 프렉티스들을 왜 적용해야 하는지 필요성을 인식하게 하며, 프로젝트 혼돈이 바다 속에서 등대와 같은 역할을 할 것으로 기대한다.

도성룡(경민대 학교, 조교수)

애자일과 관련된 전반적인 지식이 글 뿐만 아니라 다양한 형태의 표와 그림으로 설명이 되어 있어 애자일의 이해가 필요하거나 실무에 적용하고자 하는 독자에게는 참고 서적으로 그 역할을 충분히 할 수 있다 생각합니다. 애자일 프로젝트 뿐만 아니라 애자일스러운 조직을 위해 그 방안을 고민하는 독자라면 본서에서 제시하는 다양한 애자일 기반의 관리 방안을 통해 적용을 위한 Insight를 얻을 수 있는 좋은 기회가 되리라 생각합니다.

고덕성(제임스고컨설팅, 대표컨설턴트)

본 도서는 Agile 방법론에 대해 기초부터 실무 적용까지 저자의 노하우가 수록된 책으로, 프로젝트를 계획하거나 진행하는 사람들에게 효과적이고 성공적인 프로젝트 진행 방법을 매우 구체적이고 실제적으로 친절하게 제시하고 있다는 점에서 기존 소프트웨어 공학의 책들과는 차별성을 갖는다. 특히, 인공지능과 같은 복합적 소프트웨어를 개발할수록 Agile 방법은 매우 효과적이다. 따라서 이 책은 인공지능 개발자는 물론, 일반 소프트웨어 전공자 및 관련 분야 일반인들에게도 매우 유익하고 필요한 필독서가 될 것이므로 적극 추천하는 바이다.

조영임(가천대학교 컴퓨터공학과 교수)

4차 산업시대의 Digital Transportation가 빠르게 기업 활동과 개인의 삶에 대하여 깊숙하게 들어와 일상이 되고 있는 시대에 ≪애자일 기본 정석≫이 시의 적절하게 출간되어 기업의 조직 관리의 유연성과 협업의 네비게이터 역할로 지침서가 될 것이라 확신을 합니다. 특히, 세대간 이해가 부족하고 결핍의 시대에 스마트한 Agile 활동이 개인의 삶의 변화, 기업의 성과와 역량 극대화에 적극 도입하여 생존하고 선도하는 기업이 될 것이라 사료가 되어 적극 권장 드리고 싶습니다.

채연근(징코스테크놀러지(주), 대표이사)

프로젝트에서 워터폴 혹은 CBD 방법론 등을 기반으로 하면서, 애로공정에 애자일 방법론을 사용하는 하이브리드 방법론을 실제 적용하고 있습니다. 금번 두 교수님들께서 심혈을 기울여서 만든 ≪애자일 기본 정석≫은 애자일 방법론을 적용할때 꼭 참조해야 할 초석이라 판단됩니다. 애자일 방법론을 적용하여 프로젝트를 진행하려는 PM들께서는 꼭 참조하셔서 성공적인 프로젝트를 진행하셨으면 합니다.

이병철((주) 퓨처누리, 전무이사)

차례

▍**Chapter 01 애자일 입문**

▍**Chapter 02 애자일 특징**

Chapter 03 애자일 접근

Chapter 04 애자일 원칙과 마인셋

Chapter 05 애자일 시작

Chapter 06 가치기반 인도

Chapter 07 애자일 팀 같이 생각하기

Chapter 11 적응형 계획

Chapter 12 애자일 활동 촉진하기

Chapter 13 문제 발견 및 해결

Chapter 14 애자일 작업 보고하기

Chapter 15 지속적인 개선

Chapter 16 애자일 작업 개선하기

01
Chapter

애자일 입문

· 왜 애자일 방식이 필요한가? 그 필요성을 이해하고 전통형(워터폴)과 비교하여 애자일의 기본 내용을 이해한다.

· 애자일의 발전 역사를 살펴보고 중요한 애자일 방식을 이해한다.

1 프로젝트 관리 방법론의 변화

요즘처럼 급격히 기술 변화가 많고 복잡한 세상에서 기업의 프로젝트 개발 접근 방식은 무엇일까?

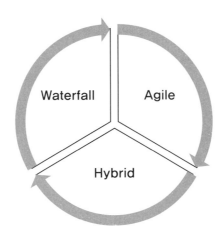

그림 1.1.1 **프로젝트 방식의 종류**

프로젝트 방식의 종류에는 크게 워터폴 애자일 그리고 하이브리드 방식이 있다.

미국의 PMI(pmi.org)주관 PMBOK의 발행과 더불어 프로젝트는 급격히 일반화되는 지식으로 발전하였다. 워터폴 기반 형태의 PMBOK는 2016년부터 애자일 방식을 반영하기 시작하여 애자일 실무가이드를 출간하였다.

Waterfall & Agile 역사를 보면 1969년부터 관련 단체의 등장부터 다양한 방법론이 등장하였다. 애자일은 2001년 애자일 매니페스트를 선언한 후 상징적으로 발전을 하는데 애자일의 경우는 애자일 그 자체의 내용보다도 외부 환경적인 영향이 더 크다고 볼 수 있다. 4차 산업 혁명과 디지털 변환의 시대에서는 기술이 빨리 변화하고 파괴적 기술이 계속 발전하여 시장은 혼돈되고 고객의 권한이 높아지는 환경이 되었다. 고객의 지속적인 요구사항에 대해 기업은 변경 요구를 지속적으로 수용하여야 하고 이에 따른 조직은 작고 유연성이 높게 변화가되어야 했다.

세대의 특징과 애자일

기업내 조직에서 직원 구성원을 보면 Y세대가 많고 서서히 밀레니엄 세대가 등장하는 경향이 높아지는데, 이런 성향의 직원들은 인터넷과 친숙, 스마트 폰과의 생활화, 유튜브 및 인스타그램 등 SNS를 많이 사용하는 관계로 가시성을 선호하는 경향이 강하다. Y 및 밀레니엄 세대는 부모들의 사랑을 많이 받고 자란 탓으로 상사의 일방적인 지시를 좋아하는 편이 아니고, 수평적인 의사소통과 자기 주관이 강하여 주어진 업무에 대해 스스로 권한을 가지고 의사 결정하고 싶어하는 경향이 강하고, 완수된 부분에 대해 피드백과 성과보상 등 동기 부여를 가치 있게 여기는 경향이 많다. 복잡한 도구보다는 쉽게 사용하고 싶고 가시성을 좋아하고 수평적인 의사 결정을 선호하는 직원들의 상황과 더불어 고객들의 다양한 요구사항이 수시로 변화하고, 기술이 고도화되고 불확실성이 많은 세상의 변화에 대해 프로젝트 방식에서는 워터폴 방식보다는 애자일을 선호하는 경향으로 진행되고 있는 추세이다.

- 변화하는 환경에서 개발 접근 방식은 애자일 방식이 적절하다.

- 애자일은 이미 나와있던 방식이지만 4차 산업혁명 시대와 디지털 트랜스포메이션의 상황에서 기업의 경쟁력을 위해 사용하여야 한다.

- 급변하는 세상에서 고객의 요구사항을 잘 대처하는 것이 기업의 경쟁력이므로 조직을 작게 하고 프로세스를 유연하게 만들어야 한다.

- 애자일 적용에는 새로운 리더십이 필요하다.

Q & A

Q: 무조건 애자일 방식을 채택하는 것이 기업의 경쟁력을 높일 수 있는가?

A: 세상에 무조건은 없다. 전통적인 프로젝트 관리 방법론도 조정이라는 것을 통해서 작용하듯이, 애자일도 기업문화와 개발 방식에 맞게 조정하여야 한다. 애자일 방식은 적절한 복잡성과 불확실성이 존재하는 프로젝트에 적용하는 것이 이상적이고 똑같은 작업을 반복하는 분야는 안 맞을 수도 있다.

Q: 애자일 방식 적용이 효과적인 산업 분야는 어느 곳인가?

A: 일반적으로 불확실성이 적절히 존재하는 IT 분야, 금융, 보험, 카드회사, 증권 회사 등이 대표적으로 적용을 한다. 국내에서는 IT 대기업에서 필수적으로 사용하고 애자일 문화도 발전 중이다. 제조 분야에서는 선행 연구개발 분야 등에서 반복적인 실험을 혁신적으로 기업에서 적용 중이다.

Q: 애자일은 방법론인가? 문화인가?

A: 애자일 전문가들은 애자일을 마인셋, 문화로 많이 이야기한다. 애자일의 대표적인 방식인 스크럼, XP경우를 스크럼 방법론으로 이야기를 하는 것보다는 방식으로 이야기하는 편이 좀 더 이상적이다.

Q: 국내에서 애자일을 적용하는 기업들의 성과는?

A: 애자일 성과를 문화로 본다면 조직 문화 측면에서 직원들의 동기 부여 측면도 살펴보아야 하고, 경영측면에서는 매출액, 영업이익 증가 등의 요소 등을 살펴볼 것이다. 종합적으로 판단하여 성과를 검토하는 것이 좋을 것이다.

02

Chapter

애자일 특징

- 전통형 방법론의 특징을 이해한다. 워터폴 방식의 실패 내용을 살펴보고 프로젝트의 불확실성을 감안하여 애자일 방식 도입의 필요성을 느낀다.

- 전통형 프로젝트 3대 제약과 애자일 삼각형을 비교하고 범위(Scope)의 가변성을 이해한다.

- Stacey복잡성 모델을 통해 가장 적절한 애자일 적용 분야를 이해한다.

- 반복적과 증분형(Incrementally)의 차이를 이해한다.

- 환경에 대한 적응사례를 통해 애자일의 특징을 이해한다.

애자일! 대세인가? 일시적 인기인가? 예전 애자일 컨퍼런스에서 세션 마지막 발표자의 주제는 "애자일! 대세인가? 일시적 인기인가?" 였다. 매우 흥미로운 주제로 우리 모두가 관심이 있는 부분이다. 발표자료 중에 역시 애자일은 현 시대의 상황에 대한 적합한 방식으로 Cynefin Framework를 제시하였다. 아래 그림처럼, 현재 우리는 Simple의 시대에서 복잡한 (Complicated)시대를 넘어 Complex와 Chaos의 시대에 살고 있다.

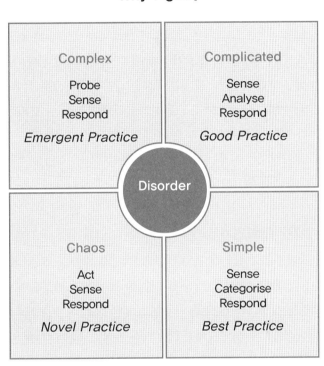

Cynefin Framework

그 중심에는 기술의 발전이 있는데 4차 산업과 관련된 기술, 예를 들어 빅데이터, 인공지능, IOT, AR/VR, 메타버스 등은 하루하루가 지나면 관련 제품들이 출시되어지고 이제는 미래를 예측할 수 있는 수준의 상황이 되었다. 혼동의 시대, 당황스러운 시대에 살고 있는 것이다. 이에 발표자는 "향후 지속적으로 일정기간동안 이러한 상황 때문에 변화에 대한 대응 측면에서 애자일은 인기가 지속될 것이다."라고 발표를 하였다. 이에 필자도 충분히 공감을 하고 애자일에 대한 관심을 가지게 되었다. 애자일 책을 읽고, 애자일 관련 자격증을 취득하고, 산업현장에서 애자일 방법을 적용하고, 애자일 교육과 코칭을 수행하면서 다양한 사람들과 애자일 발전 및 현황에 대한 지식과 경험을 공유하는 네트워킹을 가지게 되었다.

애자일의 적용 필요성은?

기업에서 왜 애자일을 적용하여야 하는가? 앞서 설명했듯이 첫번째는, 급변하는 세상 때문이다. 기술의 변화가 세상을 변화시키고 있고 고객의 까다로운 선택을 강요하고 있다. 이제 고객은 기업이 만든 제품을 그냥 구입하는 것이 아니라, 그들의 피드백을 기업에 전달하고 참여하면서 원하는 제품을 기업이 만들어야 선택하는 상황이 되고 있다.

두번째는, 기업은 변해야 하고 고객의 요구사항에 대해 유연한 대처가 필요하게 되었다. 유연한 대처를 위해 조직이 작아져야 하고, 프로세스가 좀 더 유연해져야 한다.

마지막으로, 이런 환경 변화 대응 및 세대의 특징을 감안하여 새로운 리더십의 정립이 필요하게 되었다. 이에 따라 서번트 리더십(Servant Leadership)의 필요성이 더욱 커졌다. 직원들의 업무 집중을 도와주고 동기 부여를 하며 직원의 업무를 지원하고 선도하는 섬김형 리더십이 애자일 리더의 기본이 되었다. 애자일! 이제는 일부 산업과 분야에서는 기업의 생존을 위한 필연적인 선택이다.

애자일! 방법론인가? 문화인가?

프로젝트 수행을 방법론으로 접근하면 워터폴 방식인 PMBOK, PRINCE2등 프로젝트 가이드 북을 생각하게 한다. 애자일은 다양한 사례의 종합이며 새롭게 탄생된 하이테크가 아니며 기존에 존재했던 방법들을 잘 조합하여 만든 프로젝트 방식이다. 애자일은 조직 변화를 수반하며 일하는 방식에 대한 마인셋(Mindset)이 매우 중요하기 때문에 문화(Culture)이기도 하다. 따라서 애자일을 특정의 방법론으로 부르기 보다는 그냥 애자일로 부르는 게 합당할 것이다. 광범위한 조직변화가 수반될 수 있기 때문에 요즘은 IT 개발자들의 관심도 있지만 HR부분에서 관심이 많은 것도 사실이다. 조직의 변화를 수행한다는 것은 기업의 입장에서는 굉장히 어려운 작업이다. 때로는 조직내 반대도 있을 수 있고 조직을 재구성하는데 있어서 고통을 감내 해야 한다. 따라서 조직의 변화를 위해서는 애자일을 이해하고 애자일을 사용하여 프로젝트를 수행하는 것이 기업의 매우 효율적이라는 부분을 직원들에게 잘 이해를 시켜야 된다. 애자일 문화를 만드는 것은 쉬운 일이 아니기 때문에 경영층부터 실무진까지 애자일을 공부하여 원칙과 요소를 익혀 애자일 마인셋(Mindset)을 가지는 것이 성공의 시작이다.

1 전통형 프로젝트의 특징

전통적인 프로젝트(Waterfall 방식)은 단일 프로젝트 관리에 있어 권위적인 프로젝트 관리자가 프로젝트 목표 범위, 일정, 원가, 품질 등의 불확실성 계획을 좀 더 철저하게 하여 과학적으로 관리하는 방식이다. 과학적 관리 방식이란 큰 규모의 인도물을 작게 분할하여 일정과 원가를 쉽게 관리 통제하는 방식을 의미하며 범위, 일정, 원가의 기준선을 수립하여 다양한 과학적 도구 등을 이용하여 철저한 감시 및 통제를 하여 프로젝트 관리를 한다. 의사소통은 프로젝트 정보를 기반으로 성과 보고서를 작성하여 핵심 이해관계자에게 보고 또는 전달하는 방식으로 프로젝트 관리자는 단계별로 기준과 실적을 비교하여 프로젝트 목표를 맞추고자 노력하면서 이해관계자와 의사소통관리 계획에 의거하여 업무를 추진한다. 전통형 프로젝트에서 프로젝트 관리자(PM)는 고객의 요구사항을 수집하여 팀원들과 같이 분할하고 팀원들에게 적절한 작업 단위를 분배한다.

프로젝트 관리자는 고객과 팀원사이에서 가교 역할을 하며 프로젝트의 시작부터 종료까지 프로젝트 목표 요소 간의 균형을 유지하려고 많은 노력을 기울인다. 대부분 전통형 프로젝트는 프로세스를 통해 업무가 수행되고 많은 계획서와 프로젝트 문서관리가 중요하다. 일반적으로 전통형 프로젝트는 요구사항으로 시작하여 계획을 하고 실행, 검증의 단계를 거치고 결과물이 완료되면 고객한테 이전하거나 운영관리로 결과물을 인계한다.

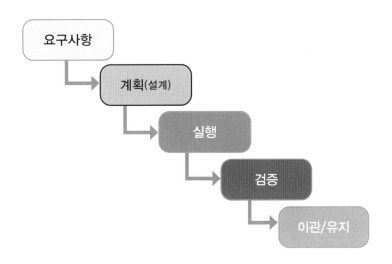

그림 2.1.1 **전통형 프로젝트 워터폴 방식의 예**

2 왜 프로젝트 관리가 실패하는가?

프로젝트 성공과 실패에 대한 정의는 다양하지만, 대부분 프로젝트 성공 조건은 범위, 일정, 원가의 목표를 준수하는 것이다. Chaos 보고서는 여기에 가치 창조를 추가하고 전략적 목표의 달성 및 고객만족을 추가하여 2015년부터 총 6개(범위, 일정, 원가, 가치, 전략적 목표, 고객만족)가 다 만족되어야 프로젝트 성공으로 간주한다. 만일 총 6개중 일부가 충족하지 못한 경우에는 프로젝트 실패로 규정하지 않고 도전으로 간주한다. 프로젝트 실패는 프로젝트가 도중에 중단되어 종료하지 못한 경우도 정의한다. Chaos기준 프로젝트 도전은 대부분 납기 지연(시장 진입 지연 및 경쟁력 약화), 비용초과(기업의 수익악화) 및 요구사항의 미 준수(품질의 저하)등이다. 미국의 PMI(Project Management Institute)는 매년 Pulse of the Professional을 통해 프로젝트 관리 관련 설문조사 결과를 발표하는데 프로젝트 관리 결과를 요소(범위, 예산, 시간)별 성공율을 보여주고 있다. 또한 Scope Creep의 경험, 예산부족의 실패 및 인정된 실패의 비율을 보여준다.

3 애자일은 대안이 될 수 있는가?

프로젝트는 다양한 산업에서 고유(Unique) 하기에 쉽게 프로젝트 방식에 따라 비교하기에 무리일 수 있지만, Chaos 보고서에 따르면 프로젝트 규모별 작은 프로젝트에서는 애자일 방식은 워터폴 방식에 비해 1.3배, 중간 수준 프로젝트에서는 4배, 큰 프로젝트에서는 6배, 대규모 프로젝트에서는 3.5배 성공율이 높다고 발표하였다.

개발자 능력 수준에 있어서는 기술이 없는 프로젝트 수행보다는 큰 기술을 가진 자원이 있는 프로젝트가 2배 이상 성공이 높다고 발표하였다. 상기 내용을 분석해 보면 프로젝트의 규모 및 복잡성과 관계없이 프로젝트 수행지원들이 기술 능력이 있고 애자일 방식을 잘 이용하면 워터폴 방식보다는 프로젝트 성공을 많이 향상시킬 수 있다. 따라서 애자일을 잘 이해하고 잘 적용한다면 프로젝트의 성공을 지속하여 기업의 경쟁력은 높아질 수 있다. 전체적으로 Chaos 보고서를 정리해보면 다음과 같은 결론을 내리게 된다.

- 빅뱅으로 추진하는 프로젝트를 단계별 접근 방법으로 사용한다.
- 개발 시에는 기존의 워터폴 방법보다는 애자일 방법을 사용하는 것을 추천한다.
- 최고경영자의 지원 및 프로젝트 수행 시 성공률을 높일 수 있는 요인을 고려해야 한다.

애자일은 프로젝트 성공의 최고 대안이 될 수 있는가?

이 부분에 대해서는 잘 적용하면 대안이 될 수 있지만 잘못 사용하면 역효과를 가져올 수 있다는 점을 인지하여야 한다. 애자일 실무가이드(PMI 발행)의 불확실성, 리스크 및 생애주기 선택 부문을 살펴보면 애자일 방식이 유효한 영역이 있으며 모든 분야에서 일괄적으로 효과가 있는 것은 아니다. 애자일 실무가이드 내용 중 Stacey 복잡성 모델에서 착안된 불확실 및 복잡성 모델에서 애자일 방식이 유효한 영역은 기술적 불확실성과 요구사항 불확실성이 중간 수준인 프로젝트 영역이 가장 애자일 방식 적용이 효과적인 것을 보여준다.

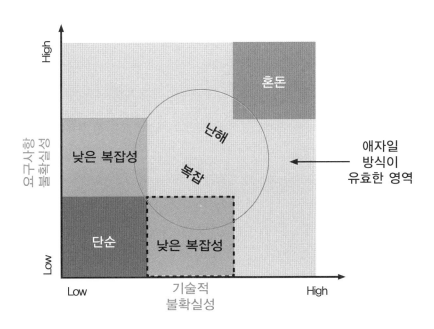

그림 2.3.1 **Stacey 복잡성 모델에서 착안된 불확실 및 복잡성 모델: PMI 애자일 실무가이드**

세상은 급격하게 변하고 있고 여전히 프로젝트의 앞은 불확실하고 장애물이 많다. 하지만 애자일 접근 방식의 활용은 다음과 같은 특징이 있다.

- 상호간 짧은 주기로 피드백을 한다.
- 고객의 요청에 맞게 빈번하게 작업 프로세스 조정을 한다.
- 우선순위 재지정을 통해 가치가 있는 제품을 고객에 우선 인도한다.

애자일 방식의 적용은 프로젝트 특징을 잘 분석하여 적용하는 것이 이상적일 것이다. 예를 들어 다음과 같은 특징이 있는 프로젝트에 적합하다.

- 연구 및 개발이 요구되는 프로젝트
- 변경율이 높은 프로젝트
- 명확하지 않거나 정확히 파악되지 않은 요구사항, 불확실성 또는 리스크가 내재된 프로젝트
- 최종목표를 기술하기 어려운 프로젝트

애자일 작동 분야	애자일이 잘 작동 못하는 분야
• 많은 제품 개발 기능 • 마케팅 프로젝트 • 전략적 계획 활동 • 공급사슬 도전 및 자원 할당 결정	• 공장 유지보수 • 구매 • 영업 상담 • 회계

애자일은 프로젝트 성공의 최고 대안이 될 수 있는가?

이 질문에 대해 답변을 한다면 애자일을 잘 이해하고 프로젝트를 잘 분석해서 적용하면 프로젝트의 성공 확률을 높일 수 있을 것이다.

생애주기 선택과 애자일

프로젝트는 다양한 생애주기가 존재한다. 애자일 실무가이드(PMI 발행)에 따르면 일반적으로 4가지로 크게 분류가 된다.

- **예측 생애주기:** 전통적 접근 방식
- **반복적 생애주기:** 작업에 대한 피드백을 수용하여 작업결과를 개선하고 수정하는 접근 방식
- **점증적 생애주기:** 고객이 이용할 수 있는 완료된 인도물을 제공하는 접근 방식
- **애자일 생애주기:** 작업 항목을 구체화하고 자주 인도하기 위해 반복적, 점증적 특성을 모두 취하는 방식

생애주기별 특성은 다음과 같다. 생애주기의 특징을 이해하여 적합한 개발 방식을 선택하여야 한다.

- 예측 생애주기: 전통적 접근 방식으로 확인되고 입증된 것을 활용함

- 반복적 생애주기: 부분적으로 완료된 작업이나 미완성 작업에 대한 피드백을 수용하여 작업결과를 개선하고 수정하는 접근 방식

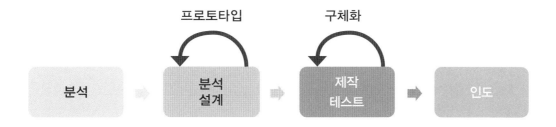

- 점증적 생애주기: 고객이 이용할 수 있는 완료된 인도물을 제공하는 접근 방식

- 애자일 생애주기: 반복적, 점증적 특성을 모두 취하는 방식

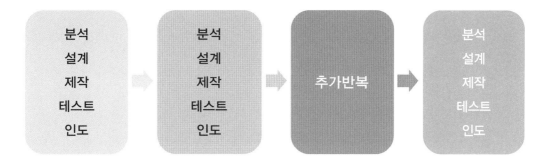

프로젝트를 진행하면서 적절한 생애주기를 선택하고 이에 따른 프로젝트 방식을 연결하면 보다 효과적으로 프로젝트 관리를 성공적으로 만들 수 있을 것이다. 다양한 생애주기를 이해하고 우리의 프로젝트를 연결시켜 적절하게 조합을 만드는 것이 프로젝트의 성공 확률을 높일 수 있을 것이다.

4 애자일 시작은 사고방식으로 출발

조직에서 애자일을 시작하려면 어떻게 해야 할까? 우리는 다양한 질문을 스스로 던져 보아야 한다.

- 어떻게 하면 프로젝트 팀이 애자일 접근 방식으로 행동할 수 있을까?
- 다음 인도 주기에 유리하도록 팀이 신속하게 인도하고 조기에 피드백을 받아야 할 항목은 무엇인가?
- 투명한 방식으로 작업할 수 있는 방법은 무엇인가?
- 우선순위가 높은 항목에 집중하기 위해 피해야 할 작업은 무엇인가?
- 섬김형 리더십 접근 방식이 팀 목표 달성이 어떻게 도움이 될 것인가?

섬김형 리더십으로 팀의 역량을 강화하는 부분도 중요하다. 섬김형 리더십의 목적이 이루어지고 사람에 대한 분위기 조성 및 프로세스 개선은 애자일 환경을 조성하는데 도움이 된다.

- 목적: 프로젝트 차원에서 전체팀을 최적화한다.
- 사람: 성공할 수 있는 환경 조성하도록 팀을 장려한다.
- 프로세스: 결과물에 집중하여 교차기능팀이 완성된 가치를 자주 인도하고 제품과 프로세스를 반영할 때 그 팀이 민첩성을 가지게 된다.

애자일 시작은 사고방식으로 출발하는데 역시 중요한 부분은 리더의 역할이다. 애자일에서는 섬김형 리더십이 요구되는데 특성은 다음과 같다.

- 팀원 스스로 자기인식을 가지도록 고취한다.
- 팀원과 대화 중 경청을 잘 한다.
- 팀원들에게 봉사하고 팀원들이 성장할 수 있도록 지원한다.

- 팀원들에 대한 지도와 통제사이 균형을 유지한다.
- 팀원에 대한 안전, 존중 및 신뢰를 증진한다.
- 팀원의 활력과 지적 향상을 유도한다.

애자일 환경조성은 스스로의 질문과 섬김형 리더십의 발휘로 준비되고 가능하여 진다. 팀 결성을 하고, 상호간 약속을 하고, 업무의 효율성을 위한 가치흐름의 최적화를 통해 팀원 간 협업을 증대를 시키고, 작업을 조기 완료하며 낭비를 줄이고, 고객의 만족을 가져오게 하는 애자일 환경조성은 애자일의 시작이다.

5 애자일은 유연한 고객지향 방식

전통적 프로젝트 수행방식은 예측형 생애주기를 가지고 계획을 철저히 하고 승인을 받은 후 계획기준의 업무를 진행하는 방식이다. 승인된 계획(기준선)후 변경은 정식 변경절차를 거쳐야 하고 프로세스를 통해 변경이 반영된다. 반면에, 애자일은 적응형 방식으로 프로젝트 진행 중 고객의 요구사항을 지속적으로 반영한다. 속도와 편익을 제공하고 최상의 제품을 구현하는데 목적이 있다. 고객지향 방식의 프로젝트 관리를 통해 고객만족이 업무수행 방식에서 중요하다. 조직 내부적으로도 애자일 방식을 적용한다는 것은 환경에 대한 대응 부분에서 매우 중요하다. 단순하게 고객 만족을 위한 부분이 아니고 조직의 제품 경쟁력에도 도움이 된다.

예를 들어, 한 의류 회사의 신상품 스웨터 제품 출시에 있어 그 회사는 원래 하반기 신상품으로 핑크색 계열의 제품을 유행으로 생각하고 준비하였다. 그런데 특정 TV 프로그램에서 한 유명한 연예인이 카키색 스웨터를 입고 등장한 후 대중들의 반응은 SNS를 통해 뜨거워졌다. 각종 SNS에서 많은 사람들이 "나도 카키색 스웨터를 입을거야." 라는 반응이 이루어지고 이러한 부분이 추세화 되어진다. 이런 경우에 그 회사는 어떻게 대응해야 할까? 아마도 핑크색 계열의 스웨터에 대한 계획을 수정하여 많은 제품들을 카키색 계열의 스웨터 제품 개발로 신속 변경하여 시장 요구에 대응하는 것이다.

이런 변경이 기업의 경쟁력을 상승시키는 요인이 될 것이다. 이와 같이 애자일은 환경에 대한 신속한 대응을 통해서 기업의 경쟁력을 올릴 뿐만 아니라 고객이 요구하는 제품들을 시장에 출시하여 고객을 만족시키는 효과를 동시에 올릴 수 있다.

- 전통형 프로젝트는 권위적인 프로젝트 관리자로 프로젝트 단일 책임성을 가진다.

- 전통형 프로젝트는 범위, 일정, 원가 기준선 준수를 목적으로 하고 과학적 관리 방식으로 접근한다.

- 전통형 프로젝트는 워터폴 방식으로 유연성이 부족하고 Scope Creep이 프로젝트 실패의 주요 요인이다.

- 애자일 삼각 제약에서 범위는 가변적이고 고객의 우선 가치에 대응한다.

- 애자일은 중간 복잡성과 중간 기술적 불확실성을 가진 프로젝트에 가장 유효한 접근 방식이다.

Chapter 02

Q & A

Q: 프로젝트에서 전통형 방법과 애자일 방식 둘 중 하나만 선택해서 적용하여야 하는가?

A: 반드시 그런 것은 아니다. 전통형 프로젝트 방식을 폐기하고 애자일 방식으로 전환을 하면 더 혼란이 발생할 수 있다. 전통형 방식이 유리한 프로젝트가 더 많다. 만일 애자일을 적용하고 싶으면 전통형 프로젝트에 애자일을 적용하여 하이브리드 방식으로 운영할 수 있다.

Q: 애자일 방식에서 범위가 가변적이면 지속적으로 범위를 추가해도 되는가?

A: 애자일 방식은 범위변경이 가능한 방식이지만 지속적으로 범위를 추가하면 원가와 일정이 고정된 계약이라면 프로젝트 실패 위험과 손실이 너무 클 것이다. 범위를 변경하여 추가하면 그에 상응하는 가치가 작은 범위를 삭제하여야 한다. 이런 게 바로 애자일 마인드 셋(Mind Set)이다. 애자일 문화(Culture)를 이해하고 프로젝트를 수행하는 것이 건전한 애자일 적용의 문화를 만드는 것이다.

Q: 왜 애자일 적용이 어려운가?

A: 애자일 방식을 이해하는 것은 전혀 어렵지 않다. 스크럼의 경우 몇 개의 회의와 애자일 역할 및 제품의 분할만 이해하면 된다. 그런데 애자일 방식이 기업에 적용하려면 애자일 팀의 조직과 운영방식을 이해하여야 한다. 애자일 팀은 자율적으로 운영되어야 하고 경영진들은 권한을 팀에게 위임하는 문화를 만들어야 한다. 애자일을 하면서 전통적인 방식으로 통제하고 실패에 대한 책임을 반복적으로 지적하면 애자일은 정착하기 어렵다.

애자일 기본정석

03

Chapter

애자일 접근

- 애자일 방식의 종류를 이해한다.

- 애자일 4대 가치를 이해한다.

- 린(LEAN) 제조방식이 애자일 방식으로 발전한 내용을 이해한다.

- 칸반(KANBAN)-Pull Based System을 이해하고 애자일에 어떻게 적용가능한지 알아본다.

- 애자일 팀의 역할을 이해한다.

- 애자일 회의와 애자일 제품의 흐름을 이해한다.

- 애자일 하이브리드가 무엇인지 이해한다.

1 애자일 방식

애자일 방식에는 다양한 종류가 있다. 스크럼(Scrum), XP(Extreme Programming), ASD(Adaptive Software Development), FDD(Feature Driven Development), Crystal Clear, DSDM(Dynamic Systems Development Method)이 대표적이다. 이중에서 가장 많이 사용하는 방식이 스크럼(Scrum), XP(Extreme Programming)이라고 볼 수 있다.

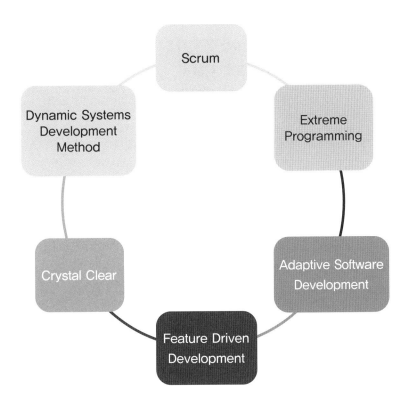

그림 3.1.1. **애자일 방식의 종류**

용어적으로, 하이브리드 프로젝트 방식은 워터폴과 애자일 같이 사용할 때도 부르며 만일 스크럼(Scrum), XP(Extreme Programming)을 같이 적용하면 Hybrid Agile이 될 수 있다.

2 애자일 선언(매니페스토)

2001년 미국 유타주 스키 리조트에 17명의 전문가들이 모여 워크샵을 진행하고 중요한 선언을 하게 된다. 이 선언문으로 애자일이 추구하는 4가지 가치 추구와 12개의 핵심 원칙을 공표한다.

애자일 선언문

우리는 소프트웨어를 개발하면서 다른 사람의 개발을 도와주면서 소프트웨어를 개발하는 더 나은 방법들을 찾아 나가고 있다. 이 작업을 통해 다음과 같은 가치를 추구한다.

① 프로세스나 도구 보다는 **개인과 상호 작용**을,

② 포괄적인 문서보다는 **작동하는 소프트웨어**를,

③ 계약 협상보다는 **고객과의 협력**을,

④ 계획을 따르기 보다 **변화에 대응하기를 가치** 있게 여긴다.

애자일 프로젝트 관리의 12가지 핵심 원칙

① 고객 만족은 항상 우선순위가 가장 높으며 신속하고 지속적인 제공을 통해 달성한다.

② 환경 변화는 고객에 경쟁 우위를 제공하기 위해 프로세스의 아무 단계에서도 도입된다.

③ 제품 또는 서비스를 더 높은 빈도로 제공된다.

④ 이해당사자 및 개발자는 매일 긴밀하게 협업한다.

⑤ 모든 이해당사자 및 팀원은 최적의 프로젝트 결과를 통해 동기 부여를 유지하면서 팀에는 필요한 모든 툴과 지원을 제공하고 프로젝트 목표를 달성할 수 있다는 신뢰를 얻는다.

⑥ 면대면 회의는 프로젝트 성공을 위한 가장 효율적이고 효과적인 형태로 간주한다.

⑦ 최종 동작 제품은 궁극적인 성공의 지표이다.

⑧ 지속 가능한 개발은 개발 팀과 이해당사자가 지속적인 속도를 유지할 수 있는 애자일 프로세스를 통해 달성한다.

⑨ 애자일은 기술적 우수성과 적절한 디자인에 대한 지속적인 집중을 통해 향상된다.

⑩ 간결성은 필수적인 요소이다.

⑪ 자기 조직 팀은 최고의 아키텍처와 디자인을 개발하고 요건을 충족할 가능성이 가장 높다.

⑫ 팀들은 미세 조정 행동을 통해 효율성을 개선하기 위해 정기적인 주기를 활용한다.

왜 애자일 선언문은 발표되었을까?

모든 부분에서 기업의 경쟁력을 위해 개선이 이루어져 왔다. 도요타 생산 방식은 낭비를 제거하고 품질향상을 하고 지속적인 개선을 통해서 제품의 경쟁력을 높이는 데 큰 공헌을 했다. 제조 중심으로 린(LEAN) 생산 방식을 통해 품질혁신, 낭비제거를 통한 원가절감에 큰 효과를 거두어 거두었다면, 소프트웨어 개발부문에서는 업무 개선을 이루지 못하였다. 그래서 소프트웨어 개발 분야도 제조 부문의 혁신처럼 정해진 시간에 소프트웨어 개발을 완료하고, 품질을 개선하며 고객의 요구에 다양하게 대응하는게 목적이 되어 애자일 선언문이 이러한 기반을 바탕으로 소프트웨어가 나아갈 방향을 선언한 것으로 볼 수 있다.

3 LEAN Software Development

제조방식을 린(LEAN) 소프트웨어 개발에 적용한다는 것은 Pull System을 이용하여 소프트웨어에 대한 개발 진척 사항을 관리하고 Value-Stream Mapping을 통해 가치 있는 제품을 우선 개발하고 품질을 관리하면서 지속적인 개선을 하겠다는 의미가 된다.

린(LEAN) 소프트웨어 개발 방식에는 도요타 생산 방식에서 사용되는 KANBAN BOARD 를 사용한다.

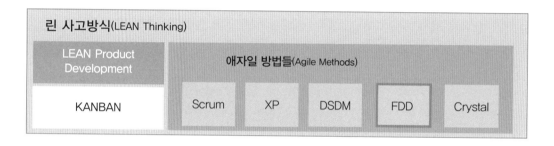

그림 3.3.1 린 제조방식을 SW 분야에 적용한 발전

KANBAN은 아래 그림과 같이 백로그를 중심으로 가치에 맞게 우선 우선화 되어 개발이 진행되며 고객이 인수하여 사용되면 완료가 되는 Pull Based System으로 구성이 된다.

좌측에서 우측으로 진행되는 특징을 가지고 있다.

백로그 (Backlog)	선택된 백로그 (Selected Backlog)	개발(Developing) 진행중(Ongoing)	인수 (Acceptance)	사용 (Deploy)

그림 3.3.2. KANBAN 구성요소

4 애자일 역할

　애자일은 스크럼(Scrum)방식의 경우 다양한 이해관계자가 존재한다. 역할을 이해한다는 것은 애자일 시작에서 매우 중요한 부분이다. 많은 프로젝트에서 역할에 대한 책임을 충실히 못하여 프로젝트가 위험에 빠지는 경우가 많기 때문이다. 대표적인 애자일 역할에는 제품 책임자, 스크럼 마스터, 개발 팀이 있다.

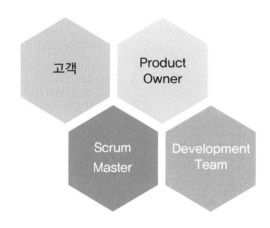

그림 3.4.1. **스크럼에서 역할**

제품 책임자(Product Owner)
- 제품 백로그의 가치를 극대화한다.
- 제품 백로그의 우선순위를 결정한다.
- 제품 백로그의 정확성, 공유된 이해, 가치 및 가시성 등을 관리한다.

개발 팀(Development Team)
- 전문가들의 그룹으로 업무수행의 주체이다.
- 자기조직을 하며 교차기능팀의 특성으로 구성된다.
- 제품 백로그를 스프린트 백로그로 분할하여 작업의 양을 산정하여 SW 기능을 개발하는 주체이다.
- 제품을 완성하여 데모(시연)를 수행한다.

스크럼 마스터(Scrum Master)

- 스크럼을 이해하고 사용하도록 한다.
- 개발 팀의 서번트 리더로 팀원들의 업무 진행에 지장을 주지 않고 필요에 따라 이벤트를 촉진하며 코칭을 제공한다.
- 제품 책임자가 백로그를 관리하고 비전, 목표 및 백로그 항목을 개발 팀에 전달할 수 있도록 지원한다.
- 행정적인 업무를 처리하면서 개발 팀에 개발목표에 집중할 수 있도록 한다.

- 애자일 방식의 대표는 Scrum과 XP이다.

- 애자일은 2001년 애자일 매니페스토 발표로 좀 더 공식적으로 발전하였다.

- 애자일 4대 가치는 전통형 프로젝트 접근 방식과는 상반되는 개념을 가지고 있다.

- 린(LEAN) 제조 방식은 낭비 제거, 원가 절감, 적시 공급을 목적으로 하고 있어, 이 부분을 SW산업에 적용하는 것이 LEAN SW개발론이다.

- 애자일 스크럼 방식 역할에는 제품 책임자, 개발 팀, 스크럼 마스터가 있다.

- 애자일 스크럼 회의에는 스프린트 기획회의, 스프린트 리뷰, 스프린트 회고 및 일일 스크럼 회의가 있다.

- 스크럼 제품에는 제품 백로그, 스프린트 백로그, 제품 증분이 있다.

- 애자일 하이브리드는 Scrum과 XP의 혼합방식이다.

Q: 애자일 4대 가치가 무엇이고 중요한 이유는 무엇인가?

A: V1: Individuals and Interactions over processes and tools

V2: Working Software over comprehensive documentation

V3: Customer Collaboration over contract negotiation

V4: Responding to Change over following a plan

4대가치를 보면 기존 전통형 프로젝트 관리 방식과는 다르게 고객과의 상호작용 과 고객 가치를 우선화하는 경향이 매우 강하다.

Q: 린(LEAN) SW개발은 무엇인가?

A: 도요타 생산 방식인 린(LEAN) 제조방식은 가치흐름을 기본으로 제품의 품질통제를 강조하는 방식이다. 프로세스를 개선하여 제로 품질 불량을 지향한다. 이런 부분 을 SW개발 방식에 적용하여 낭비를 제거하고 품질을 개선하는 것이다.

Q: Scaled Agile Framework은 무엇인가?

A: 애자일 방식의 한 종류로 규모가 큰 조직에 적용하는 방식이다. 국내에서도 대기 업들이 채용하는 방식이다. 시스템 수준의 생각을 기본으로 애자일 및 린을 종합 적으로 고려하여 적용하는 방식이다. 팀 수준, 프로그램 수준, 포트폴리오 수준까 지 접근 방식이 다양하다.

Q: Being Agile과 Doing Agile의 차이는 무엇인가?

A: Being Agile은 애자일 문화, 리더십의 부분이고, Doing Agile은 실무자들이 애자 일 방식을 실무에 실질적으로 적용하는 것이다. 두개가 동시에 균형 있게 적용이 되어야 애자일 적용이 성공적일 수 있다.

04

애자일 원칙과 마인셋

(Agile Principles and Mindset)

- 프로젝트 생애주기를 이해한다.

- 프로젝트 생애주기 별 접근 방식, 요구사항, 목표와 인도 주기를 이해한다.

- 스크럼의 특징을 이해한다.

- 스크럼 스프린트 정의 및 혜택을 알아본다.

- Velocity를 이해하고 장점을 알아본다.

- 스프린트 기획 회의 내용과 장점을 이해한다.

- 일일 스크럼 회의 내용과 장점을 알아본다.

- 스프린트 리뷰 회의 목적과 내용을 알아보고 혜택을 이해한다.

- 스프린트 회고 회의 내용과 혜택을 이해한다.

- 제품 백로그와 스프린트 백로그를 이해한다.

- DoD(Definition of Done)를 이해한다.

- 익스트림 프로그래밍(XP: Extreme Programming)의 기본 내용을 이해한다.

- 릴리스 계획과 반복 계획의 기본내용을 이해한다.

- 테스트 기반 개발(TDD: Test Driven Development) 내용을 이해한다.

- 리펙토링(Refactoring) 내용을 이해한다.

- 페어 프로그래밍(Pair Programming)의 장점을 이해한다.

- 기능기반 개발(FDD: Feature-Driven Development)의 내용을 이해한다.

- 동적시스템 개발 방법(DSDM: Dynamic Systems Development Method)의 내용을 이해한다.

- 크리스탈(Crystal) 방식을 이해한다.

- 애자일 리더십을 이해한다.

- 서번트 리더십의 특징을 알아본다.

1 혼용 방식

애자일 적용에는 애자일 요소들의 혼합 방식이 있을 수 있다. 스크럼(Scrum)과 XP(Extreme Programming) 방식의 혼합이 한 예이다. 애자일 하이브리드 방식으로 많이 사용되는 경우이다.

스크럼(Scrum) 방식이 가장 많이 적용이 되며, XP(Extreme Programming)방식 또한 SW 개발시 많이 적용이 되기 때문에 두 개를 같이 혼합 적용하는 방식을 취한다.

2 Being Agile & Doing Agile

애자일 적용에는 Being Agile, Doing Agile을 이해하여야 한다. Being Agile은 애자일에 대한 사고방식이며 문화와 거버넌스 측면에서 리더들이 애자일 문화를 어떻게 적용해야 하는지에 초점이 있다. Doing Agile은 실무자들이 애자일을 적용시 관련 핵심 도구 및 기법의 사용을 초점으로 한다.

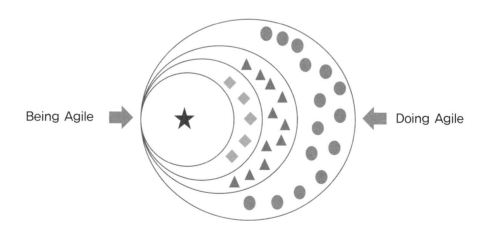

그림 4.2.1 **Being Agile & Doing Agile**

애자일에서 추구하는 이상적인 것은 Being Agile, Doing Agile을 균형 있게 둘 다 잘 하는 것이다. 그런데 실상 애자일을 적용하는 기업들을 보면 두 개의 균형이 잘 안 이루어진다. 어떤 기업은 Being Agile을 나름대로 잘 하지만 Doing Agile이 부족하고, 어떤 기업은 반대인 경우가 있다.

'애자일은 문화이다.'라고 주로 이야기하는 부분은 Being Agile을 이야기를 하는 것이고, 애자일을 방법론으로 인식하고 도구들을 적용하고 실천하는 부분을 이야기하는 부분은 Doing Agile 부분이다.

애자일은 문화도 중요하고 실천도 중요하다. 만일 개인만 애자일 사고방식을 가지고 다른 사람들은 부정적이라면 아마도 효과는 작을 것이다. 만일 한 개 팀이 애자일 사고방식을 가지고 다른 팀들이 부정적이라면 역시 효과는 제한적일 것이다. 그러나 만일 전체 조직이 애자일 사고방식을 가진다면 공동목표와 가치를 가지고 있기에 효과가 커서 애자일로 지속적인 가치를 제공할 것이다. 애자일은 문화와 마인셋이 중요하기 때문에 지속적인 교육 및 코칭을 통해 작은 성공을 거두고 이를 지속 확산하여 문화를 만드는 과정이 중요할 것이다.

3 조직변화의 창출

애자일은 조직혁신의 한부분이기도 하다. 혁신경영 ISO56002 가이드 지식체계를 보면 애자일이 혁신의 한 부분을 차지하고 있다. 애자일을 통해 생각하고 적용하고 확산하여 조직의 변화를 창출할 수 있다. 순서는 다음과 같다.

① Think: 애자일 사고방식으로 생각한다

② Do: 애자일 사례를 적용한다

③ Encourage Others: 다른 사람들에게 애자일 사용을 격려한다.

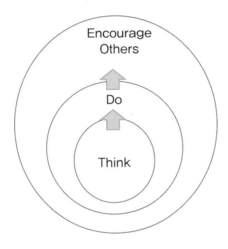

그림 4.3.1 **애자일의 조직변화**

애자일 적용을 통한 혁신사례는?

- John Deere(https://www.deere.com/en/index.html)
  - John Deere는 새로운 기계를 개발하기 위해 애자일을 사용하였다.
  - John Deere는 CES2022 최고혁신상을 수상하기도 했다.
- Saab(https://www.saab.com)
  - Saab은 새로운 전투기를 생산하기 위해 애자일을 사용했다.
- Intronis(https://www.crunchbase.com/organization/intronis)
  - 클라우드 백업 서비스 분야의 선두업체인 인트로니스는 애자일을 마케팅에 활용했다.

- CH.ROBINSON(https://www.chrobinson.com/en-us)
  - 글로벌 타사 물류 공급업체인 C.H. 로빈슨은 애자일을 인적 자원에 적용했다.
- Mission Bell Winery(https://www.wine-searcher.com/merchant/104845-mission-bell)
  - 와인 생산에서부터 창고 보관, 고위 리더십 그룹 운영에 이르기까지 모든 일에 애자일 사용했다.
- GE(https://www.ge.com/news/reports/bend-and-stretch-were-working-agile)
  - 20세기 대기업에서 21세기 '디지털 산업 기업'으로 전환을 위해 애자일을 기업에 적용했다.

4 애자일 삼각형

애자일은 범위, 일정, 원가에 있어서 전통형 프로젝트와 다른 점이 존재한다. 이 차이점을 이해하지 못하고 애자일을 진행하면 애자일 프로젝트는 실패할 가능성이 매우 높다.

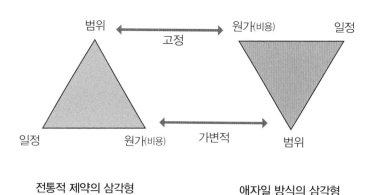

전통적 제약의 삼각형   애자일 방식의 삼각형

그림 4.4.1. **애자일 삼각형의 차이**

전통적 프로젝트 경우, 범위 일정 원가를 고정하고 프로젝트를 수행하는 반면, 애자일 프로젝트 경우, 원가와 일정은 대부분 고정을 하지만 범위에 있어서는 고객의 요구사항에 대응하여 변경 수용을 할 수 있다. 그래서 가변적이기 때문에 유연한 프로젝트 관리가 필요하다.

5 애자일 핵심

애자일은 고객 중심이며 짧은 릴리스로 빠른 피드백을 요구한다. 고객의 요구사항 변경에 유연하게 대처를 하면서 핵심 기능을 우선 개발한다. 팀의 자율과 협동을 중시하며 커뮤니케이션 중시한다.

팀원이 스스로 의사 결정을 하는 사람중심 프로젝트로 고객 요구에 능동적으로 대처하는 용기로 프로젝트 목표 준수인 범위, 일정, 원가를 관리한다.

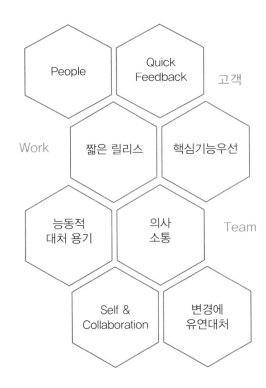

그림 4.5.1 **애자일 핵심정리**

고객, 작업, 팀의 관점에서 정리하면 다음과 같다.
- 고객과 빠른 피드백을 한다.
- 작업에서는 짧은 릴리스와 핵심기능 우선 개발한다.
- 팀원들은 능동적 대처 용기를 가져야 하고 의사소통이 중요하다. 스스로 결정하면서 협업을 하면서 변경에 대해 유연한 대처를 해야 한다.

애자일의 핵심 키워드는 다음과 같다.

- 변경수용
- 작은 가치를 더하는 점증적인 작업
- 지속적인 피드백 사용
- 발견을 통한 학습
- 가치중심 개발
- 빠른 실패의 학습
- 지속적 인도
- 지속적 개선

6 애자일 포괄적 용어

일반적인 애자일 방법들은 다음과 같다. 이중 칸반(KANBAN)은 사실 애자일 방법론이기 보다는 린(LEAN)에서 사용한 부분을 애자일에 효과적으로 사용하는 측면이 있다.

- Scrum
- Extreme Programming(XP)
- Feature-Driven Development(FDD)
- Dynamic Systems Development Method(DSDM)
- Crystal Clear Family
- LEAN Software Development
- Agile Unified Process(AUP)
- KANBAN Development
- ScrumBan = Scrum + KANBAN

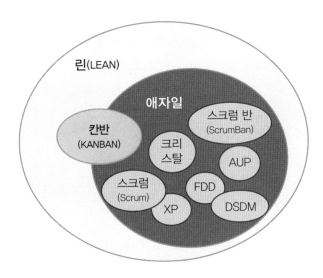

그림 4.6.1. **애자일 포괄적 용어**

그림을 보면 애자일은 LEAN의 한 부분이며, 칸반은 린과 애자일에 중첩이 되어 있다. 순수 애자일 방식은 Scrum, XP, 크리스탈, FDD, DSDM등이 된다.

7 스크럼(Scrum) 개요

스크럼은 대표적인 애자일 방식으로 다음과 같은 특징이 있다.

- **투명성(Transparency)**: 스크럼 회의, 소멸차트, 스프린트 리뷰를 통해 문제점을 공개를 한다. 일일 스크럼은 매일같이 15분 정도의 짧은 시간에 진행해야 하며, 스프린트 리뷰는 매 Iteration 마다 주기적으로 진행한다. 스크럼 자체를 진행하는데 들어가는 시간을 엄격하게 제한함으로써 프로젝트 진행에만 집중할 수 있게 해준다.
- **커뮤니케이션(Communication)**: 일일 스크럼 미팅(개발자들이 어떤 방해물(Blocker)로 인한 문제를 겪고 있는지 공유)과 플래닝 포커(사용자 스토리의 구현 난이도/시간을 토론하는 절차)를 이용하여 의사소통을 원활히 한다.
- **경험주의 모델(Adaptation Model)**: 많은 기법들이 프로젝트에 참여하고 있는 개개인의 경험에 기반한다. 따라서 실제로 일을 진행하게 되면 팀마다 일하는 방식이 달라지는 것을 허용한다.

스프린트 기반인 스크럼

- 스프린트는 잠재적으로 관련성이 있는 제품을 만들기 위해 1개월 이하의 시간 박스의 반복으로 대부분의 스크럼 스프린트는 2주~4주 정도로 결정한다.
- 각 스프린트에는 스프린트 계획 회의, 일일 스크럼, 개발 작업, 스프린트 검토 회의, 스프린트 회고가 포함된다. 따라서 각 스프린트는 미니 프로젝트와 유사하다.
- 스프린트 중에는 새로운 정보로 인해 변경 요인이 있다 하더라도, 스프린트 목표에 영향을 미칠 수 있는 변경 사항은 없으며 개발 팀원은 스프린트 내내 동일하게 유지한다.
- 팀의 역량에 따라 속도(Velocity)에 근거하여 스프린트 기간 동안 완료하기로 약속한 업무를 지속적인 페이스(Sustainable Pace)로 작업을 수행한다.
- 팀은 스프린트 기간 동안 스프린트 백로그(Sprint Backlog)에 스스로 계획한 목표를 달성하기 위하여, 분석/설계/개발/테스트를 통해 실행 가능한 소프트웨어를 개발한다.

스프린트(Sprint)를 수행하면 어떤 것이 해결되는가?

- 분석/설계 단계에는 상대적으로 업무 강도가 낮고, 개발/테스트 단계에는 상대적으로 강도가 높던 전통적인 방식에서 벗어나, 프로젝트 전체 기간 동안의 업무 강도가 평준화된다.
- 실패하더라도, 빨리 적게 실패하여 프로젝트 전체에 부정적인 영향도를 줄일 수 있다.

- 다음 스프린트에서 더 나은 방법으로 스프린트 수행이 가능하다.

속도(Velocity)란?

- 속도는 일종의 팀의 역량으로 한 팀이 단위 스프린트 기간 내에 완료한 스토리 포인트 총합이다. 완료의 정의는 고객과 사전에 정한 조건에 부합된 것이어야 하며, 모든 팀원이 함께 인지해야 한다.

속도를 알면 어떤 것이 해결되는가?

- 여러 스프린트를 거치며, 팀의 속도가 지속적으로 비슷한 수치가 나올 경우 예측 가능성이 높아져 향후 매우 정확한 계획이 가능하다.
- 팀의 속도를 이용하여 남아있는 사용자 스토리(범위), 자원, 출시일(납기) 등에 대한 적합성 여부를 예측 및 판단할 수 있어 리스크 관리에 유리하다.

8 스크럼의 이벤트(회의)

- 스프린트 계획 회의(Sprint Planning Meeting)
- 일일 스크럼 회의(Daily Scrum Meeting)
- 스프린트 리뷰 회의(Sprint Review Meeting)
- 스프린트 회고(Sprint Retrospective)

스프린트 계획 회의(Sprint Planning Meeting)

- 스프린트 계획 회의는 제품 백로그를 스프린트 백로그로 정제하는 회의이다.
- 제품 책임자(Product Owner)는 백로그 항목을 제시하고, 팀 전체는 제품 백로그로 부터 스프린트에서 진행할 항목을 선택하고, 수행할 스프린트 목표와 이를 이루기 위한 작업 상세 내역을 정한다.
- 개발 팀은 스프린트 목표를 정의하기 위해 추정치, 예상 용량 및 과거 성과를 기반으로 제공할 수 있는 것을 예측한다.
- 스프린트 내 완료기준을 정하고, 팀원들과 공유하고, 각 항목에 대한 담당자를 배정하고, 태스크 단위로 계획을 수립하고, 작업 상세 내역은 스프린트 동안 수행할 작업을 스프린트 백로그로 정리한다.

스프린트 계획을 만들면 어떤 것이 해결되는가?

- 팀이 결정한 완료 기준을 재차 명확히 인지하고, 스프린트 내 성취해야 할 명확한 목표를 설정하고 팀원들 스스로 자신이 작업할 내용을 결정하게 되므로, 작업완료에 대해 책임감을 가진다.
- 타 팀원의 작업 내용을 알게 되므로, 협업이 필요한 작업을 식별하고 팀원 모두가 자신이 해야 할 일을 보다 상세하게 인지한다.
- 작업량이 많은 팀원과 적은 팀원을 인지하여, 서로 돕거나 배려하는 협업 분위기 조성한다.

일일 스크럼 회의(Daily Scrum meeting)

일일 스크럼 회의는 대략 10~15분 타임박스(Time Box) 매일 회의로 개발 팀은 활동을 동기화하고, 커뮤니케이션을 통해 이슈를 이야기하는 회의이다. 스프린트 동안 자신이 하고 있는 작업에 대한 다음 세 가지 질문에 답한다.

① 지난 회의 이후로 어떤 성과를 얻었는가?

② 다음 회의 전에 무엇을 할 건인가?

③ 어떤 장애물이 방해가 되나?

일일 스크럼은 스프린트 목표를 향한 진전을 평가하는 데 사용하며 스크럼 마스터는 이러한 미팅이 잘 이루어지도록 하고 식별된 장애물을 제거하는 데 도움을 준다.

일일 미팅을 하면 어떤 것이 해결되는가?

- 팀의 이슈를 일일 단위로 공유하고 논의하게 만들어 주고, 불필요한 회의를 줄이며 이미 한 팀원에 의해 해결된 문제를 어떤 팀원이든 또다시 해결하려 하지 않게 할 수 있다.
- 해결된 문제의 경우는 기존에 해결했던 사람이 도와줄 수 있다.
- 프로젝트 후반부에 문제점이 갑자기 발생하는 것을 효과적으로 방지하고 모든 사람들의 참여로 팀 전체 상황을 공유하여 협업을 촉진한다.

스프린트 리뷰 회의(Sprint Review Meeting)

- 스프린트 리뷰는 스프린트가 끝날 때 만들어진 증분 또는 진화하는 제품을 검사하고 필요한 경우 백로그를 변경하기 위해 개최되는 회의이다.
- 개발 팀은 '완료'된 작업을 시연(데모)을 통해 증분에 대한 질문에 답변하고, 제품 책임자는 무엇이 완료되었고 아직 완료되지 않은 것에 대한 결정한다.
- 제품 책임자와 개발 팀원은 남은 제품 백로그에 대해 논의하고 다음에 수행할 작업을 결정한다.
- 리뷰동안 제품의 적합성, 유용성 및 신규 요구사항에 대한 피드백이 수행된다.

예) Screen Shot

그림 4.8.1 **스프린트 리뷰**

스프린트 리뷰는 스프린트 말기에 시행되며 개발 팀이 고객에게 개발한 제품을 시연한다. 리뷰 시간은 평균적으로 2시간 정도를 추천한다. 만일 고객이 시연된 제품에 대해서 승인을 하면 리뷰가 완료되며 제품이 완성된다. 만일 시연된 제품의 수정 사항이 있다면 고객은 개발 팀의 피드백 과정을 통해 개선을 요청한다. 여기서 고객이란 내부 프로젝트인 경우 제품 책임자가 될 수 있으며 만일 외부 프로젝트인 경우에는 외부 고객일 수 있다.

스프린트 리뷰 회의(Sprint Review Meeting)를 하면 어떤 것이 해결되는가?
- 시연(데모)은 개발 팀원들이 고객 및 이해관계자(인수자)로부터 자신들이 개발한 제품 기능이 구현되었는지 확인하는 회의이다.
- 개발 팀이 어떤 결과물을 냈는지 이해관계자들이 인지하고 피드백을 받는다.
- 프로젝트 팀원들은 스스로 만들어낸 작업 결과에 대해 성취감을 맛볼 수 있고, 개발 팀이 다음 스프린트에 무엇을 해야 하는지 결정하는데 도움이 되는 정보를 취득한다.

스프린트 회고(Sprint Retrospective)
- 스프린트가 끝나면 팀은 스프린트 회고를 열어 프로세스를 되돌아보고 개선 기회를 모색한다.
- 회고는 스프린트 검토(리뷰) 회의 후 다음 스프린트 계획 회의 전에 수행을 한다.
- 팀은 스프린트 검토(리뷰)에서 얻은 고객 또는 제품 책임자의 피드백을 통합할 수 있으며, 또한 확인된 개선 사항을 다음 스프린트 계획에 반영할 수 있다.

스프린트 회고 미팅(Sprint Retrospective)을 하면 어떤 것이 해결되는가?
- 스프린트 리뷰의 피드백 내용을 기반으로 개선을 위한 커뮤니케이션이 증진된다.
- 개선안을 바탕으로 팀이 반복적으로 실수하는 것들이 축소 또는 미 발생하게 한다.
- 지속적인 개선으로 팀의 역량 수준이 점차 향상된다.

9 ▸ 스크럼의 결과물

스크럼의 결과물은 크게 3가지로 분류될 수 있다.

- 제품 백로그(Product Backlog)
- 스프린트 백로그(Sprint Backlog)
- 제품 증분(Product Increment)

제품 백로그(Product Backlog)

- 제품 백로그는 제품을 만들기 위해 수행해야 하는 모든 작업의 우선순위 목록이다.
- 제품 백로그는 동적이며 제품이 진화함에 따라 변화하며 구축해야 할 기능, 기능 요구사항, 품질 특성(흔히 비 기능 요구사항이라고 함), 개선 사항 및 수정 사항이 포함되며, 목록 또는 사용자 스토리 형태로 표시될 수 있다.
- 제품 백로그를 '그루밍(Grooming)'하는 것은 제품 백로그에 더 많은 세부사항과 주문을 추가하고, 제품 백로그 항목의 추정치를 다듬는 과정으로, 개발 팀과 제품 책임자가 이러한 노력을 수행한다.

그루밍(Grooming)

다음 스프린트에 들어가기 전에, 제품 책임자가 다음 스프린트에 개발할 기능에 대해서 대략적으로 검토를 하는 행위이다.

WHY?
- 다음 스프린트에 대한 사전 가시성 확보할 수 있다.
- 개발 전 검토를 통해서 개발 가능성, 기획상 허점 등을 찾아서 수정할 시간을 갖는다.

HOW?
- 1시간 정도로 사용자 스토리나 사용자 경험 프로토타입을 리뷰한다.
- 가급적 실제로 돌아가는 사용자 경험 목업(Mock-Up)이 좋다.

스프린트 백로그(Sprint Backlog)

- 제품 백로그를 분할하여 스프린트 백로그를 생성하며 개발자들이 계획하여 개발한 백로그이다. 스프린트 기간 개발이 대상이다.
- 수행 중인 작업에 대한 가시성이 높은 뷰(View)이며, 개발 팀에 의해서 업데이트 될 수 있다.

제품 증분(Product Increment)

- 스프린트 동안 개발 팀은 솔루션의 증분(프로젝트 제품의 종료)을 생성한다.
- 제품 증분의 수용 가능성을 향상시키기 위해 개발 팀과 제품 책임자는 작업을 시작하기 전에 완료의 정의(Definition of Done)에 동의가 필요하다.

완료의 정의 DoD(Definition of Done)

DoD(Definition of Done)는 작업이 완료에 대해 프로젝트를 시작할 시 정의하여야 하는 공유된 이해로 DoD는 스크럼 SW 개발에 있어 중요한 요소로 다음과 같은 항목이 포함될 수 있다.

- 단위 및 기능 시험
- 문서화
- 쓰기 코드

스크럼(Scrum) 정리

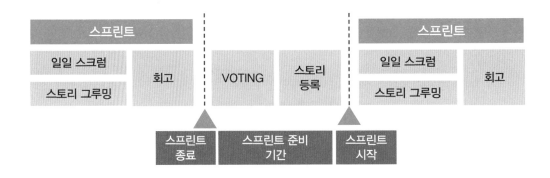

그림 4.9.1 **스프린트 리뷰**

스프린트는 기본적으로 하루에 한 번씩 일일 스크럼 미팅을 통해 의사소통을 촉진한다. 스토리는 시간이 지나면서 구체화되는 스토리 그루밍을 거친다.

한 번의 스프린트가 완료되면 다시 백로그의 우선순위를 정하여 스토리를 등록하고 다음 스프린트를 진행한다.

10 익스트림 프로그래밍 (XP: eXtreme Programming)

익스트림 프로그래밍(Extreme Programming)은 소프트웨어 개발 중심의 애자일 방법으로 스크럼(Scrum)은 작업의 우선순위를 정하고 피드백을 받는 데 중점을 두지만, XP는 소프트웨어 개발 모범 사례에 초점을 맞춘다.

XP Value(가치)는 다음과 같다.

- 활발한 의사소통
- 고객 요구에 능동적으로 대처하는 용기
- 빠른 피드백
- 부가적 기능이나 사용하지 않는 구조는 배제하는 단순성
- 존중(인간중심)

소프트웨어 개발에서 생산성과 인간성을 동시에 개선하려면, 팀에 속한 모든 개인의 기여를 존중해야 한다. 나도 중요한 사람이고, 당신도 중요한 사람이다. 상기 핵심 가치를 다음과 같이 단순화하여 표시하기도 한다.

- 단순함(Simplicity)
- 의사소통(Communication)
- 피드백(Feedback)
- 용기(Courage)
- 존중(Respect)

5가지 핵심 가치에 대한 내용은 다음과 같다. 핵심 가치는 단순성, 의사소통, 피드백, 용기 및 존중이며, 이러한 가치는 XP 라이프사이클 전체에 걸쳐 수행된 실천요강에서 스스로 드러난다.

- 단순성: 복잡성, 추가 기능 및 낭비를 줄이는 데 초점을 두고 솔루션을 구축한다.
- 커뮤니케이션: 이 가치는 모든 팀원이 자신에게 무엇이 기대되고 다른 사람들이 무엇을 하고 있는지 알 수 있도록 하는 데 초점을 맞추고 일일 스탠드업 미팅은 의사소통의 핵심 요소이다.
- 피드백: 피드백을 통한 빨리 실패하는 것이 유용하며 제품 개선 시간이 남아 있을 때 신규 정보를 얻는 게 유리하다.
- 용기: 다른 사람들에게 완전히 보이도록 하는 것은 용기가 필요하며, 페어 프로그래밍에서 팀 구성원은 코드를 공유하며, 종종 해당 코드를 과감하게 단순화하고 변경해야 한다.
- 존중: 팀으로 함께 일하고 모든 사람이 프로젝트의 성패에 대해 책임을 지는 XP 프로젝트에서는 존중이 필수이다. 이것은 페어 프로그래밍과도 관련이 있고, 팀원은 사람들이 다르게 일하고 있으며 이러한 차이를 존중해야 한다.

익스트림 프로그래밍 개요는 다음과 같다.

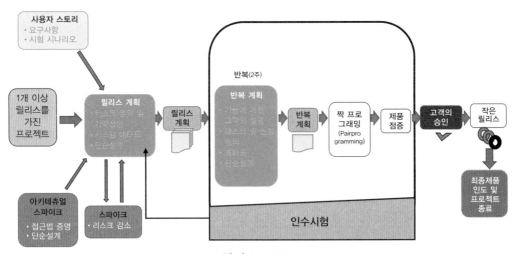

그림 4.10.1 **익스트림 프로그래밍**(XP) **개요**

익스트림 프로그래밍(XP: eXtreme Programming) **프로세스**

XP는 릴리스를 위한 사용자 스토리를 선택하고 스토리를 작업으로 분할한 다음에 계획 릴리스 수립한다. 그리고 소프트웨어를 개발/통합/테스트 수행하고 소프트웨어를 릴리스 한다. 최종적으로 시스템을 평가 실시한다. 이 부분을 정리하면 다음과 같은 절차가 된다.

① 시스템 고객은 개발 팀의 일부이며 개발 팀은 스토리 카드를 만든다.

② 개발 팀은 스토리 카드를 태스크(Task)들로 분할하고 구현에 필요한 노력과 자원을 예상한다.

③ 고객은 우선순위를 정하고 일정을 고려하여, 릴리스에 포함시키기 위해 우선적으로 개발할 스토리를 정한다.

④ 릴리스에 포함시킬 내용을 구현하고, 통합한 후 이를 시험을 한다.

⑤ 추가 구현된 시스템을 고객에게 전달한다.

⑥ 요구사항이 변경된다면 구현되지 않은 스토리를 변경하거나 버린다. 이미 전달된 시스템이 변경되어야 한다면 새로운 스토리 카드를 만들고 다시 작업한다.

XP관련 용어 정의

사용자 스토리: 요구사항 문서 역할로 스토리 분해 및 스토리보드 통해 개발된다.

스파이크: 요구사항에 대한 간단한 프로그램(사용자 스토리 신뢰성 향상, 리스크 관리)이다.

구조적 스파이크: 시스템에 대한 대략적인 아키텍처로 시스템 메타포이다.

주기(반복): 소 규모(1~3주) 개발, 테스트, 배포를 반복적으로 수행·평가와 견적 단순화, 신뢰성 제고, 요구사항 변경 대처(적극적, 긍정적)에 좋다.

XP팀은 사용자 스토리라는 가벼운 요구사항을 사용하여 릴리스 및 반복 계획을 수립하는데 일반적으로 반복은 2주 정도 소요된다. 개발자는 이러한 반복을 수행하는 동안 2인 1조로 코드를 작성하고 개발된 모든 소프트웨어는 엄격하고 자주 테스트를 수행을 한다. 고객의 승인에 따라 소프트웨어가 소규모 릴리스로 제공되고 '스파이크'는 위협과 문제를 줄이기 위해 수행되는 작업 기간이며, '구조적 스파이크'는 기술적 접근법을 입증하기 위해 사용되는 반복이고 '스파이크'는 릴리스 계획 프로세스에 포함된다.

사용자 스토리(User Story)

- 개발해야 할 대상 제품이나 서비스의 기능을 정의하는 방식으로, 사용자 입장에 비즈 니스적인 가치를 정의하는데 초점을 두고 요구사항을 정리하는 실천법이다.

사용자 스토리(User Story)를 사용하면 어떤 것이 해결되는가?

- 팀과 고객 간의 의사소통이 좋아지며, 이는 상호간에 '신뢰'를 쌓는데 가장 중요한 요 소가 되고 개발 대상에 대한 이해도가 증진된다.
- 추정과 함께 사용하면 개발 계획 수립에 큰 도움이 되고 명확하지 않은 것이 무엇인 지 드러나게 해주며, 우선순위 추정에 도움을 제공한다.

사용자 스토리 규칙은 다음과 같다.

- 다른 스토리에 종속적이지 않고 너무 세세하게 적지 않아야 한다.
- 추정이 가능해야 하고 적당한 크기로 작성해야 한다.
- 한 스프린트 안에서 개발이 가능한 수준이어야 하고 테스트가 가능해야 한다.

사용자 스토리 작성 예

- **역할**
- **목적**
- **요청 내용**

예 1) 일반 여행자로서 자명종 시계를 챙길 필요가 없도록 핸드폰이 정해진 시간에 저를 깨우 길 원한다.

예 2) 스마트폰 이용자로서 내가 있는 지역의 날씨를 알기 위해서 날씨 앱을 이용하고 싶다.

XP(eXtreme Programming) 참여자의 역할

XP는 Scrum과 팀 역할이 다르게 정의되며 XP역할은 코치, 고객, 프로그래머 및 테스 터이다.

- 코치: 코치는 팀의 멘토이자 촉진자 역할이다. 코치는 팀의 멘토 역할을 하며 팀이 더 효과적으로 활동할 수 있도록 도와주는 촉진자이다. 커뮤니케이션을 용이하게 하 고 팀의 활동을 조정하는 매니저이다.

- **고객**: 고객은 요구사항, 우선순위 및 비즈니스 방향을 제공하는 비즈니스 담당자이다. 프로젝트의 비즈니스 담당자로 제품을 정의하고, 기능의 우선순위를 결정하며, 제품이 실제로 의도한 대로 작동하는지 확인하고 스크럼의 제품 책임자와 유사하다.
- **프로그래머**: 사용자 스토리에 대한 코드를 작성하고 구현하여 제품을 제작하는 개발자이다.
- **테스터**: 품질 보증을 제공하고 고객이 사용자 사례에 대한 수락 테스트를 정의하고 작성할 수 있도록 도와주며 필요한 기술이 있는 개발자(프로그래머)도 이 역할을 수행한다.
- **전체 팀**(Whole Team): XP에서 말하는 전체 팀은 일반적으로 테스터(Tester), 교차 디자이너(Interaction Designers), 아키테처(Architects), Project Managers, 제품 책임자(Product Owners), 경영진(Executives), 프로그래머(Programmers)와 사용자로 구성되며 팀을 계속 궤도에 올려놓고 과정을 안내하는 코치가 있을 때도 있고, 외부 커뮤니케이션을 용이하게 하고 팀의 활동을 조율하는 매니저도 있을 수 있다. 가장 중요한 팀원은 사용자로 프로젝트의 키를 가지고 있는 이해관계자일 뿐만 아니라, 그들을 통해 요구사항을 파악할 수 있기 때문이다.

XP(eXtreme Programming) 참여자의 역할

계획게임에는 2가지의 주요계획이 있다. 릴리스 계획(Release Planning), 반복 계획(Iteration Planning)가 존재한다.

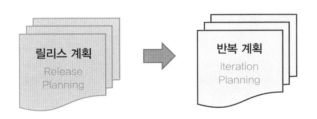

그림 4.10.2 **XP 계획 개요**

릴리스 계획(Release Planning)

- 릴리스는 제품 사용자에게 새로운 기능을 제공하는 것이며 프로젝트에는 일반적으로 한 개 이상의 릴리스가 있다.
- 계획 동안 고객은 필요한 기능에 대해 간략히 설명하고, 개발자는 해당 기능을 구축하는 데 얼마나 어려움을 겪을지 예측하면, 고객은 이러한 추정치와 우선순위를 바탕으로 프로젝트 전달 계획을 수립한다.

- 추정에 대한 초기 시도는 부정확 할 가능성이 높으므로, 이 프로세스는 우선순위와 추정치가 변화함에 따라 자주 재검토되고 개선이 된다.

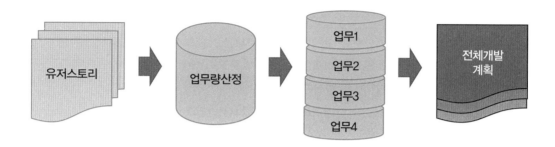

그림 4.10.3 **XP 계획 개요**

XP 계획은 유저스토리(사용자 이야기)를 기반으로 업무량을 산정하여 업무(작업)를 분할하여 정리한 다음에 전체 계획을 개발한다.

반복 계획(Iteration Planning)

- 반복은 스크럼(Scrum)이 '스프린트'라고 부르는 릴리스 내의 짧은 개발 주기로 반복 계획은 매 2주에 한 번씩 수행이 된다.
- 고객은 향후 2주 동안 어떤 기능을 확인하고 설명하고, 개발자는 이 기능을 작업으로 나누고 작업을 예측한다.
- 팀은 이러한 추정치(릴리스 계획 추정치보다 더 정교함)와 이전 반복에서 달성된 작업의 양을 바탕으로 2주 동안 완료할 수 있는 작업을 약속한다.

추정(Estimates)

사용자 스토리를 구현하는데 그 규모가 어느 정도인지 생각해 보는 과정으로, 애자일 추정에서는 프로젝트 초기에 현실적인 판단이 어려운 'Man-hour', 'Man-day' 같은 시간 단위보다는 실제 수행한 것을 기반으로 공수를 추정해 낼 수 있는 스토리 포인트를 사용한다.

추정을 잘하면 어떤 것이 해결되는가?

일의 규모가 보다 투명하게 파악되며, 구체적인 계획을 수립 가능하다. 추정을 한 결과로 나온 스토리 포인트를 반영한 소멸 차트를 활용하여 팀의 진행 상태를 확인 가능하다.

플래닝 포커(Planning Poker)

플래닝 포커는 사용자 스토리의 규모를 추정하는 방식으로 전통적인 방식과 달리 한 사람이 주도적으로 추정하는 것이 아니라, 팀 전체가 같이 지혜를 모아 업무량을 추정하는 실천법이다.

Planning Poker를 사용하면 어떤 것이 해결되는가?

다른 사람의 의견에 영향을 받지 않고 자신의 생각을 표현하고 공유가 가능하다. 업무에 대해 깊이 이해할 수 있고 구현할 사용자 스토리의 범위와 제약사항 등에 대한 팀원 간의 이견을 드러내서 구현 시 참고할 수 있다.

플래닝 포커(Planning Poker)

- 개발 팀 전체가 모여서, 각각의 사용자 스토리에 대해서 개발 기간을 투표한다.
- 포인트의 의미는 알아서 정한다.(ex) 1포인트 = 1일)
- 포인트는 0.5,1,2,3,5 단위로 띄워서 정의
- 전체 팀원이 서로 설득을 당할 때까지 계속 진행한다.
- 사용자 스토리에 대한 디테일은 PO에게 그 자리에서 질의한다.
- 점수가 가장 높은 사람과, 가장 낮은 사람의 의견을 듣고 다시 보팅을 한다.
- 가장 낮은 사람(빠른 개발 방식을 알고 있을 수 있음), 가장 높은 사람(놓친 무언가를 알 수 있음)
- 정확하지 않으나, 정확하다.

소규모 릴리스(Small Releases)

- 테스트 환경에 대한 소규모 릴리스의 빈번한 반복 레벨은 고객에게 진행 상황을 보여주고 가시성을 높이고 테스트 레벨에서는 작업 소프트웨어를 대상 고객에게 신속하게 배포하기 위해 권장한다.
- 짧은 제공 시간 동안 엄격한 테스트를 수행하고 가능한 한 자주 테스트를 실행하는 지속적인 통합과 같은 관행을 통해 품질을 유지한다.
- 개발자는 주기적으로 Proto-type을 인수자에게 보여주면 인수자는 제한된 기능이지만 실제로 작동이 되는 데모 모델을 볼 수가 있고 추가 사항을 요구할 수도 있다. 인수자의 피드백을 통해 개발자는 현재까지의 개발 상황이 올바른 길로 가고 있음을 알 수 있다.

고객 테스트(Customer Tests)

- 필요한 기능을 정의하는 과정에서 고객은 소프트웨어가 작동 중임을 보여주는 하나 이상의 테스트를 설명한다.
- 팀은 자신과 고객에게 소프트웨어가 작동 중임을 증명할 수 있는 자동화된 테스트를 구축한다.

집합 코드 소유권(Collective Code Ownership)

- XP에서는 어떤 개발자이든 코드를 개선하거나 수정할 수 있고 여러 사람이 모든 코드에서 작업하므로 코드 기반의 가시성과 지식이 향상된다.
- 품질 수준을 높일 수 있는데 코드를 보는 사람이 많을수록 결점이 발견될 가능성이 높아지기 때문이다.
- 프로그래머 중 한 명이 떠나면 프로젝트에 미치는 영향이 적은데 그 이유는 지식은 공유되기 때문이다.

코드 표준(Code Standards)

- 팀원이 다른 방식으로 코드를 수정할 경우, 누구나 코드를 수정할 수 있도록 허용하면 문제가 발생할 수 있어 이러한 위험을 해결하기 위해 XP 팀은 일관된 코딩 표준을 준수하여 모든 코드가 마치 단일 전문 프로그래머에 의해 작성된 것처럼 보이도록 한다.
- 팀이 코드를 작성하기 위해 일관된 접근 방식을 취한다.

메타포(Metaphor)

- 메타포와 유사성을 이용하여 디자인을 설명하고 공유된 기술 비전을 생성한다.
- 이해관계자가 이해할 수 있는 비교를 통해 시스템의 작동 방식을 설명한다.
- 팀이 어떤 것을 묘사하기 위해 하나의 시적인 은유를 생각해 낼 수 없더라도, 사람들이 어디에서, 왜 변화가 적용되어야 하는지를 이해하도록 다른 요소들에 대해 공통된 이름을 사용이 가능하다.

지속적인 통합(Continuous Integration)

- 통합에는 코드를 한데 모으고 모든 코드를 컴파일하고 함께 작동하도록 하는 것이 포함되는데 이 방법은 결함이 있거나 호환되지 않는 설계 위에 더 많은 코드가 작성되기 전에 문제를 표면화를 시키기 때문에 매우 중요하다.

- XP는 지속적인 통합을 채택하며 프로그래머가 코드 저장소에 코드를 체크인할 때마다 (일반적으로 하루에 여러 번), 통합 테스트가 자동으로 실행이 된다.
- 지속적인 통합 테스트는 손상된 빌드 또는 통합 문제를 강조하여 문제를 즉시 해결할 수 있도록 한다.
- CI는 팀이 작업한 소스 코드, 데이터 베이스 스크립트, 코드 검사, 자동화 테스트 등을 가능하면 자주 통합하는 소프트웨어 개발 실천 법이다.
- 자주 통합하고 검증함으로써 최신 코드가 항상 건강한 상태인지 확인이 가능하며 통합 주기를 짧게 가져 감으로써 오류 발생 시 신속하게 원인 파악 가능하다. 구현기능의 가시화(작업물의 공유)
- 최소 하루에 한번 이상, 여러 번의 통합을 진행하고, 자동화된 빌드를 통해 가능한 빨리 통합 에러가 없는지 검증하는 작업이다.

지속적인 통합(Continuous Integration)을 하면 어떤 것이 해결되는가?

- 프로젝트의 결함을 조기 발견하고, 통합 위험을 줄여주고, 재작업을 줄여주며 배포할 수 있는 소프트웨어 상태를 유지시켜 준다.
- 통합 빌드로 인해 지속적인 상태 감시가 가능하기 때문에 프로젝트 가시성이 향상된다.
- 제품 완성도에 대해 팀원들이 보다 큰 자신감을 갖게 된다.

지속적인 통합(Continuous Integration): CI-DevOps(Development + Operation)

- 개발담당자와 운영담당자가 연계하여 협력하는 개발 방법론이다.
- 데봅스(DevOps)를 실제 조직에 반영할 경우에는 다양한 형태로 적용될 수 있으나, 결국 동기를 맞추고 프로세스와 도구에 대한 접근을 공유하여 차이를 줄이려는 움직임이다.
- 구체적으로는 애자일 사례(Agile Practice)를 Ops로 확장하여 더 강한 협업 및 소프트웨어 배포 프로세스를 강화하는 것이 목표이다(애자일, 린 스타트업).

테스트 기반 개발(TDD: Test Driven Development)

- 테스트 기반 개발(TDD: Test Driven Development)은 코딩의 실패 사례를 활용하여 개발 팀이 작성해야 할 코드를 파악하는 프로세스이다.

- 프로세스의 주요 기능은 단일 테스트 케이스를 통과하기 위해 단일 요구사항을 코드화를 하는데 사용되는 매우 짧은 테스트/코드 주기이다.
- 테스트 기반 개발(TDD)로 적용이 실패하는 테스트에만 관심이 있고 적용이 테스트 케이스를 통과하면 추가 코드를 작성하지 않는다.
- 좋은 테스트 적용 범위를 보장하여 문제가 개발 초기에 부각되도록 XP팀은 종종 테스트 기반 개발(TDD)을 사용한다.
- TDD로 팀은 새 코드를 개발하기 전에 테스트를 작성하는데 테스트가 올바르게 작동하는 경우, 필요한 기능이 아직 개발되지 않았기 때문에 입력된 초기 코드가 테스트에 실패한 것이다.
- 코드가 올바르게 작성되면 테스트를 통과하며, TDD 개발 프로세스는 테스트 피드백 주기를 최대한 단축하여 초기 피드백의 이점을 얻기 위해 노력한다.

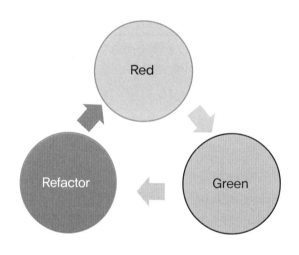

그림 4.10.4 **XP 계획 개요**

XP 계획의 개요 Red, Green, Refactor의 내용은 다음과 같다.
- Red: 테스트의 정확성을 확인하기 위해, 처음 새로 작성된 테스트 케이스는 실패하기 위해 미 기록 코드를 실행하려고 시도한다.
- Green: 개발자는 테스트를 통과하기 위해 가능한 가장 간단한 코드 양으로 기능을 구현한다.
- Refactor: 기존 코드를 재구성하여 외부 동작을 변경하지 않고 내부 구조를 변경한다.

TDD(Test Driven Development)는 XP에서 중요하게 사용되며 TDD 정의, 개념, 장점, TDD 주기, 편익 및 관련 요구사항은 다음과 같다.

- TDD 정의: 프로그램에 대한 테스트 설계를 먼저하고, 이 테스트를 통과할 수 있도록 실제 프로그램의 코드를 반복적인 리펙토링 과정으로 완성해가는 개발 방법론이다.
- TDD 개념: 미리 작성되는 테스트를 기반으로 짧은 반복주기를 이용하는 SW 개발 방식으로 테스트 작성을 통하여 요구사항을 정의한다. TDD는 단순한 테스트 기법이 아닌 SW 설계의 한 기법이다.
- TDD 장점: 디버깅에 소요되는 시간을 절약할 수 있으며, 더 낮은 코드 디자인을 제공함으로써 빠른 개발 속도 및 신뢰성 있는 SW의 개발이 가능하다.
- TDD 요구사항: 코드 작성 이전에 테스트 작성하고, xUnit(단위테스트)와 같은 자동화 위한 테스트 프레임워크를 이용한다.

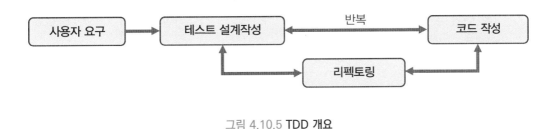

그림 4.10.5 **TDD 개요**

TDD(Test Driven Development)는 사용자 요구를 기반으로 먼저 시험설계를 작성하여 실행을 하고 리펙토링을 통해 SW를 개선한다. 이러한 부분은 반복적으로 이루어진다.

TDD Cycle

- 테스트 작성 → CODE 작성 → 테스트 실행 → Refactoring(Code Smell을 제거한 SW품질향상 기법): 반복주기 1~N 수행한다.
- 테스트 작성: 요구사항을 명확히 이해, 유스 케이스, 유저스토리 등을 이용한다.
- 테스트 검증: 테스트 케이스의 올바른 작동 여부 확인한다.
- 코드 작성: 완벽하지는 않지만 테스트는 성공할 수준으로 작성한다.
- 자동화된 테스트 실행: 모든 테스트 요구사항 충족 확인한다.
- 리팩토링(Refactoring): 불필요 코드, 중복 코드 제거한다.

TDD 편익

- 품질 및 생산성 향상 및 더 빠르고 좋은 SW 빌드(Build)를 한다.
- 작성 코드에 대한 테스트 커버리지 보장 및 모듈화, 확장 가능한 코드 생성한다.
- 높은 소스코드 품질 생성 및 재설계시간의 절감 및 손쉬운 테스트 근거 산출 및 문서화로 디버깅 시간의 절감한다.

리펙토링(Refactoring)

- 리팩터링은 외부 동작을 변경하거나 새로운 기능을 추가하지 않고 기존 코드의 디자인을 개선하는 프로세스이다.
- 설계를 효율적으로 유지함으로써 변경사항과 새로운 기능을 코드에 쉽게 적용한다.
- 중복 코드를 제거하고 커플링(코드 모듈 간의 종속 연결)을 낮추며 응집력을 높이는 데 초점을 둔다.
- SW를 보다 쉽게 이해할 수 있고 적은 비용으로 수정할 수 있도록, 겉으로 보이는 동작의 변화 없이 내부구조를 변경하는 것으로 프로그램의 가치 상승이 가능하다. Code Smell을 고치고 다듬는 과정이다.

리펙토링의 목적

- SW의 디자인을 개선시키고 SW를 이해하기 쉽게 만들고 버그를 찾는 데 도움을 주고, 프로그램을 빨리 작성할 수 있게 도와준다.
- 리팩터링은 프로그램이 수정되더라도 품질이 저하되지 않도록 하는 프로그램 개선 방법이다.
- 향후 일어날 프로그램 수정에 따른 문제를 미리 줄이고자 하는 것이므로, 예방적 유지보수라 볼 수 있다.

좋은 코드란?

- 기계가 아닌 사람이 이해할 수 있게 작성된 코드

리팩토링 시기

기능(새로운 함수)을 추가할 때, 버그를 수정할 때, 코드(코드리뷰)를 검토할 때 코드 스멜과 리팩토링 대상이다.

코드 스멜(Code smell)은?

- 읽기 어려운 프로그램, 중복된 로직을 가진 프로그램
- 실행 중인 코드를 변경해야 하는 특별 동작을 요구하는 프로그램
- 복잡한 조건이 포함된 프로그램

리팩토링 대상

- 중복코드, 긴 메소드 명, 큰 클래스, 긴 파라미터 리스트
- Switch Parameter, 병렬 상속 구조
- Lazy Class, Temporary Field, Data Class
- 불충분한 Library Class, Comment 등

리펙토링이 무의미한 경우

- 리펙토링을 실행해도 복구가 어려울 정도로 망가져 버린 코드들
- 데드라인이 너무 가깝고 리펙토링 한 코드를 검증할 테스트코드가 없을 때

페어 프로그래밍(Pair Programming)

- XP에서 생산코드는 두 개발자가 쌍으로 작업하는 동안 소프트웨어를 작성하고 실시간으로 리뷰를 제공하는 방식으로 작성이 된다.
- 페어 프로그래밍(Pair Programming)은 비효율적으로 보일 수 있지만, XP 옹호자들은 쌍이 문제를 조기에 발견하고 두 사람이 더 많은 지식 기반을 갖는다는 이점이 있기 때문에 시간을 절약한다고 주장한다.
- 2인 1조로 작업하는 것도 팀을 통해 시스템에 대한 지식을 전파하는 데 도움이 되며, XP팀은 이러한 관행을 적용하기 위해 엄격하고 엄격한 접근법을 취함으로써 고품질 소프트웨어 시스템을 성공적으로 제공한다.
- 두 명의 작업자가 한 개의 PC(보통, 한 개의 키보드 및 마우스를 가진 작업공간)를 공유하며 작업하는 것을 말한다.
- 키보드를 소유하고 작업을 진행하는 사람을 '드라이버(Driver)'라 하고, 직접 작업을 하지는 않지만 목표와 방향을 점검하며, 드라이버의 작업을 검토하며 리드하는 사람을 '네비게이터(Navigator)'라고 한다.
- 네비게이터가 작업의 방향을 제시하고 드라이버가 질문과 제안을 한다.

Pair Programming을 하면 어떤 것이 해결되는가?

- 코딩을 하면서 자연스럽게 동료 검토가 수행되어 에러가 발생할 확률이나 위험이 저하되고 팀원끼리 지식 공유가 가능해지고, 짝을 지속적으로 변경하면, 팀 전체 지식 공유 또한 가능해진다.
- 팀원 한 명이 자리를 비우더라도 누구나 그 작업을 대신할 수 있다.
- 신입 개발자는 숙련된 개발자로부터 다양한 경험을 짧은 시간에 배울 수 있고 모두가 프로그래밍을 위해 사용하는 도구의 유용한 팁(Tip)을 공유할 수 있다.

기본 실천방법(XP)

- 함께 앉기: 개발 작업은 팀 전체가 들어가기에 충분할 정도로 크고 열린 공간에서 하라.
- 전체 팀: 프로젝트가 성공하기 위해 필요한 기술과 시야를 지닌 사람들을 전부 팀에 포함시켜라.
- 정보를 제공하는 작업 공간: 작업 공간을 작업에 대한 것들로 채워라. 프로젝트에 관심이 있는 관찰자라면 누구든지 팀이 사용하는 공간에 들어와서 15초 안에 프로젝트가 어떻게 진행되는지 대략 감을 잡을 수 있어야 한다.
- 활기찬 작업: 생산적으로 일할 수 있는 정도의 시간만, 그리고 일의 활력을 유지할 수 있는 정도의 시간만 일해라.
- 짝 프로그래밍: 제품으로 출시할 프로그램을 두 사람이 컴퓨터 한 대에 앉아 작성해라.
- 스토리: 고객에게 가치를 줄 수 있는 최소한의 기능을 단위로 해서 계획하라.
- 일주일별 주기: 한 번에 일주일 분량의 일을 계획하라.
- 분기별 주기: 한 번에 한 분기 분량의 일을 계획하라.
- 여유: 어떤 계획이든 일정에 뒤쳐질 경우 포기할 수 있는 비교적 급하지 않은 업무를 포함시켜라.
- 10분 빌드: 10분 만에 자동으로 전체 시스템을 빌드하고 모든 테스트를 돌려라.
- 지속적인 통합: 변경한 것은 두 세 시간 만에 통합하고 테스트해라.
- 테스트 우선 프로그래밍: 코드를 한 줄이라도 변경하기 전에, 자동화된 테스트를 먼저 작성하라.
- 점진적인 설계: 시스템의 설계에 매일 투자하라.

XP의 원칙

① 인간성: 소프트웨어는 인간이 개발한다.
② 경제성: 이 모든 것에 누군가는 돈을 지불한다는 경제성의 원칙을 인정한다.

③ 상호이익: 모든 활동은 그 활동에 관련된 모든 사람에게 이익이 되어야 한다.

④ 자기 유사성: 어떤 해결책의 구조를 다른 맥락에도 적용해 보라.

⑤ 개선: 소프트웨어 개발에서 '완벽하다'란 없다. '완벽해지기 위해 노력한다'만 있다.

⑥ 다양성: 팀에는 비록 갈등의 요소가 될 수 있을지라도 다양성이 필요하다.

⑦ 반성: 좋은 팀은 실수를 숨기지 않고 오히려 실수를 드러내어 거기에서 배운다.

⑧ 흐름: 개발의 모든 단계를 동시에 진행함으로써 가치 있는 SW를 물 흐르듯 끊임없이 제공해야 한다.

⑨ 기회: 가끔씩은 생각을 전환해서 문제를 기회로 보는 방법을 배우자.

⑩ 잉여: SW 개발에서 핵심적이고 해결하기 어려운 문제는 해결 방법을 여러 개 만들어 놓아야 한다.

⑪ 실패: 성공하는데 어려움을 겪는다면 실패하라.

⑫ 품질: 품질을 희생하는 것은 프로젝트 관리의 수단으로 삼기에 효과적이지 않다.

⑬ 책임 소재: 어떤 일을 하겠다고 선언한 사람이 그 일의 책임도 가진다.

⑭ 아기걸음: 단계를 작게 쪼갤 때 걸리는 부하가, 큰 변화를 시도했다가 실패해서 돌아갈 때 드는 낭비보다 훨씬 작다는 사실을 인정하자.

XP 장점

- 요구사항이 변해도 일정에 영향이 적다.
- 작은 프로젝트, 작은 규모의 개발 팀에 효율적이다.
- 최소한의 문서로도 지식공유가 저절로 된다.

XP 단점

- 대규모 프로젝트에는 적합하지 않다.
- 안정성이 중요하거나 테스트가 어려운 프로젝트에는 사용이 불가능하다.

11 린 제품 개발
(LEAN Product Development)

- 린 소프트웨어 개발은 린과 애자일 가치가 밀접하게 일치한다.
- 린(LEAN)은 린 제조 접근 방식에서 적용 후 소프트웨어 개발에 적용된 사례이다.
- 린 제품 개발의 개략적 원칙에는 다음을 포함한다.
  - 시각적 관리 도구를 사용한다.
  - 고객의 정의된 가치를 식별한다.
  - 학습과 지속적인 개선을 구축한다.
- 도요타자동차의 독특한 생산 방식의 원칙과 실천법을 정리하는데서 린(LEAN)이라는 개념이 태동하였고 우리나라 제조/생산 업계에서는 이미 도요타 생산 방식(TPS: Toyota Production System)를 오래 전부터 벤치마킹 한다.
- 린(LEAN)에서 중요한 개념은 JIT(Just In Time)으로 JIT는 한 시점에 필요한 만큼만 생산하는 것을 의미하며 이를 통해 재고를 최소화하고 비용을 최소로 줄인다.
- 또 하나의 중요한 용어가 칸반(KANBAN)으로 칸반은 일종의 작업지시서로서 Pull 방식의 생산시스템을 구축하는데 중요한 역할을 한다.

린 핵심 개념(LEAN Core Concepts)

- 낭비제거(Eliminate Waste)
- 팀에게 자율권을(Empower the Team) 부여
- 빨리 인도(Deliver Fast)
- 전체를 최적화(Optimize the Whole)
- 품질을 만들다(Build Quality In)
- 결정을 연기(Defer Decisions)
- 배움을 증폭(Amplify Learning)

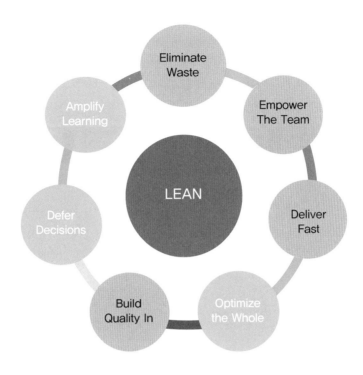

그림 4.11.1 **린 핵심 개념**(LEAN Core Concepts)

칸반(KANBAN)

- 칸반 개발은 도요타에서 사용되는 린(LEAN) 생산 시스템에서 기원이며 '칸반'은 '간판'을 의미하는 일본어로 간판 또는 칸반 작업 위원회는 칸반 개발 방법론에서 중요한 역할을 한다.
- 칸반 개발 방법론은 진행 중인 작업을 제한하여 문제를 식별하고 개발 중 변경과 관련된 낭비와 비용을 최소화할 수 있도록 지원을 한다.
- 풀(Pull)시스템을 사용하여 WIP(Work In Progress)한도 내에서 개발단계를 거친다.

칸반 개발의 5가지 핵심 원칙

① 워크플로우를 시각화(Visualize the Workflow)

② WIP를 제한(Limit WIP)

③ 흐름을 관리(Manage Flow)

④ 프로세스 정책을 명시(Make Process Policies Explicit)

⑤ 협업적으로 개선(Improve Collaboratively)

칸반을 이용한 작업 진행 체크

칸반을 이용하면 아래와 같이 백로그의 작업 진행 상황을 체크할 수 있다. 수시로 백로그의 진행 사항에 대해 추적이 가능하다.

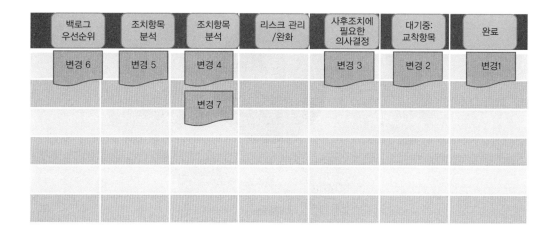

그림 4.11.2 **백로그와 칸반 보드를 사용하여 변경작업 구성 및 추적**

12 기능기반 개발
(FDD: Feature-Driven Development)

- FDD는 쉽지만 강력한 제품 또는 솔루션 구축 방법이다.
- FDD 방법을 따르는 프로젝트 팀은 먼저 제품의 전체 모델을 개발하고, 기능 목록을 작성하고, 작업을 계획하며 그런 다음 팀은 설계 및 빌드 반복을 통해 기능을 개발한다.

그림 4.12.1 **기능기반 개발**(FDD: Feature-Driven Development)개요

FDD는 기능 중심의 개발이며 전체 개입 무대를 개발 후 작업 기능의 리스트를 작성하여 계획을 수립하고 설계가 확정되면 기능을 생성하는 방식이다. 애자일은 대부분 기능을 개발하는 부분이 중심으로 FDD는 애자일 방식에서 대표적으로 사용이 된다.

- FDD는 소프트웨어 엔지니어링에서 파생된 일련의 모범 사례를 권장하고 다음의 사례와 같다.
  - 도메인 객체 모델링(Domain Object Modeling)
  - 기능에 의한 개발(Developing by Feature)
  - 개별 클래스(코드)소유권(Individual Class(Code) Ownership)
  - 기능 팀(Feature Teams)
  - 검사(Inspections)
  - 형상 관리(Configuration Management)
  - 규칙적인 빌드(Regular Builds)
  - 진행 상황 및 결과의 가시성(Visibility of Progress and Results)

도메인 객체 모델링(Domain Object Modeling): 팀은 해결해야 할 문제의 영역(또는 비즈니스 환경)을 탐색하고 설명한다.

기능에 의한 개발(Developing by Feature): 기능을 2주 또는 더 짧은 조각으로 나누고, 특성 작업을 포함한다.

개별 클래스(코드)소유권(Individual Class(Code) Ownership): 코드 영역에는 일관성, 성능 및 개념적 무결성을 위한 단일 소유자가 있다.

기능 팀(Feature Teams): 설계를 검토하고 여러 설계 옵션을 평가한 후 설계를 선택하기 전에 이러한 옵션을 평가할 수 있도록 동적으로 구성된 소규모 팀이며 기능 팀은 개별 소유권과 관련된 리스크를 완화할 수 있도록 지원한다.

검사(Inspections): 양질의 설계와 코드를 보장하는 데 도움을 준다.

형상 관리(Configuration Management): 코드 레이블 지정, 변경 사항 추적 및 소스 코드 관리이다.

규칙적인 빌드(Regular Builds): 팀은 정규 빌드를 통해 새 코드가 기존 코드와 통합되도록 하고 이 방법을 사용하면 데모를 쉽게 만들 수도 있다.

진행 상황 및 결과의 가시성(Visibility of Progress and Results): 완료된 작업에 기반하여 진행 상황을 추적한다.

13 동적시스템 개발 방법
(DSDM: Dynamic Systems Development Method)

- DSDM은 초기에 신속한 변화를 위한 방법 중 하나였으며, 매우 규범적이고 상세하게 시작한다.
- 프로젝트 라이프 사이클에 대한 적용 범위는 광범위하며, 실현 가능성 및 비즈니스 사례에서 구현에 이르는 신속한 변화를 위한 프로젝트의 측면을 포함한다.

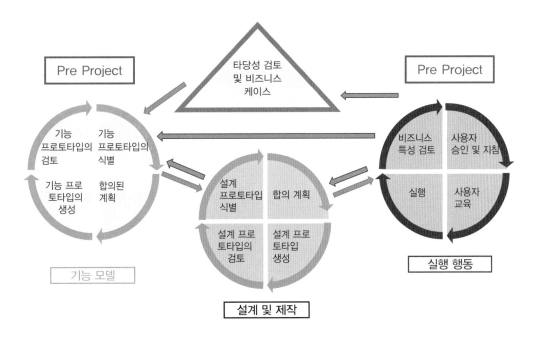

그림 4.13.1 **기능기반 개발**(FDD: Feature-Driven Development)**개요**

DSDM은 작업의 타당성 검토를 거쳐 프로젝트와 관련된 기능모델에 프로토타입을 식별하고 계획하고 검토하여 생성한다. 기능 모델이 완료가 되면 합의된 계획에 따라서 설계와 제작이 이루어지는데 설계 프로토타입을 식별하고 설계하고 생성을 한다. 설계와 제작이 완료되면 실행을 하게 되는데 실행에는 사용자 교육, 비즈니스 특성 검토, 사용자 승인 및 지침 그리고 실제 실행이 이루어진다. 실행 행동에서 발견되는 피드백을 기반으로 비즈니스 검토에 대한 부분이 다시 이루어지며 Pre-Project, 설계 및 제작, Post Project가 반복적으로 이루어진다.

DSDM 8가지 원칙

① 비즈니스 니즈에 초점이다.

② 정시에 인도한다.

③ 협업을 한다.

④ 품질에는 타협이 없다

⑤ 견고한 기반으로 부터 점진적으로 제작한다.

⑥ 반복적으로 개발한다.

⑦ 지속적이고 명확하게 의사소통을 한다.

⑧ 데모 통제를 한다.

DSDM은 초기 아키텍처 고려 사항, 애자일 적합성 필터 및 애자일 계약을 대중화하는데 도움이 된다.

14 크리스탈(Crystal)

크리스탈(Crystal) 방식은 애자일 개발 접근법 중 하나로 일반적으로 프로세스나 도구보다는 사람에게 더 많은 중점을 두는 방법론이다. 방법론을 개발한 Alistair는 사람들의 기술, 재능과 의사소통을 하는 것이 프로젝트에 있어서 가장 많은 영향을 주는 것이라고 판단했다. 크리스탈은 저 위험 시스템(Crystal Clear)을 개발하는 소규모 팀이 운영하는 프로젝트부터 고 위험 시스템(Crystal Magenta)을 구축하는 대규모 팀이 운영하는 프로젝트에 이르기까지 다양한 프로젝트를 위해 설계된 방법론 제품군이다.

크리스탈 프레임워크(Crystal Framework)는 프로젝트와 조직의 특성에 맞게 방법을 어떻게 조정할 수 있는지에 대한 좋은 예를 제공한다.

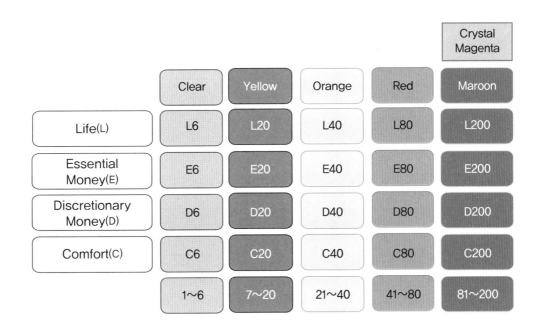

그림 4.14.1 **크리스탈**(Crystal) **개요**

크리스탈은 프로젝트의 크기와 복잡성에 기반하여 크기를 분류하고 복잡성을 분류하여 프로젝트 조직 특성에 맞게 어떻게 접근할 건지의 내용을 제공한다. 크리스탈은 팀 크기에 의해서 구분할 수 있는데, 상기 그림과 같은 색상과 이를 부합을 시킬 수 있다.

- Clear: 6명
- Yellow: 6-20명
- Orange: 20-40명
- Red: 40-80명
- Darker (Maroon): 80명 이상

복잡성은 Life, Essential Money, Discretionary, Comfort순으로 분류하는데 제일 복잡한 부분이 Life이고 가장 덜 복잡한 부분은 Comfort이다.

이러한 Crystal Method에는 두 가지 기본적인 가정이 있는데 하나는 팀원들은 더 최적화된 팀을 만들기 위해서 그들의 프로세스를 간소화를 시킬 수 있다는 것이고 다른 하나는 프로젝트는 고유하고 변동성이 있으며 특정한 방법 등을 필요로 한다는 것이다.

크리스탈(Crystal)특징

- 빈번한 제공(Frequent Delivery): 크리스탈 방법론은 솔루션의 증분을 생성하고 이러한 증분 빌드의 허용 여부를 확인한다.
- 반영적 개선(Reflective Improvement): 정기적으로 개선 방법을 확인한 다음 새 방법을 구현하는 작업이 포함한다.
- 오스모틱 의사소통(Osmotic Communication): 팀 구성원이 정보를 효율적으로 공유할 수 있도록 함께 배치하면 주변의 이야기를 들을 수 있어 효율적이다.
- 개인 안전(Personal Safety): 사람들이 안전하게 문제나 질문을 제기할 수 있는 환경을 조성할 필요성을 강조한다.
- 집중(Focus): 이것은 팀원들이 무엇을 해야 하는지 알고 있고 그것을 할 시간과 마음의 평화를 가지고 있다는 것을 의미한다.
- 전문가 사용자에 대한 접근: 팀은 쉬운 접근을 통해 최신 요구사항과 빠른 피드백을 얻을 수 있다.
- 기술 환경: 수정 방법은 자동화된 테스트, 구성 관리 및 빈번한 통합에 의존한다.

크리스탈 방법론은 '사람'과 '의사소통'에 더 집중을 한다는 점에서 다른 방법론과 다른 점이 있다. 지속적인 통합과 유연한 프로세스를 기반으로 활발한 사용자 참여를 특징으로 한다. 크리스탈은 팀원들이 중심이 되고 하는 일에 초점을 맞출 수 있도록 하는 것을 중요하게 본다.

15 서번트 리더십(Servant Leadership)

애자일은 기술 업무를 수행하고 비즈니스 가치를 달성하기 위해 팀원을 인정하는 서번트 리더십 모델을 촉진한다.

팀을 도와주는 리더 성과의 4가지 주요 의무는?

① 방해요소부터 팀을 보호(Shield the Team from Interruptions)

② 진행 시 장애 제거(Remove Impediments to Progress)

③ 프로젝트 비전 의사소통(Communicate the Project Vision)

④ 필요한 것의 공급(Carry Food and Water)

애자일 프로젝트를 지휘하는 12가지 원칙은?

① 팀원의 필요사항을 배워라.

② 프로젝트 요구사항에 대해 알아보아라.

③ 팀과 프로젝트의 동시적인 복지를 위해 행동하라.

④ 기능적 책임성의 환경 조성하라.

⑤ 완료된 프로젝트에 대한 비전 제시하라.

⑥ 자신의 행동을 유도하기 위해 프로젝트 비전을 사용하라.

⑦ 성공적인 프로젝트 팀 개발의 중심 인물 역할을 하라.

⑧ 긍정적인 단계로서 팀 갈등을 인식하라.

⑨ 윤리 의식을 가지고 관리하라.

⑩ 윤리는 사후 검토가 아니라 사고의 필수적인 부분임을 기억하라.

⑪ 프로젝트에 반영할 시간을 가져라.

⑫ 거꾸로 생각하는 방법을 개발하라.

서번트 리더십 관행(Agile Leadership Practices)의 요청되는 행동모델(Model Desired Behavior)

- 정직(Honesty)

- 미래지향적(Forward-Looking)

- 유능(Competent)

- 영감(Inspiring)
- 프로젝트 비전을 전달(Communicate the Project Vision)
- 다른 사람이 행동할 수 있도록 함(Enable Others to Act)
- 현상 유지에 도전할 수 있는 의지(Be Willing to Challenge the Status Quo)
- 시각화를 통해 투명성을 실천
- 실험을 위한 안전한 환경 만들기
- 새로운 기술과 프로세스로 실험
- 협업을 통한 지식 공유
- 안전한 환경에서 나타내는 리더십 장려

- 프로젝트 생애주기 접근 방식에는 예측형, 반복적, 점증적, 애자일 방식이 있다.

- 애자일 접근 방식은 요구사항이 동적이고 작은 인도와 피드백을 통한 고객 가치를 향상하는 데 목적이 있다.

- 스크럼의 특징은 투명성, 검사 및 적응에 있다.

- 스크럼 스프린트는 짧은 반복이며 피드백을 통해 실패하더라도, 빨리 적게 실패하여 프로젝트 전체에 부정적인 영향도를 줄인다. 또한, 다음 스프린트에서 더 나은 방법으로 스프린트를 수행이 가능하다.

- Velocity는 한 팀이 단위 스프린트 기간 내에 완료를 시킨 스토리 포인트로 팀의 역량을 나타낸다. 여러 스프린트를 거치며, 팀의 속도가 지속적으로 비슷한 수치가 나올 경우 예측 가능성이 높아져 향후 매우 정확한 계획이 가능하다.

- 스프린트 기획 회의에서 개발 팀은 스프린트 목표를 정의하기 위해 추정치, 예상 용량 및 과거 성과를 기반으로 제공할 수 있는 것을 예측한다. 팀이 결정한 완료기준을 재차 명확히 인지하고, 스프린트 내 성취해야 할 명확한 목표를 설정하고 팀원들 스스로 자신이 작업할 내용을 결정하게 되므로, 작업완료에 대해 책임감을 가진다.

- 일일 스크럼 회의(데일리 스크럼)는 10~15분짜리 타임박스 매일 회의로 개발 팀은 활동을 동기화하고, 커뮤니케이션하고, 문제를 제기한다. 스프린트 동안 자신이 하고 있는 작업에 대한 다음 세 가지 질문에 답한다.

  - 지난 회의 이후로 어떤 성과를 얻었는가?

  - 다음 회의 전에 무엇을 할 건인가?

  - 어떤 장애물이 방해가 되나? 일일 회의를 통해 팀의 이슈를 일일 단위로 공유하고 논의하게 만들어 주고, 불필요한 회의를 줄이며 이미 한 팀원에 의해 해결된 문제를 어떤 팀원이든 또 다시 해결하려 하지 않게 한다.

- 스프린트 리뷰 회의는 스프린트가 끝날 때 만들어진 증분 또는 진화하는 제품을 검사하고 필요한 경우 백로그를 변경하기 위해 개최되는 회의이다. 시연(데모)은 고객 및 이해당사자로부터 자신들이 투자한 비용이 어떻게 기능으로 구현되었는지 확인하는 회의로 개발 팀이 어떤 결과물을 냈는지 이해관계자들이 인지한다.

- 스프린트 회고 회의는 스프린트가 끝나면 팀은 스프린트 회고를 열어 프로세스를 되돌아보고 개선 기회를 모색하는 회의이다. 커뮤니케이션이 증진되고 팀이 반복적으로 실수하는 것

들이 축소 또는 미 발생하게 할 수 있다. 회고를 통해 팀의 역량 수준이 점차 향상한다.

- 제품 백로그는 제품을 만들기 위해 수행해야 하는 모든 작업의 우선순위 목록이고, 스프린트 백로그는 스프린트에 대해 선택된 제품 백로그의 일련의 아이템의 총합으로 스프린트 목표를 달성하는 방법에 대한 계획을 동반하므로, 스프린트의 일부가 될 기능에 대한 개발 팀의 예측 역할을 한다.

- DoD(Definition of Done)는 작업이 완료에 대해 프로젝트를 시작할 시 정의하여야 하는 공유된 이해로 DoD는 스크럼 SW 개발에 있어 중요한 요소이다.

- 익스트림 프로그래밍(XP: eXtreme Programming)은 소프트웨어 개발 중심의 애자일 방법이다. XP 가치는 활발한 의사소통, 고객 요구에 능동적으로 대처하는 용기, 빠른 피드백, 부가적 기능이나 사용하지 않는 구조는 배제하는 단순성, 존중(인간중심)이다.

- 사용자 스토리(User Story)는 개발해야 할 대상 제품이나 서비스의 기능을 정의하는 방식으로, 사용자 입장에 비즈니스적인 가치를 정의하는데 초점을 두고 요구사항을 정리하는 실천법이다.

- 릴리스 계획은 제품 사용자에게 새로운 기능을 제공하는 것이며 프로젝트에는 일반적으로 한 개 이상의 릴리스가 있다.

- 반복계획은 릴리스 계획의 한 부분으로 스크럼 스프린트라고 부르는 릴리스 내의 짧은 개발 주기로 반복 계획은 매 2주에 한 번씩 수행이 된다.

- 테스트 기반 개발(TDD: Test Driven Development)은 코딩의 실패 사례를 활용하여 개발 팀이 작성해야 할 코드를 파악하는 프로세스이다. 프로그램에 대한 테스트 설계를 먼저하고, 이 테스트를 통과할 수 있도록 실제 프로그램의 코드를 반복적인 리펙토링 과정으로 완성해 가는 개발 방법론이다.

- 리펙토링(Refactoring)은 외부 동작을 변경하거나 새로운 기능을 추가하지 않고 기존 코드의 디자인을 개선하는 프로세스이다.

- 페어 프로그래밍(Pair Programming)은 XP에서 생산코드를 두 개발자가 쌍으로 작업하여 소프트웨어를 작성하고 실시간으로 리뷰를 제공하는 방식으로 작성하는 일하는 방식이다. 쌍이 문제를 조기에 발견하고 두 사람이 더 많은 지식 기반을 갖는다는 이점이 있다.

- 칸반(KANBAN) 개발 방법론은 진행 중인 작업을 제한하여 문제를 식별하고 개발 중 변경과 관련된 낭비와 비용을 최소화할 수 있도록 지원한다. 풀(Pull)시스템을 사용하여 WIP(Work In Progress)한도 내에서 개발단계를 거친다.

- 기능기반 개발(FDD: Feature-Driven Development)은 쉽지만 강력한 제품 또는 솔루션 구축 방법으로 FDD 방법을 따르는 프로젝트 팀은 먼저 제품의 전체 모델을 개발하고, 기능 목록을 작성하고, 작업을 계획하며, 그런 다음 팀은 설계 및 빌드 반복을 통해 기능을 개발한다.

- 동적시스템 개발 방법(DSDM: Dynamic Systems Development Method)은 초기에 신속한 변화를 위한 방법 중 하나로 매우 규범적이고 상세하게 시작한다. 프로젝트 라이프 사이클에 대한 적용 범위는 광범위하며, 실현 가능성 및 비즈니스 사례에서 구현에 이르는 애자일 프로젝트의 측면을 포함한다.

- 크리스탈(Crystal) 방식은 저 위험 시스템(Crystal Clear)을 개발하는 소규모 팀이 운영하는 프로젝트부터 고 위험 시스템(Crystal Magenta)을 구축하는 대규모 팀이 운영하는 프로젝트에 이르기까지 다양한 프로젝트를 위해 설계된 방법론 제품군을 포함한다.

- 애자일 리더십은 기술 업무를 수행하고 비즈니스 가치를 달성하는 리더, 코치 또는 스크럼 마스터가 아니라 팀원을 인정하는 서번트 리더십 모델을 촉진을 한다.

- 서번트 리더십은 방해요소부터 팀을 보호(Shield the Team from Interruptions)하고 진행 시 장애 제거(Remove Impediments to Progress)하고 프로젝트 비전 의사소통(Communicate the Project Vision)을 원활하게 하고 필요한 것의 공급(Carry Food and Water)하는 특징을 가지고 있다.

Q: 애자일 프로젝트에서 투명성(Transparency)이란 무엇을 의미하는가?

A: 스크럼의 특징 중 하나가 투명성이다. 투명성은 일의 진척을 모든 사람이 공유하고 가시적으로 보여주는 것이다. 대표적으로 칸반(KANBAN)과 번차트(Burn-Chart)가 사용된다.

Q: 애자일 방식의 경우 프로젝트 실패와 성공의 책임은 누구에게 있는가?

A: 전통형 프로젝트 실패의 책임은 프로젝트 관리자에게 있지만 애자일 방식은 좀 다를 수 있다. 한 사람만 책임지기 보다는 공동으로 책임을 지는 것이 바람직할 것이다. 제품 책임자, 스크럼 마스터, 개발 팀 중 프로젝트 실패의 책임이 가장 큰 부분은 개발 팀이다. 자율조직, 자기지시로 운영되는 방식이기 때문이다.

Q: 스프린트 리뷰가 스프린트 백로그의 기능을 데모 시 인수를 거부하면 개발자는 어떻게 대응하여야 하는가?

A: 당연하게 많이 발생하는 부분이다. 100% 만족하는 기능을 제시하기는 쉽지 않다. 다음 스프린트에 다시 우선화하여 해당이 되면 작업을 다시 하여 개선하여 한다. 이런 상황에서 개발자들의 마음가짐은 어떻게 가져야 하는가? 바로 열정과 끈기이다. 작업에 대한 열정과 끈기 없이는 작업결과를 만족시킬 수 없다.

Q: 애자일 적용하려면 즉시 적용 가능한 부분은 어느 것인가?

A: 부분적으로 애자일을 접하는 것이 중요하다. 일일 스크럼 회의를 추천한다. 처음에는 어색하지만 시간이 지날수록 분위기가 개선되고 모두 일을 열심히 하고 있는 인지와 함께 협업이 발생한다.

05

Chapter

애자일 시작

- 프로젝트 접근의 도전사항을 이해한다.
- 프로젝트 관리에 대한 경영진의 관심을 이해한다.
- 애자일 방식의 특징을 이해한다.
- 애자일의 시작 시 PMO와의 관계를 이해한다.
- 조직에 애자일 적용환경을 이해한다.
- 애자일 작업 공간을 이해한다.

1 현재 도전의 식별

우리 프로젝트가 직면한 도전은 무엇인가? 어떤 것들이 있는가? 아래와 같이 다양한 요소가 도전사항이다.

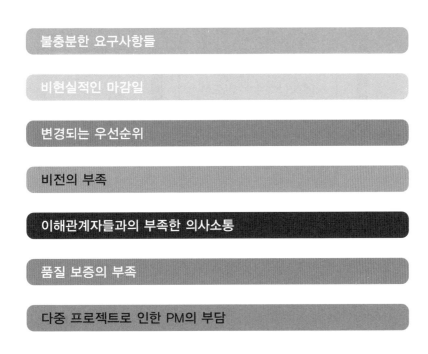

불충분한 요구사항들

비현실적인 마감일

변경되는 우선순위

비전의 부족

이해관계자들과의 부족한 의사소통

품질 보증의 부족

다중 프로젝트로 인한 PM의 부담

그림 5.1.1 **프로젝트가 직면하는 도전요소**

2 경영진의 관심

회사 경영진은 프로젝트를 수행할 때 예측성을 높이고 제품의 인도성의 확률을 높이고자 프로젝트 팀에게 철저한 계획과 품질 관리를 주문한다. 프로젝트 특성상 불확실성과 점진적 구체화의 특성 때문에 초기에 예측성이 높아질 수 없는데도 말이다.

그림 5.2.1 **경영진의 프로젝트에 대한 관심**

반면에 팀원(개발자 포함)들은 프로젝트 방향성이 정확하기를 바라고 업무 압력이 적었으면 한다.

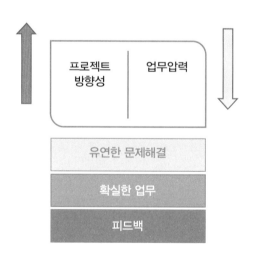

그림 5.2.2 **개발자들의 프로젝트에 대한 관심**

따라서, 프로젝트 관리의 안정성과 유연성의 균형이 프로젝트의 도전사항이다.

예측성을 강화하고 제품 품질을 잘 관리하여 프로젝트를 완료하고 싶은 안정성과 변경되는 우선순위에 대응하고 이해관계자들과의 의사소통을 강화하는 유연성이 필요하다.

그림 5.2.3 **프로젝트의 균형**

현 시대에서 애자일의 시작은 적응성을 통한 프로젝트 안정성과 속도를 강화하고 이해관계자들과 협업하는 유연성이 프로젝트 관리에서 중요한 방식으로 되고 있다. 애자일 트렌드는 프로젝트 성과 창출에 대해 속도와 적응성을 강조하고 있다.

애자일을 적용하면 늘어나는 부분과 줄어드는 부분이 있다. 애자일의 경우, 많은 초기계획이 줄고, 구체적인 일정관리가 줄어들고, 구체적 요구사항이 고정되지 않는다. 대신, 단계별 예측성이 높아지고 인도 주기가 짧아져서 많아지고, 수시로 피드백을 받아 개선을 하므로 제품의 품질이 좋아진다.

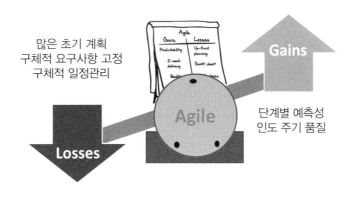

그림 5.2.4 Agile – Gains and Losses

조직에서 애자일을 성공적으로 적용시키는 방법은 무엇일까? 조직 내 있는 PMO와 협력하여 애자일을 적용하는 게 바람직하다. PMO와 협업 없이 애자일을 조직에 무난하게 적용하는 것은 쉬운 일이 아니다. 따라서, 기업의 PMO와 같은 큰 배와 함께 같이 항해를 해야지 별도 작은 배로 험한 바다에서 항해를 한다면 좌초가 될 수도 있을 것이다.

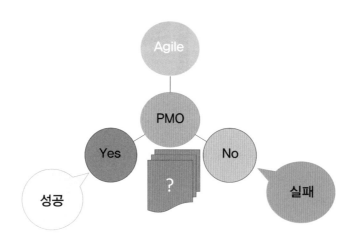

그림 5.3.1 **PMO와 협업의 필요성**

PMO는 다양한 조직 프로세스 자산을 관리하고 있으며 프로젝트 관리 정보 시스템을 운영하는 주체이다. 또한, 다양한 프로젝트 관리 방식 적용의 주관이다. 따라서, 조직에 애자일을 적용하려고 할 때는 PMO의 협조가 절대적이다. 험한 바다에서 안전한 큰 배 같은 PMO와 협업을 하여 성공적인 애자일 적용을 해보자.

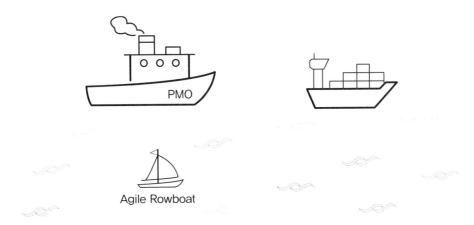

그림 5.3.2 **PMO배와 같이 항해하자**

4 조직에 애자일 적용은?

조직에 애자일 적용 방법은 다음과 같다.

> **적용하기 쉬운 곳에 적용하라**

> **경영진의 지원을 받아라**

> **애자일을 조직에 맞게 조정하라**

> **조직에 객관적인 목표를 가지게 하라**

준비되지 않은 조직에 애자일을 강요하면, 그것은 혼돈을 야기시킨다. 애자일 사고와 애자일 교육이 어느 정도 구축된 조직에 애자일을 적용하여야 한다. 기업의 입장에서 성과창출과 원가 절감, 고용축소의 목적으로만 만일 애자일을 도입한다면 커다란 부작용을 겪을 수도 있다. 애자일은 인간 중심이고 문화이고 자율성과 유연성, 고객만족을 위한 협업문화가 중심이기 때문에 다양한 요소를 같이 준비하고 도입을 해야 할 것이다.

애자일 공간은?

애자일이 추구하는 의사소통은 Colocation(같은 공간)을 기반으로 같은 장소에서 의사소통을 활성화하는 것이다. 아무래도 같은 공간에 있다 보면 의사소통이 촉진되고 상호신뢰가 구축되고 이슈가 잘 해결되고 협업문화가 조성될 것이다.

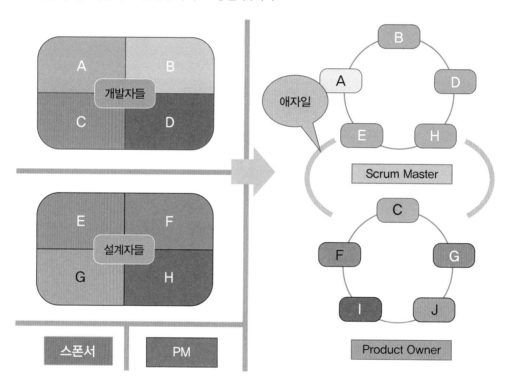

그림 5.4.1 **워터폴 공간에서 애자일 공간으로 변경**

상기 그림에서 왼편은 워터폴 사무실 공간을 나타내는 것이다. 개발자들, 설계자들, 스폰서, PM이 각자 방에서 별도 작업을 하고 있다. 이런 상황에서는 모든 팀원들이 원활한 의사소통을 하기가 쉽지 않다. 이러한 공간을 오른편의 애자일 공간처럼 변경하면 모든 개발자, 설계자, 스크럼 마스터, 제품책임자가 같은 공간에서 작업을 한다. 그러면 아무래도 개방된 장소에서 원활한 의사소통이 잘 이루어질 것이다.

- 프로젝트 접근의 도전사항은 고객의 불충분한 요구사항 등 다양한 도전들이 있다. 의사소통 부족, 변경되는 우선순위 같은 부분이 많은 프로젝트는 애자일 방식을 통해 대처하는 것이 유리하다.

- 프로젝트 관리에 대한 경영진의 관심은 예측성의 향상과 인도성의 확신을 요구한다.

- 애자일 방식은 초기에 많은 계획을 줄이고 단계별 예측성을 높인다.

- 애자일의 시작 시 PMO와 협업을 강화하여 애자일을 적용하여야 한다.

- 조직에 애자일 적용은 적용하기 쉬운 곳에 적용부터 한다. 경영진의 지원을 받아서 조직에 맞게 조정하여 적용한다.

- 애자일 작업 공간은 공동 위치가 좋으며 공동 위치를 통해 의사소통을 강화한다.

Q & A

Q: 애자일 리더십 중 스파이더맨 역할이란 무엇인가?

A: 영화에서 스파이더맨은 정의를 구현하는 역할도 하지만 자신을 내세우지 않고 일을 잘 처리하는 사람이다. 사람들을 보호하고 일이 끝나면 감쪽같이 사라지는 사람이 스파이더맨이다. 애자일에서 리더십은 섬김형 리더십으로 팀원들을 동기부여하고 지원한다. 이런 부분이 스파이더맨 역할과 유사하다.

Q: 애자일에서 자기 조직 팀이란 무슨 의미인가?

A: 애자일 방식은 교차 기능팀에서 전문가들이 본인이 원하는 프로젝트를 지원하고 조직화된 것이다. 자율적인 조직이기 때문에 자기 조직팀이다. 자기 조직팀은 자기 지시를 하면서 업무의 역할을 자율적으로 결정하고 창의적인 업무를 협업을 통해 해결한다.

Q: 무조건 애자일을 적용하면 어떻게 되는가?

A: 조직학에서 제도의 동형화라는 것이 있다. 남들이 하니까 우리도 해야 한다고 따라 하는 것인데 잘못 따라 하면 혼동을 가져올 수 있다. 준비되지 않은 조직에 애자일을 강요하면 그것은 혼동을 야기시킨다. 애자일 교육과 코칭을 통해 문화를 이해하고 서서히 작은 조직에서 성공을 하고 확산시키는 것이 올바른 방향이다.

06

Chapter

가치기반 인도

(Value Driven Delivery)

- 애자일의 가치기반 인도가 무엇인지 이해한다.

- 애자일 가치 평가의 재무적인 방법을 이해한다.

- 획득가치관리의 적용을 이해한다.

- 애자일의 우선화 기법을 이해한다.

- MoSCoW 기법을 이해한다.

- 모노폴리 머니, 100포인트 방법을 이해한다.

- 카노(KANO) 분석을 이해한다.

- 점증적 인도에서 낮은 기술, 높은 사용을 이해한다.

- WIP를 이해한다.

- 상대적 우선순위(Relative Prioritization/Ranking)를 이해한다.

- 최소 기능 제품(MVP: Minimum Viable Product)을 이해한다.

- 작업/칸반 보드(Task/KANBAN Boards) 사용을 이해한다.

- 누적 흐름 다이어그램(Cumulative Flow Diagrams) 작성 내용을 이해한다.

- 애자일 계약(Agile Contracting) 내용을 이해한다.

- DSDM(Dynamic System Development Method) 계약 내용을 이해한다.

- 무료변경(Money for Nothing and Change for Free)의 의미를 이해한다.

- 가치 검증과 확인(Verifying and Validating Value) 내용을 이해한다.

1 애자일의 가치기반 인도

전통형 프로젝트와 애자일 프로젝트를 한번 비교해 보자.

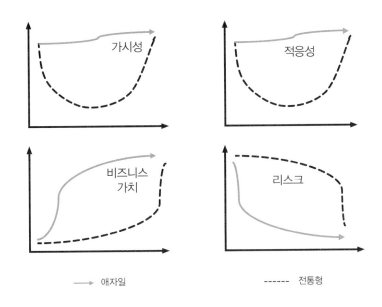

그림 6.1.1 **애자일과 전통형의 가치 차이**

애자일과 전통형의 가치 차이의 가시성 부분에서 애자일은 정보 상황판(예: 칸반, 번 차트)을 통해 작업 진도상황을 투명하게 가시화를 한다. 적응성 부분에서 애자일은 지속적인 변경 수용으로 고객이 원하는 가치를 우선적으로 제공한다. 비즈니스 가치 부문에서 애자일은 스프린트(반복)리뷰를 통해 수시로 기능을 수용하도록 하기 때문에 고객은 수용된 기능 또는 제품에 대해 편익을 제공한다. 이에 비즈니스 가치가 프로젝트 초기부터 지속적으로 수용된다. 리스크 관리 측면에서 애자일은 수시로 피드백을 받고 고객과 원활한 의사소통을 통해 협업을 진행하므로 작은 실패는 할 수 있으나 큰 실패가 적다. 전반적으로 애자일 방식은 조기가치 인도를 통해 다음과 같은 장점을 가지고 있다.

- 실패, 편익 감소와 같은 리스크가 감소한다.
- 가치 추가 활동의 우선순위화 및 고객의 프로젝트 참여로 이해관계자 만족도가 충족된다.
- 빈번한 의사소통과 제품 검토로 프로젝트 리스크가 줄어든다.

2 낭비의 최소화

가치기반 인도는 낭비를 최소화하여 실질적은 가치를 제공하는 것이 프로젝트의 경쟁력이라고 볼 수 있다. Poppendiecks' List of Seven Waste 7가지를 살펴보면 다음과 같다.

① 부분적으로 완료된 작업
② 추가 프로세스
③ 추가 기능
④ 작업 전환
⑤ 대기
⑥ 동작(운동)
⑦ 결함

3 가치 평가

편익을 얻는 지는 가치평가를 이해하고 적용할 수 있어야 한다. 대표적인 가치평가에는 다음과 같은 것들이 있다.

- 재무적인 평가 매트릭
- 획득가치관리(EVM: Earned Value Management)
- 애자일 프로젝트 회계(Agile Project Accounting)
- 핵심 성과 지표(KPIs: Key Performance Indicators)
- 리스크 관리(Managing Risk)
- 규제준수(Regulatory Compliance)

A. 재무적인 평가 매트릭

프로젝트 손익계산에 일반적으로 ROI(Return On Investment)가 사용될 수 있다.

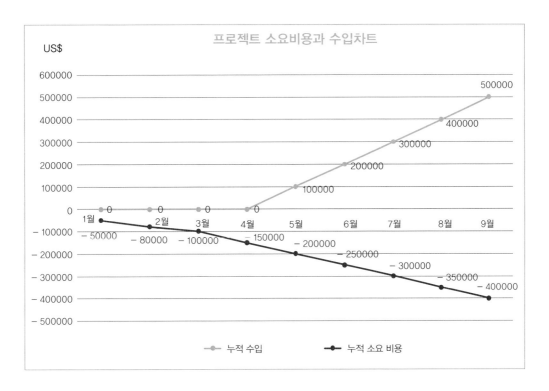

그림 6.3.1 **ROI: Return On Investment**

상기 프로젝트 소요비용과 수입차트를 보면 프로젝트 초기에는 소요비용이 사용되다가 일정 기간이 지난 후 수입이 들어오는 것을 볼 수 있다.

그림 6.3.2 차트의 경우 7월에 손익분기점이 되었다가 이후 이익이 실현되는 것을 볼 수 있다. 그러나 비용은 먼저 사용하고 이익은 나중에 들어오기 때문에 이에 대한 현금의 이자율 등을 감안하면 실제 편익은 7월 이후 좀 늦게 실현이 될 수도 있을 것이다. 이자율에 따라 편익 실현시점은 좀 달라 질 수 있다.

만일 이자율 2%을 적용한다면 그래프는 그림 6.3.3 차트와 같이 변경이 될 수 있을 것이다. 미세하지만 금액이 변동되는 것을 볼 수 있다.

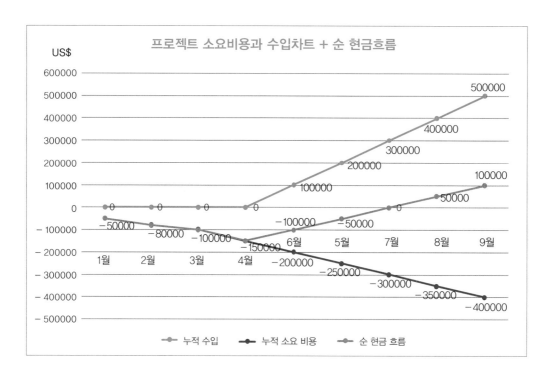

그림 6.3.2 **Net Cash Flow**

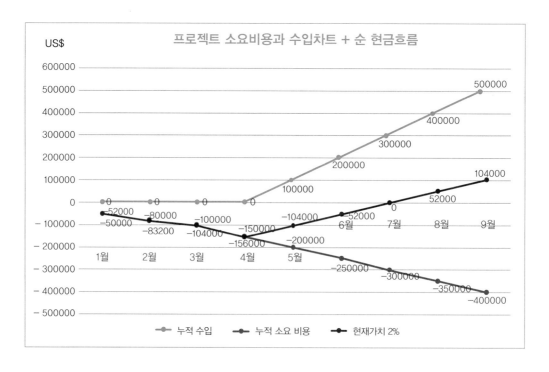

그림 6.3.3 **Present Value**

재무적인 평가기법은 ROI 방식 외 NPV, IRR 방식도 사용이 된다.

NPV: 프로젝트의 NPV를 계산하고 값이 가장 높은 프로젝트를 선택한다.

IRR: 내부 수익률을 계산하고 가장 높은 비율을 가진 프로젝트를 선택한다.

B. 획득가치관리(EVM: Earned Value Management)

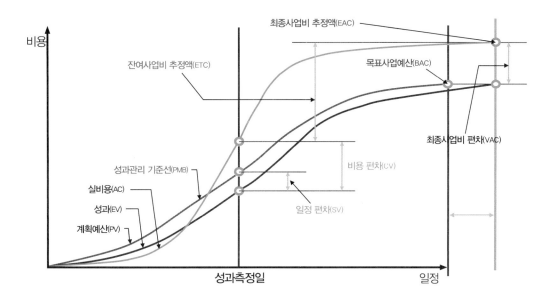

그림 6.3.4 **획득가치관리**(EVM: Earned Value Management)

획득가치관리는 워터폴 방식 뿐만 아니라, 애자일에서도 사용될 수 있다. 일종의 성과 관리 부분인데 재무적인 부분이 반영되기 때문에 이용이 된다.

C. 애자일 프로젝트 회계(Agile Project Accounting)

애자일에서 회계는 애자일 프로젝트 작업의 경제적인 모델의 방법을 의미한다. 애자일 팀은 최소한의 실행 가능한 제품(MVP: Minimal Viable Product)을 가능한 한 빨리 제공하는 것을 목표로 하여 편익을 제공받는다.

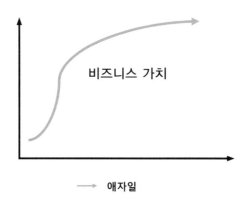

그림 6.3.5 애자일의 가치실현

D. 핵심 성과 지표(KPIs: Key Performance Indicators)

애자일에서 Key Performance Indicators를 이용하여 가치를 평가할 수 있다.

- 진행률(Rate of Progress)
- 남은 일(Remaining Work)
- 완료 예정일(Likely Completion Date)
- 남은 비용(Likely Costs Remaining)

E. 리스크 관리(Managing Risk)

애자일에서 대부분의 리스크에 대한 논의는 프로젝트에 부정적인 영향을 미치거나 위협을 가할 수 있는 사건에 집중한다. 따라서 리스크를 반 가치(Anti-Value)로 보고 위협적인 측면으로 접근하여 관리한다.

반 가치(Anti-Value): 발생하면 가치를 저하하여 제거하거나 감소시킬 수 있는 잠재적인 요소이다.

F. 규제준수(Regulatory Compliance)

애자일에서는 가치평가를 만들기 위해 안전을 보장하도록 설계한다. 애자일 프로젝트에 규정 준수 작업을 통합하는 두 가지 간단한 방법을 사용한다.

- 팀이 진행함에 따라 정기적인 개발 작업을 만든다.
- 규정 작업을 수행하고 필요한 증거 및 문서를 작성하기 위해 제품을 만든 후 시간을 허용한다.

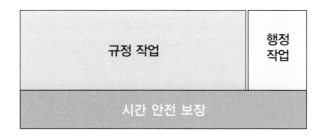

그림 6.3.6 **애자일 규제준수: Regulatory Compliance**

4 가치 우선화(Prioritizing Value)

애자일의 가치우선화에는 다양한 기법이 존재한다. 고객 가치 우선순위 지정은 고객에게 가장 높은 가치를 제공하는 제품에 대해 먼저 작업하는 애자일 관행을 의미한다.

- 스크럼: 제품 백로그를 사용한다.
- FDD: 기능목록을 우선화 한다.
- DSDM: 우선순위 요구사항 목록화 한다.

고객 가치 우선순위(Customer-Valued Prioritization)는 대표적으로 다음과 같이 사용된다.

우선순위 지정 체계

- MoSCoW
- 모노폴리(Monopoly)
- 100점법(100-Point Method)
- Dot Voting or Multi Voting
- 카노 분석(KANO Analysis)

상대적 우선화(Relative Prioritization)/우선순위(Ranking)

애자일에서 고객 가치 우선순위는 프로젝트 전체에서 진행 중인 프로세스이다. 애자일 프로젝트에 가장 적합한 특정 우선순위 계획은 없다. 팀은 프로젝트의 요구와 조직에 가장 적합한 것을 기준으로 우선순위 계획을 선택해야 한다.

A. 단순 계획

일반적으로 우선순위 1, 운선순위 2, 우선순위 3··· 으로 표시한다.

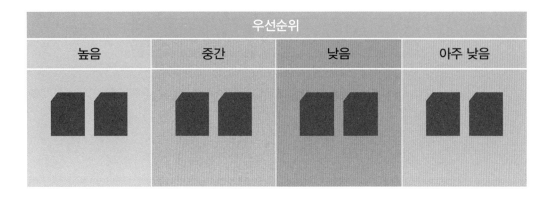

그림 6.4.1 **애자일 우선순위: 단순 계획에 의한 우선화**

B. MoSCoW

DSDM에서 널리 사용된 MoSCoW 우선순위 체계는 다음 레이블의 첫 글자에서 이름을 추출한다.

- Must Have
- Should Have
- Could have
- Would like to have

MoSCow	Backlog
Must	
Should	
Could have	
Would have	

그림 6.4.2 **애자일 우선순위: MoSCoW에 의한 우선화**

Must는 반드시 수행해야 하는 요구사항으로 주로 법적 요구사항 등이 대표적이다. Should는 계약 문구 등에서 많이 나오는 부분인데 반드시 수행해야 하는 주요 작업을 나타낸다. Must보다는 낮으나 대부분 의무적으로 작업해야 하는 요구사항이 Should이다. Could have는 Should보다는 낮으나 할 수 있다면 수행해야 하는 요구사항을 나타낸다. 마지막으로 Would have는 일종의 옵션 개념으로 할 수도 있고 아니할 수도 있으나 가급적 하는 편이 좋은 요구사항을 나타낸다. MoSCow기법은 요구사항의 우선순위를 정하는데 유용하게 사용될 수 있다.

C. 모노폴리 머니(Monopoly Money)

이해관계자에게 프로젝트 예산과 동일한 금액의 모노폴리 머니(Monopoly Money)를 제공하고 시스템 기능에 자금을 분배하도록 요청한다. 시스템 구성 요소의 일반 우선순위를 식별하는데 유용하다. 비즈니스 기능의 우선순위를 지정하는 것으로 제한될 때 가장 효과적이다.

D. 100-Points Method

Dean Leffingwell & Don Widrig가 개발한 100-Point Method는 각 이해관계자에게는 가장 중요한 요구사항에 투표하는데 사용할 수 있는 100점을 부여하여 각 백로그에 투표하게 한다. 점수가 높은 순서로 우선화 한다.

그림 6.4.3 **애자일 우선순위: 100-Point Method에 의한 우선화**

E. Dot Voting or Multi-Voting

각 이해관계자는 제시된 옵션들 사이에 분배하기 위해 사전 결정된 수의 점(Check Marks, Sticky Stars 등)을 얻는다. 일반적으로 옵션 중에서 우선순위가 결정되는 워크샵에서 투표를 사용한다.

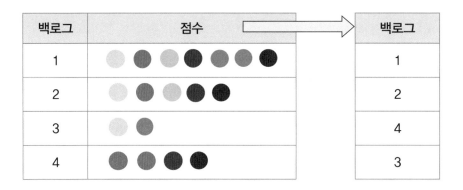

그림 6.4.4 **애자일 우선순위: Dot Voting or Multi-Voting에 의한 우선화**

F. 카노 분석(KANO Analysis)

고객 선호도를 네 가지 범주로 분류한다.

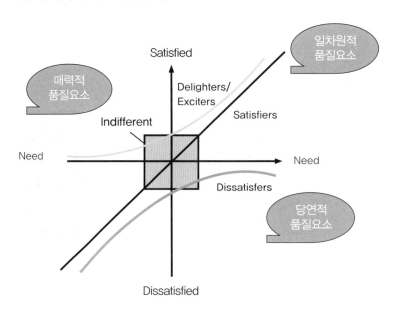

그림 6.4.5 **애자일 우선순위: 카노 분석(KANO Analysis)에 의한 우선화**

고객들은 제품의 여러 가지 부분에 대해서 불만을 가지고 있음에도 불구하고, 어느 정도 충분한 경우에는 그것을 당연하다고 느끼고 다시 새로운 것에 대한 만족감을 느끼지 못하는 '한계효용의 법칙'을 따른다. 이런 상황을 설명하기 위해 카노(KANO)는 제품의 품질에 대한 이원적인 인식방법의 모델을 제시한다. 네 가지 범주는 만족하는 것 또는 불만족하는 것이라는 주관적 측면과 함께 물리적 충족 혹은 불충족이라는 객관적 측면을 함께 고려하여 모델로 만들었다. 이러한 모델은 다음의 품질을 느끼는 주요 세 가지 요소로 구분될 수 있다.

① 매력적 품질요소(Attractive Quality Element): 충족되는 경우 만족을 주지만 충족이 안 되더라도 크게 불만족이 없는 품질요소를 말한다. 고객이 미처 기대하지 못했던 것 혹은 기대를 초과하는 만족을 주는 품질요소가 될 수 있다. 이는 단순한 만족에서 고객감동(Customer Delight)의 수준을 달성할 수 있게 한다. 한편 이러한 요소의 존재는 고객들은 모르거나 기대하지 않았기 때문에 충족이 되지 않더라도 불만을 느끼지 않는다.

② 일차원적 품질요소(One-Dimensional Quality Element): 충족이 되면 만족하고 충족되지 않으면 고객들의 불만을 일으키는 품질요소이다. 가장 일반적인 품질인식요소이다.

③ 당위적 품질요소(Must-Be Quality Element): 반드시 있어야만 만족하는 품질요소이다.

상대적 우선화(Relative Prioritization)/우선순위(Ranking)

팀은 프로젝트의 요구와 조직에 가장 적합한 것을 상대적으로 우선순위 하여 계획을 만들 수 있다.

상대적 우선순위의 예(Example of a simple relative priority lists)는 그림 6.4.6과 같다.

백로그 경우 우선순위 리스트에서 A, B, C가 최소 실행 가능한 제품으로 우선 선택이 되었을 때 고객의 신규 요구사항이 요청되면 C 대신에 신규 변경 기능이 우선이 될 수 있다. 이런 경우 신규 요구사항이 들어와 있기 때문에 상대적으로 가치가 낮은 F는 백로그에서 삭제된다. 이 부분은 애자일 방식에서 아주 중요한 내용으로 애자일 마인셋이 있어야 잘 진행되는 부분이다. 만일 신규 백로그를 요청하고 반영하면서 F를 유지한다면, 그리고 앞으로 이런 신규사항이 계속 추가된다면 비용과 일정이 고정되는 상태에서 애자일 프로젝트는 실패하게 될 것이다. 따라서 F를 유지하려면 계약을 변경하여 일정과 비용을 조정하거나 기타 다른 조치가 있어야 한다.

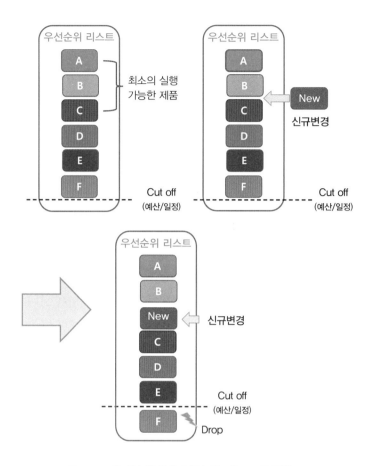

그림 6.4.6 **애자일 상대적 우선순위: 백로그 우선화**

5 점증적 인도(Delivering Incrementally)

애자일의 점증적 전달은 이슈를 조기에 발견하여 프로젝트의 가치 제공에 기여함으로써 재작업의 양을 줄인다. 일반적으로 프로젝트가 진행되면서 후반에 변경이 되면 그림 6.5.1과 같은 곡선을 가진다.

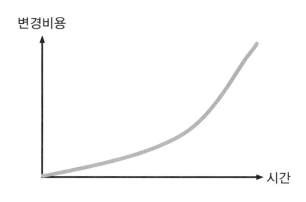

그림 6.5.1 **변경비용 곡선**

애자일은 변경비용 곡선에서 나타나는 후반의 변경비용을 줄이기 위해 초기부터 수시로 점증적 인도를 하여 변경비용을 줄일 수 있다. 여기에는 최소기능제품(MVP: Minimum Viable Product)이 사용되는 데 MVP는 다음과 같은 특징이 있다.

- MVP는 사용자나 시장에 충분히 유용하지만 전체 프로젝트를 대표하지는 않을 만큼 충분히 완전한 기능 패키지이다.
- 최소 기능 제품(Minimum Viable Product, MVP)은 고객의 피드백을 받아 최소한의 기능(Features)을 구현한 제품이다.
- MVP에는 완성도 낮은(Low-Fidelity) MVP 와 완성도 높은(High-Fidelity) MVP로 표현할 수 있다.

애자일은 점증적 인도를 위해 특정의 도구를 사용하게 되는데 워터폴에 비해 복잡하지 않고 쉬운 도구를 많이 사용하는 것을 권장한다. 일반적으로 하이테크 도구를 사용하는데 문제는 데이터 정확도 인식이 증가되어 시간과 노력이 많이 소요되며 프로젝트 성과 보고에 대한 이해관계자 상호 작용의 장벽이 만들어질 수 있다.

애자일 팀은 계획 및 추적에 '낮은 기술, 높은 터치' 방식을 선호하며 데이터 정확성에 대한 도구 관련 인식을 피하고, 많은 사람들이 프로젝트의 현실에 맞게 계획을 업데이트 가능하도록 한다. 그래서 커뮤니케이션 및 협업을 촉진한다. 대표적인 애자일 도구는 다음과 같다.

A. 칸반(KANBAN) 도구

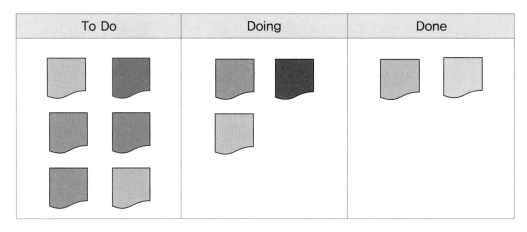

그림 6.5.2 **애자일 도구-칸반(KANBAN)**

칸반 보드를 통해 작업 기능의 할 일(To Do), 하는 일(Doing), 완료 한 것(Done)을 추적하여 팀이 진행중인 작업(WIP-Work In Progress)을 감시하고 통제가 가능하다.

WIP-Work In Progress

시작이 되었지만 완료되지 않은 작업을 의미한다. 과도한 수준의 WIP는 다음과 같은 여러 가지 문제와 관련이 있다.

- WIP는 자본을 소비하지만 제품 수용 전까지 투자수익을 미 제공한다.
- WIP는 전반적인 작업 흐름을 늦추고 효율성 문제를 일으키는 진행 중인 병목 현상을 숨긴다.
- WIP는 잠재적인 재작업의 형태로 위험을 내포하는데, 이유는 해당 항목이 수락될 때까지 항목으로 계속 변경이 가능하다.
- WIP의 재고가 많으면, 변경 발생시 대규모 폐기 또는 재작업이 발생한다.

애자일은 일반적으로 WIP를 제한하는 것을 목표로 접근한다. 일반적으로 WIP제한을 적용하여 시스템에서 작업량을 제한하고 WIP 제한을 초과하지 않도록 하는 칸반(KABAN)보드를 사용한다. WIP의 제한이 없다면, 프로젝트 팀은 너무 많은 다른 작업을 한꺼번에 수행할 가능성이 높다.

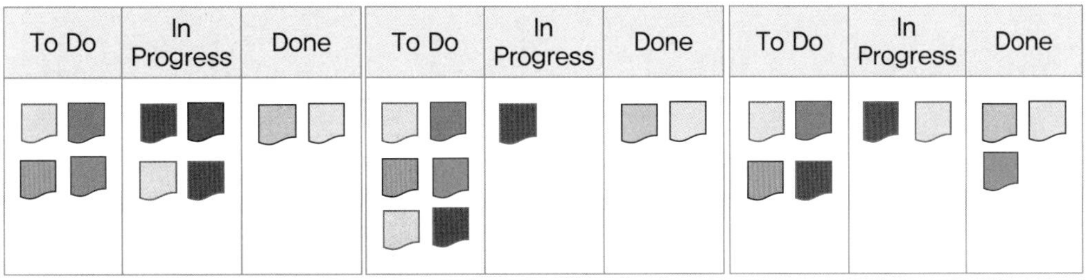

To Do	In Progress	Done	To Do	In Progress	Done	To Do	In Progress	Done

구분	상태	구분	상태	구분	상태
전체 작업 흐름	늦음	전체 작업 흐름	늦음	전체 작업 흐름	좋음
진행중인 작업량	너무 많음	진행중인 작업량	너무 적음	진행중인 작업량	가장 적절

그림 6.5.3 **WIP Limit: Work in Progress Limit**

WIP 제한의 목적은 작업 처리량을 최적화하는 것이지 자원 사용을 최적화를 하는 것이 아니다. WIP를 제한하면 병목을 식별하고 프로젝트의 처리량을 극대화할 수 있다. 예) 도로의 차량 진입수를 제한하는 것이 교통 흐름을 더 양호하게 한다.(그림 6.5.4)

B. 누적 흐름 다이어그램(Cumulative Flow Diagrams, CFD)

CFD는 가치 제공을 추적하고 예측하는데 유용한 도구이며 진행중인 기능, 남아 있고 완료된 기능을 묘사하는 적재영역 그래프이다.

Little's Law는 CFD의 작업 대기열을 분석하는데 사용할 수 있는 대기행렬 이론의 수학적 공식으로 세로 B 라인은 대기행렬에 몇 개의 항목이 있는지 알려주며, 가로 A 라인은 사이클 시간 또는 해당 항목을 완료하는데 걸리는 시간을 알려준다. WIP는 작업 대기열의 크기이며, 사이클 시간은 작업 대기열의 기간이다.(그림 6.5.5)

2단계부터 Goldratt의 제약 이론의 5가지 중점 단계인데 제약 조건을 식별, 제약 조건을 이용, 제약 조건을 이용하기 위해 다른 모든 프로세스를 종속을 시킨다. 2단계와 3단계를 수행할 경우 수요를 충족하고 제약 조건을 높이는데 더 많은 자원이 필요하며 제약 조건이 이동되지 않은 경우 1단계로 돌아간다.

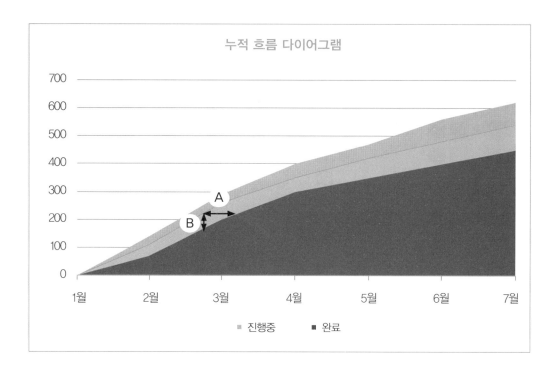

그림 6.5.4 **누적 흐름 다이어그램**(Cumulative Flow Diagrams)

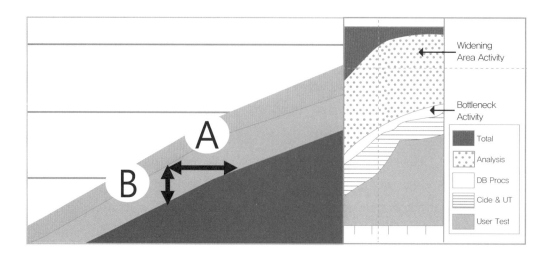

그림 6.5.5 **Little's Law**

6 애자일 계약(Agile Contracting)

애자일 프로젝트는 일반적으로 고정가 작업 패키지 및 고정가 계약과 같이 애자일 환경을 위해 고안된 계약 모델을 사용한다.

A. DSDM(Dynamic System Development Method)

DSDM(Dynamic System Development Method) 매뉴얼에는 역삼각형 모델이 제시가 되었다.

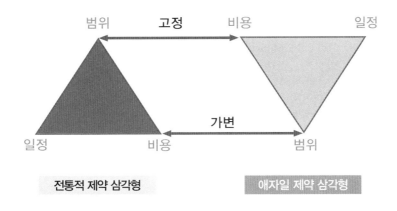

그림 6.6.1 **DSDM**(Dynamic System Development Method) **매뉴얼의 역 삼각형 모델**

DSDM은 애자일 제약 삼각형을 통해 비용과 일정은 고정하고 범위는 가변적일 수 있다. 전통적 제약 삼각형은 범위, 일정, 비용을 고정하고 프로젝트를 일반적으로 수행하는데 애자일은 범위가 가변적인 부분이 큰 차이점이다. 이 의미는 다음 장에 소개되는 무료 변경내용을 이해하여야 한다. 범위가 가변이라는 것은 무조건 범위가 변경 및 증가된다는 의미는 아니다. 고객의 요청에 따라 범위가 변경 또는 추가되면 그에 따라 가치가 낮은 기능은 삭제(드롭) 되어야 한다. DSDM 계약은 원래 DSDM 컨소시엄에 의해 위탁되었으며 계속 발전 중이다. 규격에 맞추기보다는 '비즈니스 목적에 적합한' 작업 및 시험에 초점을 맞춘다.

B. 무료변경(Money for Nothing and Change for Free)

고객은 반복할 때마다 팀과 함께 작업하는 경우에만 '무료 변경'이 가능하다. 계약된 작업의 총량이 변경되지 않은 경우 변경이 무료이다. 제품 책임자는 반복 종료 시 백로그의 우선순위를 다시 지정할 수 있다.

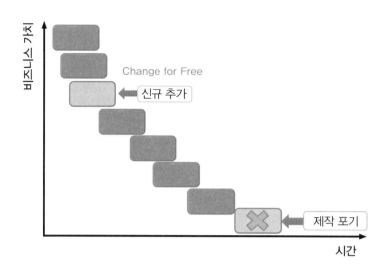

그림 6.6.2 **Money for Nothing and Change for Free**

C. 등급별 고정계약(Graduated Fixed-Price Contract)

등급별 고정계약을 통해 양측은 일정 변동과 관련된 위험과 보상을 공유할 수 있다.

프로젝트 완료 (Project Completion)	등급 비율 (Graduated Rate)	총 비용 (Total Fee)
조기완료(Finish early)	$110/hour	$92,000
정시완료(Finish on time)	$100/hour	$100,000
늦은 완료(Finish late)	$90/hour	$112,000

그림 6.6.3 **등급 별 고정 계약**(Graduated Fixed-Price Contract)

표에서 보듯이 불확실성이 큰 작업의 계약 경우에는 프로젝트 완료가 조기에 이루어 지면 시간당 단가는 높게 책정되고 만일 늦게 완료되면 시간당 단가가 낮게 책정되어 계약이 된다. 총 비용을 보면 어느 정도 보상을 받을 수 있는 이점이 있어 양사 리스크 차원에서 어느 정도 만족할 수 있는 계약으로 볼 수 있을 것이다.

D. 고정가 작업 단위(Fixed-Price Work Packages)

고정 가격 작업단위는 추정 작업에 관련된 범위와 비용을 줄임으로써 작업량을 과소평가하거나 과대평가할 위험을 완화한다.

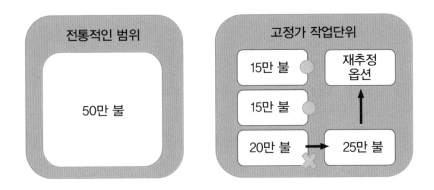

전통적인 작업 산정과 고정가 작업 단위 비교

그림 6.6.4 **고정가 작업 단위**(Fixed-Price Work Packages)

고정 가격 작업단위는 전통적인 범위를 분할하여 비용을 좀 더 정확하게 계약할 수 있어 50만 불로 추정했던 전통 방식을 그림처럼 분할을 하다 보면 15+15+20만 불이 아니라 15+15+25만 불로 정확성이 만들어진다. 범위를 분할하여 좀 더 신뢰성 있는 산정이 가능하기 때문이다. 25만 불에 대해서는 좀 더 재추정하여 정확성을 좀 더 만들 수도 있을 것이다.

E. 맞춤형 계약(Customized Contracts)

맞춤형 계약은 양측을 보호하고 긍정적인 행동을 장려하는 계약을 체결할 때 사용한다. 애자일 계약은 해당 협업을 생성하거나 시행할 수 없지만, 일부 업무 및 독창성 부분을 최소한 지원 가능(예: 인도 조건, 인센티브 등)을 제공할 수 있다.

7 가치 검증과 확인
(Verifying and Validating Value)

애자일은 가치의 검증과 확인에 있어 빈번한 검증과 확인이 이루어지고 SW 개발 시 시험과 검증이 수행된다.

A. 빈번한 검증과 확인(Frequent Verification & Validation)

요청된 기능과 제공된 기능의 차이가 있으면 재작업으로 이어질 수 있다. 가치 준수는 팀이 올바른 것을 구축하고 있는지 확인하는 것이므로, 서로 다를 수 있어 애자일 방법을 사용할 때 가장 중요한 관행이 될 수 있다. 고객의 설명과 스크럼 마스터의 이해, 개발자의 제작 및 고객이 원했던 것이 서로 다를 수 있다. 따라서 지속적으로 기능에 대해 피드백을 가져야 한다. 스프린트 리뷰는 애자일 검증의 중요한 이벤트이다. 수시로 검증을 통해 리스크를 전반적으로 줄여야 한다.

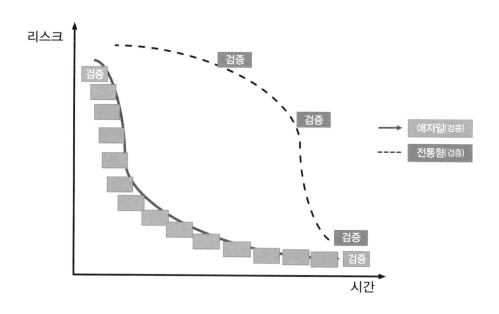

그림 6.7.1 **평가의 범위**(Gulf of Evaluation)-**스프린트 리뷰**

빈번한 검증 및 확인은 애자일 프로젝트에서 여러 수준에서 수행된다. XP 피드백 루프는 몇 초에서 몇 달까지의 많은 중복 테스트 및 검증 주기를 예측한다.

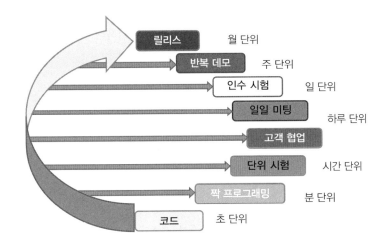

그림 6.7.2 **빈번한 검증과 확인-XP**

애자일 XP는 코드에서 릴리스까지 다양한 시간차이로 피드백이 이루어진다.

SW코드는 매일 매시간 매초마다 이루어진다. 짝 프로그래밍의 경우 작업자간 동시에 같이 작업을 진행한다. 단위 시험의 경우에는 주기적 또는 정기적인 시간의 간격을 가지고 진행한다. 고객과의 협업은 대부분 일별로 이루어지고 인수 시험 및 반복 데모는 일 또는 주 단위로 이루어진다. SW의 큰 릴리스는 월 단위로 이루어진다. XP의 이러한 빈번한 검증과 확인은 SW의 개발과 검증에 대한 이해를 제공한다.

B. SW개발 시 시험과 검증(Testing and Verification in Software Development)

애자일 소프트웨어 프로젝트는 가능한 한 많은 테스트를 자동화하여 사람이 관여하는 요소를 실행에서 제거한다. 자동화를 통해 테스트를 저렴한 비용으로 더 자주 실행할 수 있다. 빈번한 검증 및 검증의 목표는 가능한 빨리 문제를 찾아 변경비용곡선을 낮추는 것이며 오류를 빨리 잡을수록 변경을 위한 비용을 줄인다.

탐색 시험(Exploratory Testing)

- 소프트웨어 개발 작업에 일반적으로 사용이 된다.
- 탐색 시험(Exploratory Testing)은 시스템의 모든 기능 구성 요소를 실행 하려는 스크립트(Script)로 작성된 시험(Scripted Testing)과는 다르다.
- 탐색적 테스트는 예기치 않은 동작을 발견하기 위해 시험자의 자율성, 기술, 창의성에 의존한다.

사용성 시험(Usability Testing)

사용 적합성 시험은 질문에 대한 답변을 시도한다.

- 실제 상황에서 최종 사용자가 시스템에 어떻게 반응합니까?
  - → 목표는 시스템을 얼마나 쉽게 사용할 수 있는지 진단하고 재설계 또는 변경이 필요할 수 있는 문제의 위치를 파악하는 것이다.
- 사용성 테스트는 최종 사용자가 실제 상황에서 시스템에 어떻게 반응하는가?
  - → 목표는 시스템을 얼마나 쉽게 사용하는지 진단하고, 재설계 또는 변경이 필요한 문제가 있는 곳을 찾아낸다.

지속적인 통합

- 지속적인 통합(Continuous Integration)은 SW개발자가 프로젝트 코드 저장소(Project Code Repository)에 빈번하게 신규 및 변경된 코드를 통합하기 위해 사용하는 방법이다.
- 여러 사람이 동일한 코드베이스에서 호환성이 없는 변경으로 인해 발생하는 통합 문제를 최소화할 수 있다.
- 자동 도구를 사용하여 신규 코드가 체크인 될 때마다 또는 시간 간격에 따라 통합 프로세스를 자동으로 시작한다.
- 지속적인 통합 구성 요소(Continuous Integration Components)는 다음과 같다.
  - 소스 코드 제어 시스템(Source Code Control System)
  - 빌드 도구(Build Tools)
  - 테스트 도구(Test Tools)
  - 스케줄러 또는 트리거(Scheduler or Trigger)
  - 알림(Notifications)

그림 6.6.8을 보면 소스코드를 소스코드 제어 시스템에 입력하고 소스 제어 시스템은 지속적인 통합을 해서 합격이 된 부분은 소스코드 빌드 및 시험에 전달하고 불합격 경우는 다시

개발자가 작업하도록 한다. 만일 소스코드 빌드 시험에서 합격하면 그 다음 단계로 가지만 이 시험에서 실패하면 다시 개발자한테 피드백이 된다. 이런 일련 과정을 거쳐서 지속적인 통합과 테스트가 이루어진다 라고 볼 수 있다.

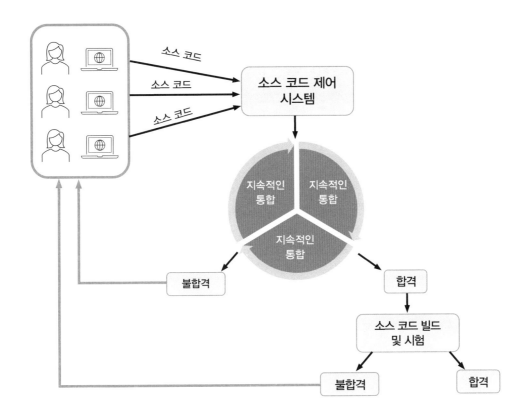

그림 6.7.3 **지속적인 통합 구성 요소**: Continuous Integration Components

시험기반 개발(TDD: Test-Driven Development)

- TDD(Test-Driven Development)와 TFD(Test-First Development)는 팀이 소프트웨어 개발에 대해 다른 사고방식을 가져오도록 장려하며, 짧은 테스트 및 피드백 주기를 채택한다.
  - Red → Green → Refactor
  - Red → Green → Clean
  - Write Test → Write Code → Refactoring

시험기반 개발(TDD: Test-Driven Development) 프로세스는 다음과 같다.

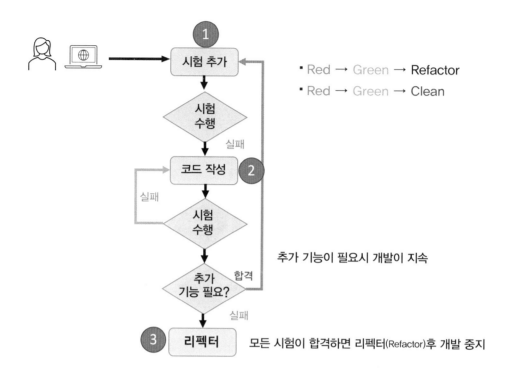

그림 6.7.4 TDD: Test-Driven Development 프로세스

인수 시험 기반 개발(ATDD: Acceptance Test-Driven Development)

- ATDD는 시험 초점을 코드에서 비즈니스 요구사항으로 이동한다.
- 백로그에서 사용자 스토리를 가져와 비즈니스 담당자와 원하는 동작에 대해 논의할 때 이러한 테스트를 실시한다.
- ATDD 4단계는 다음과 같다.

① 요구사항들을 토의한다.

② 체계적으로 우호적인 형식으로 시험을 추출한다.

③ 코드를 개발하고 테스트를 연결한다.

④ 데모를 수행한다.

ATDD 4단계는 프로세스로 보면 다음과 같다.

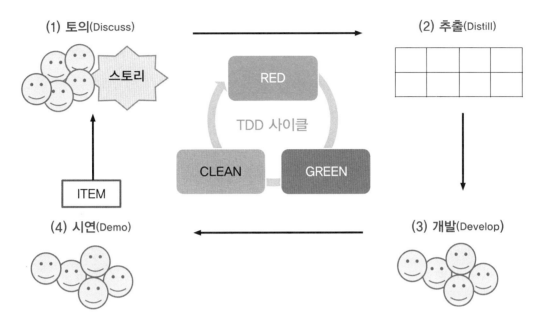

그림 6.7.5 **ATDD 4단계 프로세스**

애자일 검증과 확인 방법들은 다음과 같이 존재한다.

- 시험기반 개발(TDD: Test-Driven Development)
- 인수 시험 기반 개발(ATDD: Acceptance Test-Driven Development)
- 최초 시험 개발(TFD: Test-First Development)
- 빌드 서버(Build Server)
- 리펙터(Refactor)
- 빠른 실패(Fast Failure)
- 자동화된 빌드(Automated Build)

- 애자일의 가치기반 인도는 피드백을 통해 비즈니스 가치를 실현한다. 조기 가치 인도는 늦은 실패, 편익 감소와 같은 리스크 감소시키고 프로젝트 참여로 이해관계자 만족도 충족한다.

- 애자일 가치 평가의 재무적인 방법에는 ROI 방식과 NPV, IRR방식 등이 있다.

- 획득가치관리는 애자일에서도 적용이 가능하다.

- 애자일의 우선화 기법에는 MoSCoW, 모노폴리(Monopoly),100점법(100-Point Method), Dot Voting or Multi Voting, 카노 분석(KANO Analysis)기법이 있다.

- DSDM에서 널리 사용된 MoSCoW 우선순위 체계는 다음 레이블의 첫 글자에서 이름을 추출한다. Must Have, Should Have, Could have, Would like to have이 사용된다.

- 모노폴리 머니(Monopoly Money)를 이해관계자에게 프로젝트 예산과 동일한 금액의 모노폴리 머니(Monopoly Money)를 제공하고, 시스템 기능에 자금을 분배하도록 요청하여 높은 금액 순으로 우선순위를 결정한다.

- 점증적 인도에서 낮은 기술, 높은 사용은 데이터 정확성에 대한 도구 관련 인식을 피하고, 많은 사람들이 프로젝트의 현실에 맞게 계획을 업데이트 가능을 이해하는데 도움을 준다.

- WIP(Work in progress)는 시작이 되었지만 완료되지 않은 작업을 의미한다.

- 상대적 우선순위(Relative Prioritization/Ranking)는 고객의 요구사항이 신규로 들어오면 상대적으로 가치의 우선순위로 재결정하는 것이다.

- 최소 기능 제품(MVP: Minimum Viable Product)은 사용자나 시장에 충분히 유용하지만 전체 프로젝트를 대표하지는 않을 만큼 충분히 완전한 기능 패키지로 최소 기능 제품은 고객의 피드백을 받아 최소한의 기능(Features)을 구현한 제품이다.

- 작업/칸반 보드(Task/KANBAN Boards)는 풀(Pull) 시스템을 사용한다.

- 누적 흐름 다이어그램(Cumulative Flow Diagrams)은 가치 제공을 추적하고 예측하는데 유용한 도구로 진행중인 기능, 남아 있고 완료된 기능을 묘사하는 적재영역 그래프이다.

- 애자일 계약(Agile Contracting)은 일반적으로 고정가 작업 패키지 및 정가 고정가 계약과 같이 애자일 환경을 위해 고안된 계약 모델을 사용한다.

- DSDM(Dynamic System Development Method) 계약은 원래 DSDM 컨소시엄에 의해 위탁되었으며 계속 발전하고 있으며 규격에 맞추기보다는 '비즈니스 목적에 적합한' 작업 및 시험에 초점을 맞춘다.

- 무료변경(Money for Nothing and Change for Free) 의미는 고객이 반복할 때마다 팀과 함께 작업하는 경우에만 '무료 변경' 절을 사용이 가능하고 계약된 작업의 총량이 변경되지 않은 경우 변경이 무료이다.

- 가치 검증과 확인(Verifying and Validating Value)은 빈번한 검증과 확인(Frequent Verification & Validation)을 수행한다. 빈번한 검증 및 확인은 애자일 프로젝트에서 여러 수준에서 수행된다. 가능한 많은 테스트를 자동화하여 사람이 관여하는 요소를 실행에서 제거한다.

Q & A

Q: 전통형 방법과 비교해서 애자일 방식의 장점은 무엇인가?

A: 전통형과 비교해서 애자일은 가시성 측면에서 칸반 등을 사용해서 유리하고, 적응성 측면에서도 고객의 요구사항을 지속적으로 반영하여 고객을 만족시킨다. 비즈니스 가치 측면에서 주기적으로 인도물을 데모하여 승인을 받으면 비즈니스가치가 높아진다. 리스크 측면에서 애자일은 주기적인 피드백을 통해 작은 실패는 발생하지만 큰 실패가 발생하지 않으므로 워터폴 방식보다 유리하다.

Q: 애자일 방식의 우선순위 기법 중 가장 일반적으로 사용하는 기법은 무엇인가?

A: 우선순위 지정 체계 중 MoSCoW, 모노폴리(Monopoly), 100점법(100-Point Method), Dot Voting or Multi Voting, 카노 분석(KANO Analysis) 등이 있다. 이중에서 일반적으로 많이 사용하는 것은 MoSCoW, Multi Voting이다. 기타 유용하게 사용하는 기법에는 Value-Effort분석도 있다.

Q: MVP(Minimum Viable Product)와 MBI(Minimum Business Increment)의 차이는 무엇인가?

A: MVP(Minimum Viable Product)는 반복적인 스프린트에서 점점 기능을 개발하여 보여주는 최소기능 제품이다. MVP에는 완성도 낮은(Low-Fidelity) MVP 와 완성도 높은(High-Fidelity) MVP로 표현할 수 있다.

MBI(Minimum Business Increment)는 점증적으로 기능 중 일부를 완성하여 데모를 하여 승인을 받는 것이다. MBI는 조기에 비즈니스 가치를 확보할 수 있다.

07
Chapter

애자일 팀 같이 생각하기

학습목적

· 왜 애자일 방식이 필요한가? 그 필요성을 이해하고 전통형(워터폴)과 비교하여 애자일의 기본 내용을 이해한다.

· 애자일의 발전 역사를 살펴보고 중요한 애자일 방식을 이해한다.

· 애자일 팀에 대한 교육의 필요성을 느낀다.

· 애자일 팀 같이 가치가 있는 인도물을 우선적으로 인도하는 부분을 이해한다.

· 제품 책임자의 역할을 이해한다.

· 애자일 팀 보호 의미를 이해한다.

1 애자일 5가지 핵심 가치

애자일 팀 같이 생각하기에서 중요한 부분은 5가지 핵심 가치를 이해하는 것이다.

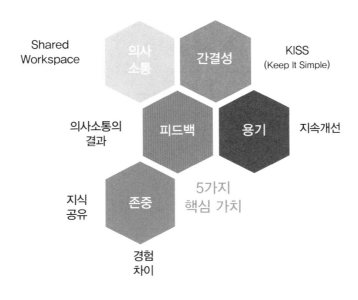

그림 7.1.1 **애자일 5가지 핵심 가치**

애자일 방식에서는 의사소통은 공유공간으로 원활하게 한다. 또한, KISS를 기반으로 간결을 추구한다.

피드백을 바탕으로 의사소통을 하며, 팀원들은 용기를 가지고 지속개선을 지향한다. 팀원 간 경험차이를 상호간 지식공유를 촉진한다.

2 애자일 팀 교육하기

애자일 팀 같이 생각하기를 위해서는 기본적으로 교육을 수행하는 것이 효과적이다.

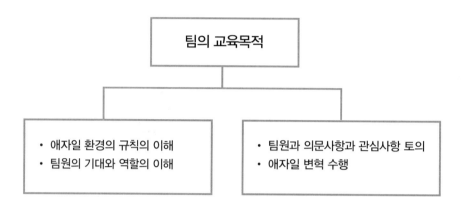

그림 7.2.1 **애자일 5가지 핵심 가치**

팀의 교육 목적은 애자일에 대한 기본 규칙과 지식을 전달하여 팀원들의 기대를 충족하는 것이다. 교육을 통해 팀원들의 의문사항과 관심사항을 논의할 수 있다. 교육을 통해 애자일 변혁을 수행할 수 있을 것이다.

3 애자일 팀-자기조직

애자일 팀은 교차 기능팀에서 온 전문가들의 그룹이다.

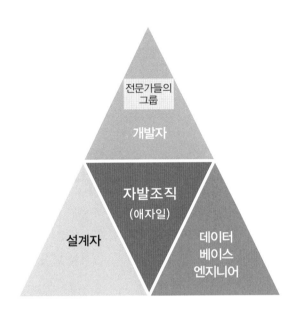

그림 7.3.1 **애자일 팀-자기조직**

그림에서 보여지는 개발자 외에 설계자, 데이터베이스 엔지니어도 전문가로 속한다. 애자일은 자발 조직이며, 애자일 팀 같이 생각하기에서 제일 중요한 부분이 될 수는 있는데 사실 이부분이 쉽지 않다. 일반적으로 애자일 프로젝트가 회사내에 공지가 되면 자발적으로 지원하여 애자일 팀 구성이 이루어져야 하는데 실무적으로 이 부분이 쉽지 않다. 그래서 애자일은 문화이다. 이러한 부분이 애자일 문화를 이루는 한 부분으로 볼 수 있다.

4 애자일 팀 같이 인도하기

애자일 팀은 고객이 가치가 있는 기능(제품)부분부터 인도한다. 다양한 우선순위 선정을 통해 고객의 가치가 높은 부분을 인도하는 것을 기본으로 한다. 예를 들어 중요하다고 평가된 부분 20%가 결과의 80% 수준이 될 수 있는 수준의 인도를 하는 것이 고객만족과 애자일 경쟁력을 높일 수 있다.

5 스크럼 마스터와 같이 애자일하기

스크럼 마스터(Scrum Master)는 장애물 제거자이며 차트를 생성하고, 주제에 대한 활동을 유지하면서 서번트 리더를 행하여야 한다. 스크럼 마스터는 애자일 팀을 관리한다는 것 보다는 애자일 프레임워크를 관리하는 것이다.

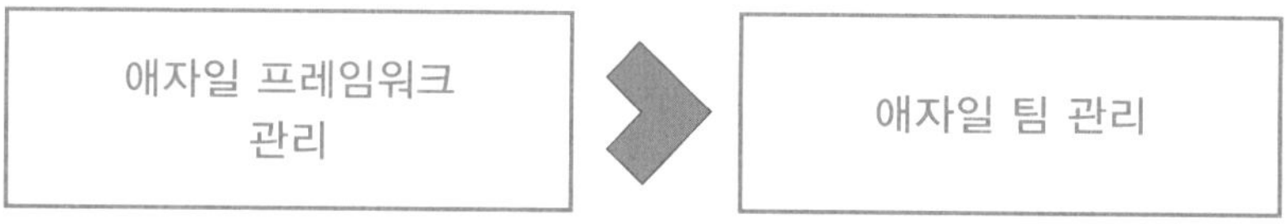

애자일 프레임워크 관리	➤	애자일 팀 관리

그림 7.5.1 **스크럼 마스터의 관리 부문**

스크럼 마스터는 애자일 프로젝트의 리더이며 팀원을 도와주는 행정가이며 팀원들을 동기부여하는 역할을 한다. 스크럼 마스터는 서번트 리더이며, 애자일 팀을 통제한다는 것보다는 애자일 마인드셋을 가지고 애자일의 전체적인 프레임워크를 관리하는데 중점을 두고 있다.

6 제품 책임자와 작업하기

전통형 프로젝트에서는 요구사항을 어떻게 전달하는가? 대면 의사소통과 충분한 설명 없이 전달하는 경우가 많을 수도 있다. 애자일 방식에서는 제품 책임자는 팀원들과 원활한 의사소통을 기본으로 한다.

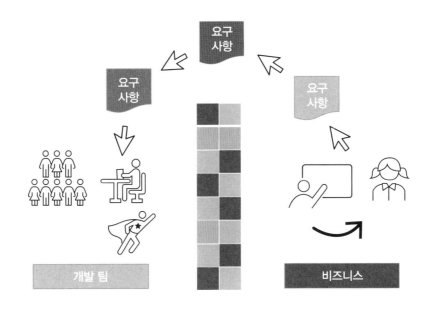

그림 7.6.1 **워터폴의 요구사항 전달 방식**

제품 책임자는 제품 백로그의 유지 및 우선화에 책임을 가지고 있다. 스폰서와 연계하고 높은 가치에 초점을 두며 팀원들을 위한 제품 인수 기준을 생성한다.

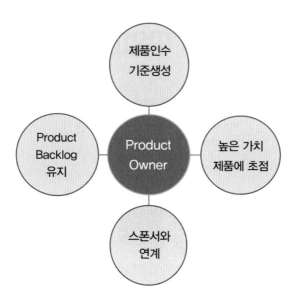

그림 7.6.2 **제품 책임자의 역할**

제품 책임자는 고객 가치를 중점으로 프로젝트 방향성을 이끄는 사람이다. 만일 방향이 잘못되면 프로젝트는 실패할 것이다. 그래서 제품 책임자의 역할은 매우 중요하다.

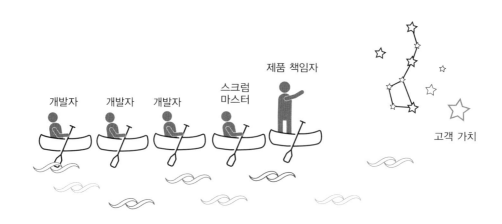

그림 7.6.3 **제품 책임자의 방향성 역할**

7 애자일 팀 보호하기

전통형 프로젝트와 애자일 프로젝트의 가장 큰 차이점은 무엇인가?

워터폴(전통형)에서 PM(프로젝트 관리자)은 약간은 권위적으로 야망이 있기도 한다. 주로 계획 만들기에 치중하고 팀원들은 계획을 충실이 해야 한다. 따라서 PM은 팀원들이 계획대로 작업을 잘하는지 관리하는데 중점을 둔다. 반면 애자일 리더는 팀원의 보호와 동기 부여에 초점을 둔다. 자기조직화 된 애자일 팀이 올바른 작업을 하도록 지원한다.

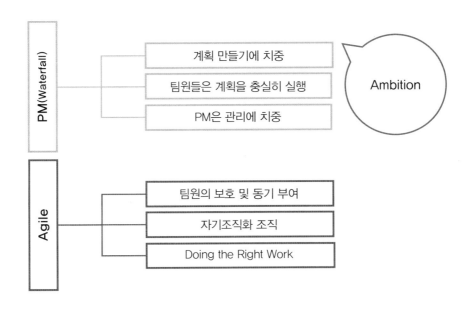

그림 7.7.1 **프로젝트 방식의 차이-리더의 역할**

애자일의 문화는 좀 더 팀원들이 안락하고 애자일 변화에 대응하고 각자가 작업을 수행할 때 다르게 생각하고 창의성을 올리는데 있다. 그래서 애자일과 디자인씽킹과 연결하는 기업들도 상당히 많이 있다. 미국의 실리콘밸리 기업부터 우리나라 많은 기업들이 그런 방식을 취하고 있다. 디자인씽킹의 5단계에서 공감-문제정의-아이디어생성-프로토타입 만들기-테스트에서 애자일은 주로 프로토타입 만들기와 테스트의 반복 부분에 가장 많이 적용이 되지만, 애자일 역시 창의력을 기반으로 작업하는 경우가 상당히 많다. 대표적으로 Pair-Programming의 경우 두 명이 동시에 작업을 같이 하면서 서로 다른 생각을 교환하면서 창의적인 좋은 기능을 개발하기도 한다.

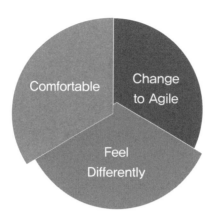

그림 7.7.2 **애자일 문화**

애자일은 일단 작은 성공을 하면 조직내 서서히 확장을 하는 것이 애자일 문화의 확산에서 중요한 부분이다. "조직에서 앰버서더가 되라." 애자일 팀원들이 동기 부여가 되고 애자일 방식이 좋다면 팀원들은 기꺼이 앰버서더가 될 것이다.

- 애자일 팀에 대한 교육의 목적은 애자일 환경의 규칙을 이해하고 팀원의 기대와 역할을 이해하는 것이다.

- 애자일 팀은 고객이 요구하는 핵심 가치가 있는 부분을 조기에 순차적으로 공급하는 것이 중요하다.

- 제품 책임자의 역할은 프로젝트 방향을 지시한다. 팀이 프로젝트 목표로 정확하게 갈수 있도록 잘 인도하여야 한다.

- 애자일 팀은 팀원의 보호 및 동기 부여를 받아야 한다. 자기 조직화 조직으로 올바른 작업을 수행하도록 동기 부여를 하여야 한다.

Q & A

Q: 애자일 팀에 대한 교육은 어떻게 수행하는 것이 좋은가?

A: 팀에 대한 부분과 개인에 대한 부분을 구분하여 교육 및 코칭을 실시하는 것이 좋다. 팀을 조기에 교육하고 중간에 개인별로 역량 강화 코칭을 하는 것을 추천한다.

Q: 애자일 방식에서 스크럼 마스터의 역할은 무엇인가?

A: 애자일 방식에서 스크럼 마스터는 장애물 제거자이다. 행정지원으로 차트 생성 및 주제에 대한 활동유지를 하는 서번트 리더이다. 애자일 팀을 관리하는 것보다 애자일의 프레임워크 관리가 더 중요하다. 애자일의 문화 및 가치를 발전시키기 위해 거버넌스 측면에서 스크럼 마스터의 역할은 매우 중요하다.

Q: 애자일에서 제품 책임자의 역할은 왜 중요한가?

A: 고객의 요구사항을 받아 제품 백로그를 만들고 우선화하는 책임이 있는 사람이다. 프로젝트 전체 방향을 설정하기에 매우 중요하다. 고객의 가치를 이해하고 내부적으로는 비즈니스 가치를 우선으로 작업을 하는 사람이다.

Q: 애자일 확산은 어떻게 하는 것이 좋은가?

A: 먼저 작게 시작한다. 그리고 팀 단위로 확산한다. 성공의 문화가 정착되면 핵심팀을 통해 전체팀으로 확산을 시킨다. 애자일 핵심팀이 앰버서더가 되어 애자일의 가치를 전달하여야 한다.

Chapter

08

이해관계자 참여

(Stakeholder Engagement)

- 이해관계자 참여의 혜택을 이해한다.

- 애자일 차터링(Agile Chartering)의 내용을 이해한다.

- 완료의 정의(Definition of Done)내용을 이해한다.

- 애자일 모델링(Agile Modeling)을 이해한다.

- 와이어프레임(Wireframes)을 이해한다.

- 이해관계자와 의사소통 내용을 이해한다.

- 지식공유(Knowledge Sharing)의 내용을 이해한다.

- 정보 표시기(Information Radiators)의 내용을 이해한다.

- 협업적으로 일하기(Working Collaboratively) 내용을 이해한다.

- 감성 지수(Emotional Intelligence) 속성을 이해한다.

- 갈등해결(Conflict Resolution)내용을 이해한다.

- 참여 의사 결정 모델(Participatory Decision Models)을 이해한다.

1 이해관계자 관리

A. 이해관계자 관리 대비 이해관계자 스튜어드십(Stewardship)

이해관계자 관리(Stakeholder Management)는?

- 사람들을 관리하는 일반적인 리더십이다.
- 사람들을 자원으로 취급한다.
- 통제 활동을 강화한다.

이해관계자 스튜어드십(Stakeholder Stewardship)은?

- 사람들을 보살핀다.
- 애자일의 섬김 리더십과 연계된다.

B. 애자일에 대해 이해관계자를 교육 수행

이해관계자에게 애자일에 대한 기본 교육을 제공하여야 한다. 이해관계자의 애자일에 대한 아래와 같은 일반적인 우려 사항이 있기 때문이다.

- 경영자 및 스폰서: 애자일 방식은 전례가 없는 관행과 반 직관적인 계획 접근법의 사용으로 인한 실패의 리스크가 존재한다.
- 프로젝트 관리자: 만일 기존의 전통형 프로젝트가 애자일 접근 방식으로 변경되어 채택되는 경우 팀원들에 대한 통제력 상실 또는 역할의 침해를 우려한다.
- 개발 팀: 애자일이라는 새로운 프로젝트 접근 방식이 경영진에 의해 강요되고 있다고 생각될 경우 애자일 방법을 거부할 수 있다.
- 사용자 커뮤니티: 종종 그들이 원하거나 필요로 하는 모든 기능을 얻지 못하거나, 초기 반복으로 인해 낮은 품질로 초래할 것을 걱정한다.
- 지원 그룹: 명백한 통제력 부족, 지속적인 참여 요청 또는 명확한 종료 시점 부족에 대한 우려 발생 가능을 걱정한다.

C. 이해관계자 참여 유지(Keeping Stakeholders Engaged)

이해관계자를 참여시킴으로써 다음과 같은 짧은 반복의 편익을 얻을 수 있다.

- 짧은 반복을 통해 이해관계자가 진행 과정에 대한 관심을 잃지 않도록 한다.
- 정보 상황판을 통해 프로젝트 전반에 걸쳐 가시성을 개선한다.

- 언제나 고객의 변경 요청을 받아들이는 것을 보증한다.
- 피드백과 회고를 통해 잠재적인 리스크, 결함 및 이슈를 식별할 수 있도록 지원한다.
- 일일 미팅 등 정기적인 의사소통 이벤트로 지속적인 피드백을 촉진한다.

이해관계자들을 프로젝트 참여(예: 짧은 반복)에 대한 부정적인 의견은?

- 참여를 하면 이슈(문제)를 일으키고 프로젝트 진행을 실제로 방해할 수 있다.
- 그래서 이해관계자와 팀원에 대한 스튜어드십 리더십이 필요하다.

애자일 이해관계자의 참여를 통한 짧은 반복의 편익은 무엇인가?

- 전반적으로 피드백을 통해 가시성이 증대된다.
- 변경요청 부분에 대해 적응력이 증대된다.
- 고객 인수들의 결과로 비즈니스 가치가 상승한다.
- 협업과 지속적인 피드백을 통해 전반적으로 리스크가 줄어든다.

이해관계자 참여 유지를 통해 이해관계자의 가치 통합을 이룰 수 있고 프로젝트 우선순위를 이해관계자 우선순위와 연계하여 일치시키는 데 집중할 수 있다.

애자일 프로젝트에 이해관계자의 가치를 통합하는 핵심 방법은?

- 제품 백로그 우선순위 결정에 제품 책임자가 참여한다.
- 이해관계자들을 스프린트 계획 회의 및 회고 회의에 참여하도록 초대한다.
- 프로젝트가 성공인지 실패인지 결정한다.

존중(Respect)의 유지

애자일 방식은 회고시 개선 아이디어를 추정, 의사 결정 및 도출하는데 있어 그룹 참여에 의존하여 합의를 추구하고 다양한 관점, 제안 및 선택사항을 존중한다.

용기(Courage)를 가져라.

- 프로토 타입에 기반한 초기 평가를 장려하고 사람들에게 완성되지 않은 작업 개요를

제시하도록 요청하려면 비판에 대한 두려움에 맞서 용기를 보여주어야 한다.

- 제품 책임자에게 회사의 요구사항을 우선하도록 요청하는 것과 마찬가지로 짝 프로그래밍(Pair Programming)에도 용기가 필요하다.
- 속도 데이터(Velocity Data)와 결합률을 공개하고 '잘되지 않은 것은 무엇인가?' 라는 질문에 답함으로써 투명성에 초점을 맞춘다.

애자일과 프로젝트 관리 오피스(PMO)

- 가치중심의 PMO는 고객과 협업 사고방식 기반으로 업무를 조정한다.
- 애자일 방식의 적용시 PMO와 협업을 하여야 적용에 성공할 수 있다.
- PMO는 조직의 프로세스 자산을 보유하고 있고 전체적인 프로젝트 방향성을 보유하고 있다.

조직 구조

애자일 조직구조 검토 시에는 전통형과 마찬가지로 프로젝트 수행시의 지리적 여건, 기능 중심 구조, 프로젝트 인도물의 규모, 프로젝트 팀원 배정, 조달 집약적 조직 등 다양한 요소를 검토하여야 한다.

D. 왜 이해관계자들에게 큰 초점을 가져야 하는가?(Why the big focus on Stakeholders?)

- 이해관계자들을 통해 우리는 프로젝트에서 무엇을 만들지 알 수 있다.
- 이해관계자들과 같이 변경사항을 관리하고 최신 변경사항을 통합한다.
- 이해관계자와 의사소통을 통해 정확한 세부 사항을 이해할 수 있다.
- 피드백을 통해 최적의 제품 또는 서비스를 제공할 것이라고 확신할 수 있다.
- 대면 또는 기타 접촉을 통해 요구사항을 이해하여 불일치를 방지할 수 있다.
- 이해관계자들의 지속적인 참여가 없다면, 프로젝트는 '평가 격차(Gulf of Evaluation)'에 빠질 가능성이 높다.

평가 격차(Gulf of Evaluation)

솔루션에 대한 고객의 비전과 개발자가 솔루션을 이해하는 방식이 일치하지 않는 것을 말한다.

E. 이해관계자 참여의 원칙(Principles of Stakeholder Engagement)

- 올바른 이해관계자를 확보해야 한다.
- 이해관계자 참여를 공고히 해야 한다.
- 적극적으로 이해관계자의 관심을 관리한다.
- 무엇을 만드는 것인지 자주 토론을 한다.
- 진행 상황 및 역량을 보여준다.
- 산정과 예상을 솔직하게 토론한다.

2 공유비전의 공유
(Establishing a Shared Vision)

애자일 방식은 고객이 요구하는 것과 팀이 해당 설명을 해석하는 방법 사이의 의미적 차이를 극복해야 하는 중요성과 과제를 인식하여야 한다. 이에 다양한 도구를 통해 생성이 가능하다.

- 애자일 차터(Agile Charters)
- 완료의 정의(The Definition of Done)
- 워크샵(Workshops)
- 모델링(Modeling)
- 와이어 프레임(Wireframes)
- 페르소나(Persona)

1. 애자일 차터링(Agile Chartering)

- 애자일 헌장은 매우 가벼운 워크시트에서 간신히 확장된 비전선언문부터 상당히 상세한 문서까지 다양성이 존재한다.
- 범위가 변경하고 프로젝트 초기에는 일부 측면을 알 수 없다는 것을 인식하고 프로젝트를 위해 계획된 목표에 집중하도록 한다.
- 팀이 최종 제품에 대해 반복할 프로세스 및 접근 방식과 프로젝트 결과를 확인하는 데 사용할 인수기준을 설명한다.

비애자일과 애자일의 차이는?

비애자일	애자일
개략적인 수준으로 협약을 진행한다.	불확실한 기술 또는 요구사항을 가지고 있으며 비애자일에 비해 세부 정보가 적다.
W5H 기반으로 진행한다.	정확히 무엇을 만들 것인가 보다 어떻게 프로젝트가 실행될 것인가에 더 집중을 한다.
프로젝트 진행을 위한 권한을 획득한다.	변경 사항을 승인하고 승인 후 백로그에 우선순위를 지정하는 방법과 같이 조직의 일반적인 프로세스와 다를 수 있다.

애자일 차터(Charter) 개발은? 이런 질문을 하면서 작성을 한다.

- 누가 참여하는가?
- 이 프로젝트는 무엇에 관한 것인가?
- 어디서 일어나는가?
- 언제 시작해서 언제 끝나는가?
- 왜 그것이 진행되고 있는가?
- 그 일은 어떻게 진행되는가?

2. 완료의 정의(Definition of Done)

- DoD는 공유된 비전을 수립하는 것과 관련된 애자일 개념으로 공유된 DoD 생성은 이해관계자들 기대를 충족시키는 데 매우 중요하다.
- 공유된 DoD는 애자일의 모든 단계에서 필요하며 다음을 포함한다.
  - 사용자 이야기
  - 릴리스
  - 최종 프로젝트 결과물
- DoD가 자주 논의되는 경우, 모든 이해관계자가 무엇을 완료하는 지에 대한 의미를 명확히 이해할 수 있다.

DoD의 예

IT 프로젝트

테스트–코드화–설계–통합–제작–설치–이전–검토–수정–인수

Non-IT 프로젝트(예: 자동차 프로젝트)

- 출발, 주행 및 성능 범위 사양을 충족.
- 디자인 및 스타일링 부서에서 정의한 검토 기준을 충족.
- 마케팅 부서에서 지정한 내부 공간 및 화물 요구사항을 포함.
- 지역 충돌 테스트 안전 표준을 통과해야 함.
- 연방 배출 물 테스트 표준을 통과하여야 함.
- 모든 목표 시장 조명, 지표 및 식별 표준을 통과시켜야 함.

3. 애자일 모델링(Agile Modeling)

- 애자일 모델링은 애자일 프로젝트에 일반적으로 사용되는 다양한 모델링 기법들을 의미한다.
- 일반적으로 가볍고 간신히 충분한 경우, 더 이상 다듬을 필요 없이 설계를 수집하고, 애자일 모델링은 시간과 가치를 고려하여 설계의 의도를 최대 가치의 포인트(Point of Maximal Value)로 목표 한다.
- 설계를 명확히 하고, 이슈 및 리스크를 식별하는 데 도움을 주는 예측의 목적을 가지며, 문제를 조사하고 해결책을 찾는데 도움을 준다.

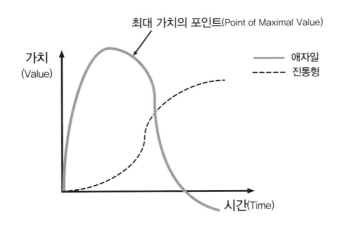

그림 8.2.1 **애자일 모델링: Agile Modeling**

최대가치의 포인트(Point of Maximal Value)의 예

- 초기 엔터프라이즈 모델링: 1~2주 수준
- 초기 추정: 몇일 소요 또는 최대 2주
- 반복적 모델링: 몇시간 수준
- JIT 모델 스토밍: 5~15분

애자일 모델링에는 다음과 같은 것이 있다.

- 사용사례도(Use Case Diagram)
- 데이터 모델(Data Models)
- 화면 디자인(Screen Designs)

A. 사용사례도(Use Case Diagram)

유스케이스(사용자 사례)는 사용자와 시스템간 사용하는 사례를 인터페이스로 표시한 것으로 애자일 모델링의 한 방식이다. 학생과 등록자는 화면 시스템에서 접근하는 부분이 서로 다르다. 사용자 사용을 토대로 시스템의 사용을 이해한다.

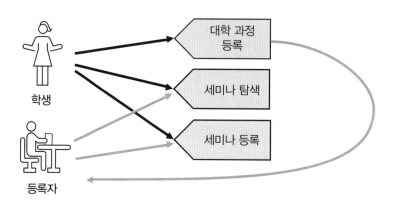

그림 8.2.2 **Use Case Diagram의 예**

B. 데이터 모델(Data Models)

데이터 모델은 사용자간 데이터가 어떻게 흐르는지 표현한 애자일 모델링 방식이다. 학생이 접근하는 데이터와 등록에 대한 접근 데이터는 코스에 대해 서로 다를 수 있다. 학생은 코스를 선택하는 이런 내용은 등록 현황이라는 부분에 정리가 된다.

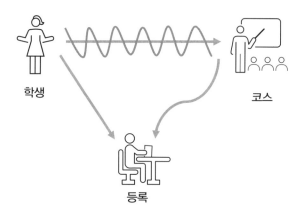

그림 8.2.3 **데이터 모델: Data Models의 예**

C. 화면 디자인(Screen Designs)

화면 디자인은 실제 개발 완료되는 기능을 가시적으로 보여주어 분명한 방향을 보여주는 애자일 모델링 방식이다. 화면을 보면 학생 정보 메뉴로 학생 번호, 이름, 성별, 소속 등이 표현되고 세미나 별 학점과 상태가 나온다. 이런 Use Case Diagram을 통해 사용자는 화면의 일부 내용을 수정 요청하거나 승인한다.

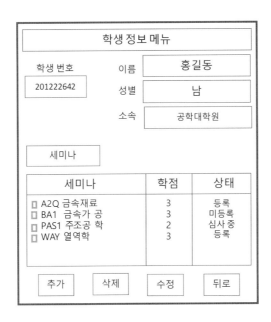

그림 8.2.4 **Use Case Diagram의 예**

D. 와이어프레임(Wireframes)

- 와이어프레임은 제품의 빠른 모형을 만드는 인기 있는 방법으로 '저 충실도 프로토타이핑(Low-Fidelity Prototyping)'의 한 형태로, 어떤 것에 대한 피드백을 빠르고 저렴하게 얻을 수 있다.
- 완료시의 모양을 명확하게 하여서 프로젝트의 잘못된 점증 인도물에 많은 시간을 할애하기 전에 팀이 계획하고 있는 접근 방식을 검증한다.
- 설계를 확인하기 위해 전반적인 프로세스에 토론을 하여 최적을 만든다.

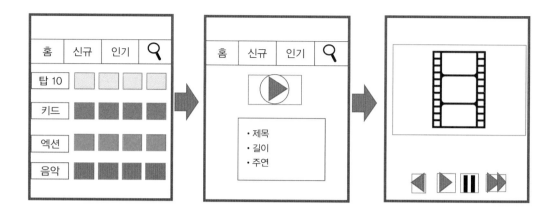

그림 8.2.5 **와이어프레임: Wireframes의 예**

E. 페르소나(Personas)

- 페르소나(Persona)는 프로젝트와 그들의 관심사에 대한 주요 이해관계자들의 빠른 가이드 또는 상기이며 페르소나는 다음을 포함한다.
  - 사용자에 대한 전형적인 설명을 한다.
  - 현실에 기반한다.
  - 목표 지향적이고 구체적이며 관련성이 있다.
  - 실체적이고 실행 가능하다.
  - 포커스를 생성한다.
- 페르소나는 요구사항을 대체하는 것이 아니라, 오히려 증가시키며 팀이 작업의 우선순위를 정하고, 사용자에게 초점을 맞추고, 사용자가 누구인지에 대한 통찰력을 얻는 데 도움을 제공하여 팀원이 제품 또는 솔루션 사용자와 공감할 수 있도록 지원한다.

4. 이해관계자와 의사소통(Communicating with Stakeholders)

애자일은 직관적이고 효율적인 내부 의사소통을 실현하는 데 주력한다. 애자일 의사소통의 몇 가지 기본 개념은 다음과 같다.

- 대면 커뮤니케이션(Face to Face Communication)
- 양 방향 의사소통(Two-Way Communication)
- 지식 공유(Knowledge Sharing)
- 정보 라디에이터(Information Radiators)
- 소셜 미디어(Social Media)

A. 대면 커뮤니케이션(Face to Face Communication)

대면 접촉이 가장 의사소통에 있어 효과적이다.

B. 양 방향 의사소통(Two-Way Communication)

전통적으로 실행 중인 프로젝트에 대한 명령 및 통제 방식에 사용되는 배치 모델에 대한 협업 의사소통이다. 송신자와 수신자가 존재하고 상호간의 의사소통이 피드백을 기반으로 이루어진다.

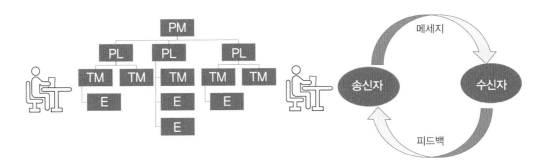

그림 8.2.6 **양 방향 의사소통**(Two-Way Communication)

C. 지식공유(Knowledge Sharing)

- 지식 공유는 애자일 방법의 핵심 구성 요소로 애자일 모델은 지식 작업 프로젝트를 위해 설계되었으며, 제품 또는 서비스를 만들거나 개선하기 위해 주제 전문가가 협업하는 것이 특징이다.
- 지식 공유에 대한 희소성보다는 풍요로움에 기반을 둔 태도를 취할 수 있으며 정보를 공유하여 사용하고자 하는 모든 사람이 정보를 사용할 수 있도록 하는 것이 목표이다.
- 일자리를 확고하게 하거나 프로젝트 위상을 높이기 위해 정보를 축적하는 것이 아니라, 지식 공유는 많은 애자일을 위한 실천의 핵심이다.
- 애자일 사례는 지식 공유를 촉진하고 애자일 지식 공유는 여러 단계에서 발생하며 제품 시연은 분명한 예이고 다음을 통해 데모한다.
  - 팀이 고객에게/고객이 팀에게
- 지식 공유에 대한 다른 예는 다음과 같다.
  - 칸반보드(KANBAN Boards), 정보 라디에이터(Information Radiators)
  - 페르소나(Personas), 와이어 프레임(Wireframes)

애자일 사례는 지식 공유를 촉진한다. 애자일 지식 공유는 프로젝트를 계획하고 일정관리에 있어 벽에 붙이는 카드 같은 낮은 기술과 높은 이용을 선호한다. 간단한 도구는 계획에 대한 공통된 이해에 도움을 준다. 예) 일일 스탠딩 미팅, 팀 공동 장소.

또한, XP의 핵심 관행은 지식 이전 구성 요소 중 하나이다.

XP의 핵심 관행은 아래 그림처럼 이루어진다. 순서대로 내용을 알아본다.

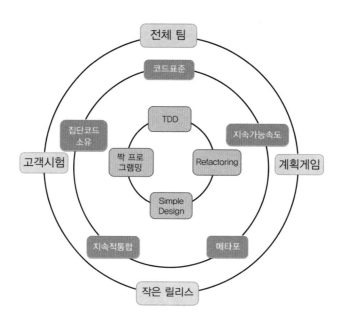

그림 8.2.7 **XP의 핵심 관행 1**

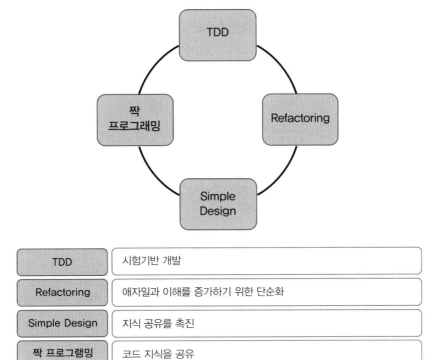

TDD	시험기반 개발
Refactoring	애자일과 이해를 증가하기 위한 단순화
Simple Design	지식 공유를 촉진
짝 프로그램밍	코드 지식을 공유

그림 8.2.8 **XP의 핵심 관행 2**

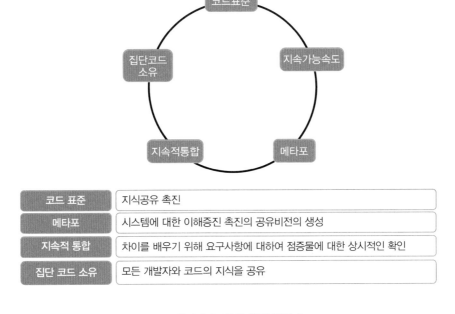

코드 표준	지식공유 촉진
메타포	시스템에 대한 이해증진 촉진의 공유비전의 생성
지속적 통합	차이를 배우기 위해 요구사항에 대하여 점증물에 대한 상시적인 확인
집단 코드 소유	모든 개발자와 코드의 지식을 공유

그림 8.2.9 **XP의 핵심 관행 3**

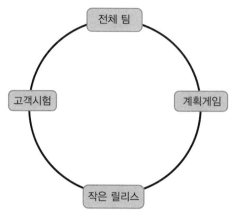

전체 팀	전체 팀은 더 좋은 의사소통을 위해 공동위치에서 작업
계획게임	모든 이해관계들이 더 좋은 계획을 공유하고 완료 정의를 협업적으로 계획
작은 릴리스	작은 베치(Batch)를 통해 기대사항을 추적하고 관리가능한 베치 정보 유지
고객시험	무엇을 의미하는지 고객과 빈번한 상호작용 격려

그림 8.2.10 **XP의 핵심 관행 3**

지식 공유 장려(Encouraging Knowledge Sharing)

지식 공유 때때로 달성하고 지속하기가 어려운 이유?

Kimz Dalkir는 이론과 실천에 관한 지식 관리라는 책에서
"개인은 그들이 공유하는 것이 아니라, 그들이 아는 것에 대해 보상을 받는다. 이 보상 시스템은 사실 지식 공유를 방해한다. 지식 공유의 아이디어를 촉진하기 위해, 조직 문화로 정보의 발견, 혁신 및 이전을 장려하고 보상해야 한다."

D. 정보 표시기(Information Radiators)

- 정보 표시기는 대형 차트, 그래프 및 프로젝트 데이터 요약을 포함하여 매우 가시적인 정보 표시를 위한 애자일 용어이다.
- 일반적으로 '시각적 통제'는 이해관계자들에게 프로젝트의 상태를 신속하게 알릴 수 있는 노출을 극대화하기 위해 교통량이 많은 영역에 표시한다.
- 정보 표시기에 표시될 수 있는 데이터 종류는 다음과 같다.

- 현재까지 인도된 기능과 남아 있는 기능 간의 차이
- 누가 무엇을 하고 있는가?
- 현재 반복에 대해 선택된 기능/속도 및 결함 지표. 회고 발견 내용
- 위협 및 이슈 리스트/스토리 맵, 번 차트

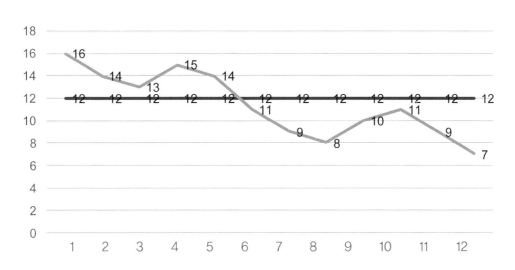

그림 8.2.11 Information Radiators Example

정보 표시기(Information Radiators)를 사용하면 SW 버그 해결 시간을 가시적으로 추세 분석으로 표현할 수 있다.

E. 소셜미디어(Social Media)

- 프로젝트 도구는 Twitter, SMS 메시지(텍스트), Chatter, Instagram 및 다양한 소셜 미디어 형식으로 정보를 출력할 수 있다.
- 팀원이 처음부터 쉽게 접근할 수 있고 사용할 수 있는 소셜 미디어 도구를 널리 사용하는 것이 바람직하다.

5. 협업적으로 일하기(Working Collaboratively)

애자일 선언은 3번째 가치에서 이해관계자 협업을 강조(계약 협상에 보다는 고객과의 협업)하고 4번째 원칙에서 비즈니스 사람과 개발자는 프로젝트 내내 매일 함께 작업해야 한다.

협업의 이점(미시간 대학의 Steven Yaffee의 연구)

- 공유 정보를 통해 현명한 의사 결정 수행
- 절차적 의사 결정보다는 문제 해결을 촉진
- 공유 자원을 활용하여 작업을 수행함으로써 행동의 촉진
- 관계와 이해를 구축하여 사회적 자본을 구축
- 참여를 중시하고 권력을 아래로 이동시켜 집단 문제의 소유권을 강화

협업적으로 일하기-자아평가 하기

항목	해당(O)
자신의 삶의 환경에 대한 책임을 진다.	
자신의 삶의 상황에 대해 다른 사람을 비난한다.	
비 방어적 대응을 추구한다.	
방어적으로 대응한다.	
심리적으로 쉽게 위협받지 않는다.	
위협을 느끼거나 억울함을 느낀다.	
상호 성공을 구축하기 위한 시도한다.	
다른 항목의 방어력을 촉발한다.	
비난보다는 해결책을 모색한다.	
풀어주거나 용서하지 않는다	
강요보다는 설득을 사용한다.	
수치심, 비난, 고발을 사용한다.	

상기 평가를 통해 협업적으로 알하기와 관련하여 자신을 발견한다.

Green Zone/Red Zone

Lysa Adkins는 Green Zone, Red Zone 모델을 사용하여 협업에 대한 진단할 것을 권장한다.

그린 존에 있는 사람	레드 존에 있는 사람
자신의 삶의 환경에 대한 책임을 진다.	자신의 삶의 상황에 대해 다른 사람을 비난한다.
비방어적 대응을 추구한다.	방어적으로 대응한다.
심리적으로 쉽게 위협받지 않는다.	위협을 느끼거나 억울함을 느낀다.
상호 성공을 구축하기 위한 시도한다.	다른 항목의 방어력을 촉발한다.
비난보다는 해결책을 모색한다.	풀어주거나 용서하지 않는다.
강요보다는 설득을 사용한다.	수치심, 비난, 비난을 사용한다.

A. 워크샵(Workshop)

워크샵은 참가자가 작업을 마치는 모임이다. 효과적인 워크샵을 위한 몇 가지 팁은 다음과 같다.

- 다양한 그룹은 광범위한 관점을 반영한다.
- 지배적인 개인을 방지하려면 그룹에서 라운드 로빈 스타일로 이동하는 등의 기술을 사용한다.

사용자 스토리 워크샵

워크샵의 효과를 높이기 위한 몇 가지 팁은 다음과 같다.

- 프로세스를 통해 문제를 파악한다.
- 설계 프로세스에 주요 이해관계자를 참여시킨다.

다른 워크샵 – 팁

- 스토리 쓰기 워크샵
- 회고
- 추정 세션

워크샵의 효과는?

- 팀은 이해관계자의 요구를 더 잘 이해할 수 있다.
- 팀은 여러 가지 접근 방식 중 하나에 전념하기 전에 비용 및 옵션에 대해 더 잘 파악할 수 있다.

B. 브레인스토밍(Brainstorming)

브레인스토밍은 한 그룹이 빠르게 문제나 이슈에 대한 많은 아이디어를 만들어내려고 노력하는 협업 기술로 브레인스토밍은 다음을 위해 사용할 수 있다.

- 페르소나(Personas)로 특징되는 제품의 역할
- 릴리스(출시)를 위한 최소한의 실행 가능한 제품에 포함할 기능
- 프로젝트에 영향을 미칠 수 있는 잠재적 리스크
- 회고에서 제기된 문제에 대한 해결책

브레인스토밍 방법(Brainstorming Methods)

- 조용히 기록(Quiet Writing)한다.
- 라운드 로빈(Round-Robin)을 한다.
- 자유롭게 토론한다.

다음 단계

① 아이디어를 분류한다.
② 우선순위를 지정(MoSCoW) 또는 도트 투표(Dot Voting)를 사용한다.
③ 최상의 아이디어를 구현한다.

C. 협업 게임들(Collaboration Games)

혁신 게임으로 알려진 협업 게임은 애자일 이해관계자들이 복잡하거나 모호한 문제를 더 잘 이해하고 합의 옵션과 솔루션에 도달하기 위해 사용할 수 있는 워크샵 기법을 촉진한다.

협업게임의 예는 다음과 같다.

- 미래를 기억하라: 비전 설정 및 요구사항 추출 연습을 한다.
- 제품 트리 만들기: 이해관계자가 요구사항을 수집하고 형성하도록 도와준다.
- 스피드 보트(일명 범선): 위협과 기회를 식별한다.

- 기능 선택 관련 우선순위 지정 연습한다.
- 가치 대 비용 순위를 살펴본다.

미래를 기억하라(Remember the Future)

다음 릴리스 또는 반복이 성공적으로 완료된 이미지로 고객에게 뒤로 돌아보게 하고 반복 또는 릴리스의 성공을 위해 어떤 일이 발생했는지 설명하도록 요청한다.

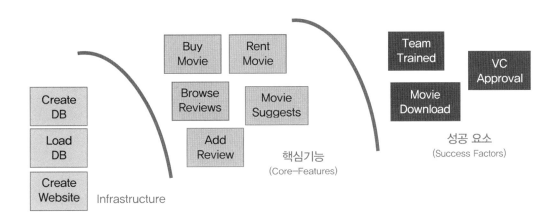

그림 8.2.12 **협업게임-Remember the Future**

협업게임(Remember the Future)을 통해 프로젝트 성공 요소를 분석하고 핵심 기능과 기본 인프라를 구분하여 준비한다. 일종의 연상 게임을 통해 프로젝트의 결과물을 예측하여 성공을 위한 준비에 도움이 되는 협업게임이다. Pre-mortem과 유사한 부분이 있는 연상게임이다.

제품 트리를 정리(Prune the product tree)

- 이해관계자가 요구사항을 수집하고 구체화할 수 있도록 지원한다.
- 참가자들에게 제품의 특징과 기능을 브레인스토밍을 하도록 진행한다.

쾌속정/돛단배(Speedboat/Sailboat)

위협 및 기회를 식별한다.

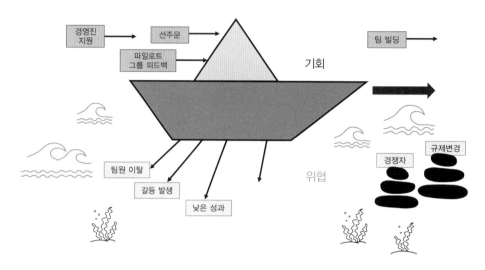

그림 8.2.13 **협업게임-Speedboat/Sailboat**

협업게임(Speedboat/Sailboat)을 통해 프로젝트의 기회와 위협을 파악하여 대응 대책을 만들고 실행하여 프로젝트 성공 확률을 높일 수 있다.

6. 중요한 대인관계 기술 사용(Using Critical Interpersonal Skills)

- 감성 지수(Emotional Intelligence)
- 적극적 청취(Active Listening)
- 촉진(Facilitation)
- 협상(Negotiation)
- 갈등 해결(Conflict Resolution)
- 참여 의사 결정(Participatory Decision Making)

A. 감성 지수(Emotional Intelligence)

감성 지능은 우리 자신, 다른 개인, 그리고 그룹의 감정을 확인하고 평가하고 영향을 주는 능력이다.

- 자기 관리는 자기 통제를 다룬다.
- 자아 인식은 자신감을 다룬다.
- 사회적 기술은 영향력을 다룬다.
- 사회적 인식은 공감을 다룬다.

감정지수의 4분면

그림 8.2.14 **감성 지수**(Emotional Intelligence)

B. 적극적 경청(Active Listening)

적극적 경청(Active Listening)은 누군가가 말하고자 하는 말의 의미에 그치지 않고 실제로 전달하고자 하는 것을 듣는 것이다.

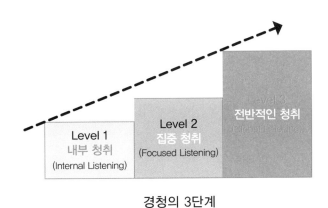

경청의 3단계
(Three Levels of Listening)

그림 8.2.15 **적극적 경청**(Active Listening)

C. 촉진(Facilitation)

촉진(Facilitation)을 잘하려면 다음을 가져야 한다.

- 목표(Goals)
- 규칙(Rules)
- 시간(Time)
- 지원(Assisting)

D. 협상(Negotiation)

- 협상은 애자일 프로젝트 기간 내내 발생한다.
- 기능의 요구사항 또는 우선순위와 무엇을 만들 것인지에 대한 논의한다.

E. 갈등해결(Conflict Resolution)

갈등은 프로젝트 작업에서는 불가피한 부분으로 갈등은 레벨 1~5로 구분하여 확대된다.

수준	이름	특징	표현
Level 1	문제 해결	정보 공유 및 협업을 한다.	공개 및 사실 기반이다.
Level 2	비동의	개인 보호가 충돌 해결보다 우선시한다.	잘 지키고 해석할 수 있다.
Level 3	경쟁	이기기만 하면 갈등을 해결이 가능하다.	개인적 공격을 포함한다.
Level 4	Crusade	자신의 그룹을 보호하는 것이 초점이다.	이데올로기적이다.
Level 5	World War	다른 것을 파괴한다.	거의 없거나 존재하지 않는다.

F. 참여결정 만들기(Participatory Decision Making)

프로젝트 이해관계자를 의사 결정 프로세스에 참여시킨다. 일반적으로 참여율이 증가함에 따라 약속이 증가한다.

- 융합적이고 공유된 협업은 참여결정 만들기에 유익하다.
- 참여형 의사 결정 모델은 융합을 목표로 한다.
- 공동 협업: 그룹 공감대 형성이 중요하다.

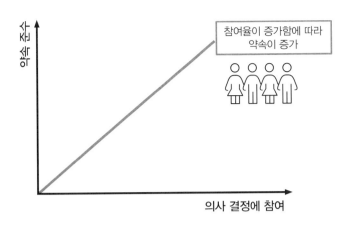

그림 8.2.16 **참여결정 만들기**(Participatory Decision Making)

참여 의사 결정 모델(Participatory Decision Models)은 아래와 같은 방식이 있다.

- 단순 투표(Simple Voting)
- 엄지손가락을 위로/아래로/옆으로(Thumbs Up/Down/Sideways)
- 손가락 5개를 사용하는 투표방식(Fist-of-Five Voting)

Fist-of-Five Voting

손가락 1개: 전적으로 해당 의견을 지지한다.

손가락 2개: 논의할 필요가 없고 사소한 의구심은 있지만 의견은 지지한다.

손가락 3개: 상의해야 할 문제가 존재한다는 요청한다.

손가락 4개: 반대 표현을 한다.

손가락 5개: 정지(Stop)요청을 한다.

참여결정 모델(Highsmith's Decision Spectrum)**은 다음과 같다.**

애자일 프로젝트 관리: 혁신적인 제품 만들기라는 책에서 훌륭한 의사 결정 도구의 개요를 설명한다.

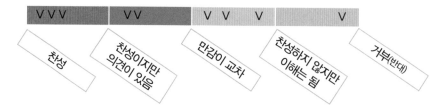

그림 8.2.17 Highsmith's Decision Spectrum의 예

- 이해관계자 참여의 혜택은 이해관계자를 참여시킴으로써 짧은 반복의 편익을 얻을 수 있다. 이해관계자가 진행 과정에 대한 관심을 잃지 않도록 한다.

- 프로젝트 전반에 걸쳐 투명성을 기반으로 가시성을 개선한다.

- 애자일 헌장은 매우 가벼운 워크 시트에서 간신히 확장된 비전 선언문부터 상당히 상세한 문서까지 다양성이 존재한다. 팀 가치, 기본 규칙, 갈등관리 등에 대한 상호간 약속이 기록된다.

- 완료의 정의(Definition of Done)는 공유된 비전을 수립하는 것과 관련된 애자일 개념으로 인수 기준을 포함한 DoD 생성은 이해관계자들 기대를 충족시키는 데 매우 중요하다.

- 애자일 모델링(Agile Modeling)은 애자일 프로젝트에 일반적으로 사용되는 다양한 모델링 기법들을 의미한다. 일반적으로 가볍고 간신히 충분한 경우, 더 이상 다듬을 필요 없이 설계를 수집하고, 애자일 모델링은 설계의 의도를 간신히 포착하는 것을 목표로 함을 이해한다.

- 와이어프레임(Wireframes)은 제품의 빠른 모형을 만드는 인기 있는 방법으로 '저 충실도 프로토타이핑(Low-Fidelity Prototyping)'의 한 형태로, 어떤 것에 대한 피드백을 빠르고 저렴하게 얻을 수 있다.

- 이해관계자와 의사소통의 몇 가지 기본 개념은 대면 커뮤니케이션(Face to Face Communication), 양 방향 의사소통(Two-Way Communication), 지식 공유(Knowledge Sharing), 정보 라디에이터(Information Radiators), 소셜 미디어(Social Media)을 포함한다.

- 지식공유(Knowledge Sharing)는 애자일 방법의 핵심 구성 요소로 애자일 모델은 지식 작업 프로젝트를 위해 설계되었으며, 제품 또는 서비스를 만들거나 개선하기 위해 주제 전문가가 협업하는 것이 특징이다.

- 정보 표시기(Information Radiators)는 대형 차트, 그래프 및 프로젝트 데이터 요약을 포함하여 매우 가시적인 정보 표시를 위한 애자일 용어로 대표적으로 칸반, 번차트를 포함한다.

- 협업적으로 일하기(Working Collaboratively)에서 협업의 이점(미시간 대학의 Steven Yaffee의 연구)은 다음과 같다.

  • 공유 정보를 통해 현명한 의사 결정 수행

  • 절차적 의사 결정보다는 문제 해결을 촉진

  • 공유 자원을 활용하여 작업을 수행함으로써 행동의 촉진

- 관계와 이해를 구축하여 사회적 자본을 구축

- 참여를 중시하고 권력을 아래로 이동시켜 집단 문제의 소유권을 강화한다.

- 감성 지수(Emotional Intelligence)는 우리 자신, 다른 개인, 그리고 그룹의 감정을 확인하고 평가하고 영향을 주는 능력. 속성을 이해한다. 자기관리는 자기통제를 다룬다. 자아인식은 자신감을 다룬다. 사회적 기술은 영향력을 다룬다. 사회적 인식은 공감을 다룬다.

- 갈등해결(Conflict Resolution)은 프로젝트 작업에서는 불가피한 부분으로 갈등은 레벨 1~5로 구분하여 확대된다.

- 참여 의사 결정 모델(Participatory Decision Models)은 프로젝트 이해관계자를 의사 결정 프로세스에 참여시키면 약속준수가 높아진다. 단순 투표(Simple Voting), 엄지손가락을 위로/아래로/옆으로(Thumbs Up/Down/Sideways), 손가락 5개를 사용하는 투표방식(Fist-of-Five Voting)등이 있다.

Q & A

Q: 지식공유(Knowledge Sharing)를 촉진하려면 어떻게 하는 게 좋은가?

A: "개인은 공유하지 아니하는, 아는 것에 대해 가장 일반적으로 보상받는다."고 언급했다. 이 보상 시스템은 사실 지식 공유를 방해한다. 지식 공유의 아이디어를 촉진하기 위해, 조직 문화로 정보의 발견, 혁신 및 이전을 장려하고 보상해야 한다. by Kimz Dalkir(참조)

Q: 정보 표시기(Information Radiators)의 대표적인 것은?

A: 칸반보드, 번업 차트, 번다운 차트가 대표적이다.

Q: 애자일에서 협업의 이점은 어느 것이 있는가?

A: 협업의 이점(미시간 대학의 Steven Yaffee의 연구)은 다음과 같다.
  • 공유 정보를 통해 현명한 의사 결정을 수행한다.
  • 절차적 의사 결정보다는 문제 해결을 촉진한다.
  • 공유 자원을 활용하여 작업을 수행함으로써 행동을 촉진한다.
  • 관계와 이해를 구축하여 사회적 자본을 구축한다.
  • 참여를 중시하고 권력을 아래로 이동시켜 집단 문제의 소유권을 강화한다.

애자일 기본정석

Chapter

09

애자일 팀 같이 작업하기

· 릴리스 계획의 내용을 이해한다.

· 애자일 산정 정확도의 내용을 이해한다.

· 사용자 스토리의 작성 내용을 이해한다.

· 상대적 산정의 의미를 이해한다.

· 기획 포커 사용방법을 이해하고 실무 적용한다.

· 속도(Velocity)의 내용 이해와 더불어 적용 계산 방법을 실천한다.

· 스프린트 기획(Planning Your Sprints) 내용을 이해한다.

1 프로젝트 차터의 생성

애자일 차터(Agile Charter)는 착수를 위한 프로젝트 이유와 초기 방향 설정이다.

- 이 프로젝트는 왜 하는가?
- 비전을 성취하기 위한 것이다.
- 정량적인 부분으로 작성한다.

One Page

- 프로젝트 비전
- 프로젝트 미션
- 성공기준

애자일 차터의 예(Ridesharing Business)

- **Project Vision**: 사람들에게 돈을 절약하고, 자원을 공유하고, 간편하게 살며, 일의 장소에 상호 차를 같이 타서 연결시킨다.
- **Project Mission**: 웹사이트, 스마트폰 어플을 만들어 고객들이게 위치 장소의 인식을 만든다.
- **Success Criteria**: 기능위주로 설정을 하면 안 된다.
  - 3개월 1만 명의 고객등록을 한다.
  - 1년 안에 10만 명의 고객등록 및 5천회이상 이용한다.
  - 매출 10억 원 달성을 한다.

차터가 만들어진 후 미션으로부터 제품 백로그를 생성한다.

애자일에서 종료의 의미(정의)는 무엇인가?

- 소진된 제품 백로그이다.
- 고객에게 가치 제공완료이다.
- 최종 회고 회의 개최이다.
- 교훈사항의 기록이다.
- 초기 약속에 따른 프로젝트 결과의 결정이다.

2 릴리스 계획의 작성

애자일에서 에픽(EPIC)은 큰 덩어리이다. 대략적 가치 창출만 이루어지기 때문에 작게 쪼개어 인도를 하여야 한다.

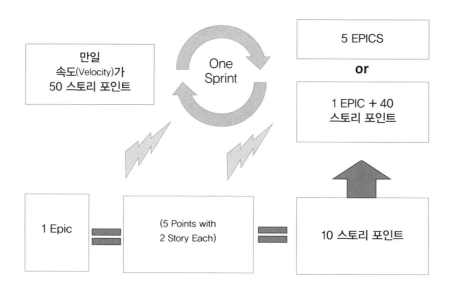

그림 9.2.1 **ROVe**(Rough Order of Value of EPICs) **Release**

상기 그림에서 만일 팀 역량 속도가 50 스토리 포인트라면, 하나의 EPIC 사이즈가 2 스토리를 가지고 각 5 포인트라면 총 10 스토리 포인트가 되어 결과적으로 50 스토리 포인트를 처리할 수 있기 때문에 5 EPIC 또는 총 50 스토리 포인트를 릴리스 계획에 반영할 수 있다. 예를 들어 Rideshare Application의 경우를 보면 다음과 같다.

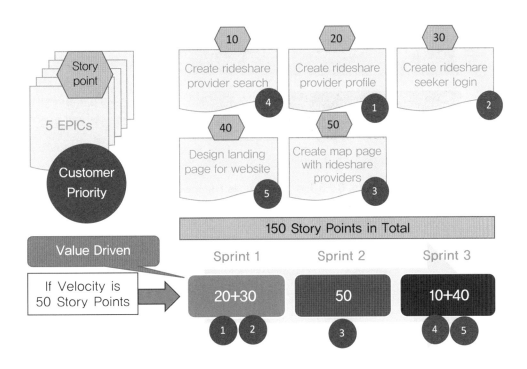

그림 9.2.2 **Rideshare Application의 예**

상기 그림에서 총 5개의 에픽(EPIC)의 총 스토리 포인트는 150 스토리 포인트이다. 우선순위에 맞게 적절하게 조정하면 속도(Velocity)가 50스토리 포인트 이므로 3번의 스프린트를 통해 최적으로 작업을 수행할 수 있다.

The SAFe WAY(The Scaled Agile Framework)

Scaled Agile의 경우는 좀 더 큰 범위를 포함한다.

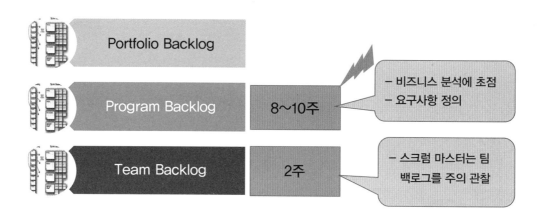

그림 9.2.3 **The Scaled Agile Framework**

3 범위 인도

애자일 방식은 아래 그림을 보면 범위가 가변적이어서 요구사항의 변경이 발생하는 것을 수용한다.

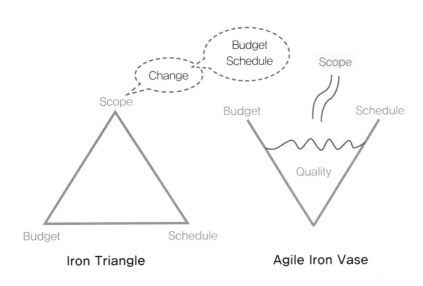

그림 9.3.1 **Agile Iron Vase**

애자일 범위는 품질과 가치에 초점을 두고, 고객에게 고품질 제품을 인도하고 고부가가치 제품을 고객이 요구하는 범위의 우선화를 통해 제공을 한다.

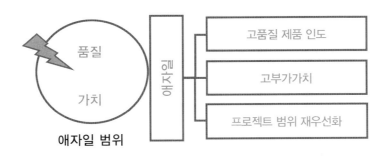

그림 9.3.2 **범위관련 애자일 가치**

4 점증적 인도 기획

 애자일 방식은 아래 그림에서 보듯이 전통적 프로젝트와는 다르게 환경에 맞게 목표가 변경되어 인도물이 만들어질 수 있다. 극단적인 비유이지만 애자일 계약을 통해 비용과 일정은 재조정이 되지만 상징적으로 애자일의 인도 방식을 보여준다.

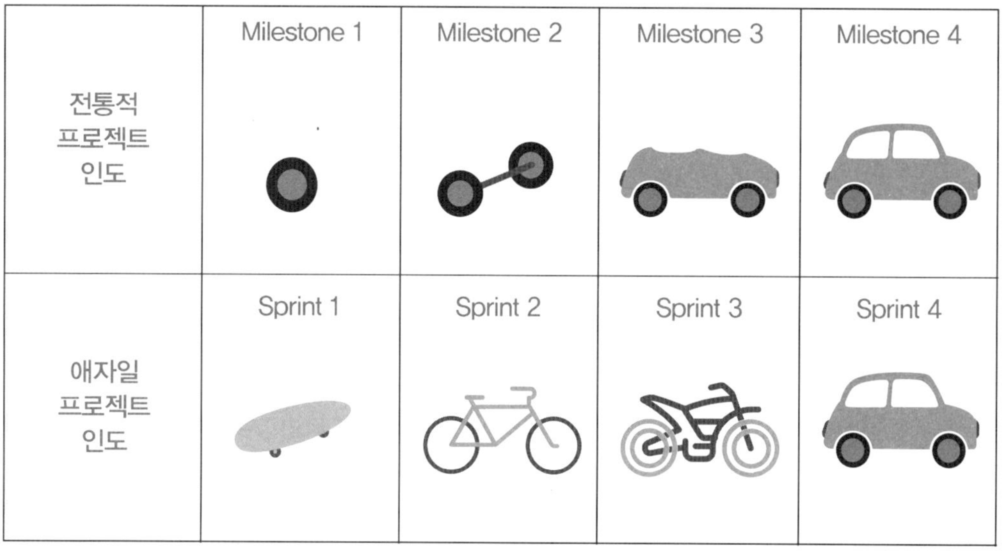

	Milestone 1	Milestone 2	Milestone 3	Milestone 4
전통적 프로젝트 인도				
	Sprint 1	Sprint 2	Sprint 3	Sprint 4
애자일 프로젝트 인도				

그림 9.4.1 **점증적 인도 기획**

5 산정 정확도

　안정적인 프로젝트는 산정의 변동성이 작아서 산정의 불확실성의 수준과 변경비용이 적다. 그러나 복잡한 프로젝트의 경우에는 불확실성이 많이 존재하여 나중에 변경비용이 크게 된다. 애자일 스프린트는 어떤 경우에도 산정의 변동성을 줄이고 변경비용을 줄이는데 도움이 된다.

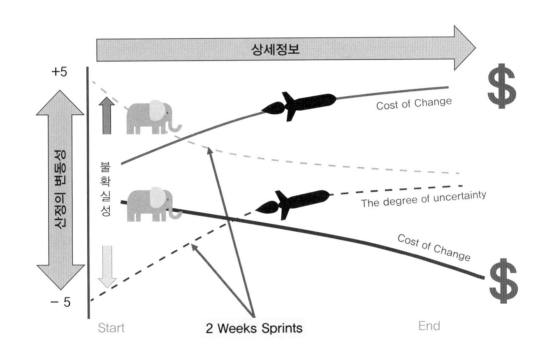

그림 9.5.1 **점증적 인도 기획**

6 제품 책임자의 역할

제품 책임자는 고객의 목소리를 대변하며 사용자 이야기를 유지한다. 비즈니스 가치에 의거하여 작업의 우선순위를 매긴다.

그림 9.6.1 **제품 책임자의 역할**

7 사용자 스토리

사용자 스토리는 고객의 요구사항이기 때문에 특정한 패턴으로 작성이 되어야 이해하기가 쉽다. 이야기의 맥락이 정확하게 전달이 되어야 한다. 사용자 스토리는 맥락과 기능 및 기준을 정확히 작성하여야 한다.

A. 맥락이란 무엇인가?

표면에 분명하게 나타난 것이 아니라 숨어있는 본질에 가깝다. 마치 빙산의 수면아래처럼 중요하지만 잘 나타나지 않는 핵심 요구사항이다.

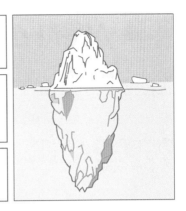

맥락
• 제품을 기반으로 사용자가 경험하게 될 묶음이다.

특징
• 사용자가 제품과 상호 작용할 때 기대할 수 있는 경험에 대한 통찰력이다.

기준
• 누군가의 예상 결과에 따라 역할을 만든다.

그림 9.7.1 **무의식/컨텍스트**

B. 특징과 기준은?

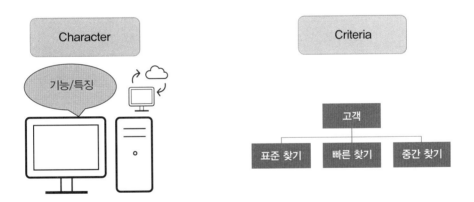

그림 9.7.2 **특징과 기준의 이해**

사용자이야기 예 – 승차 공유 웹 응용 프로그램

• 저는 승차공유 희망자로서 우편번호 내의 승차공유 업체 목록을 보고 집 근처 사람과 동승할 수 있도록 하고 싶습니다.

Note: 사용자 스토리 생성은 사용자 역할 생성부터 시작된다.

8 사용자 스토리 만들기

사용자 스토리 생성 방법은 3x5 inch index 카드에 적는다. 이 스토리 카드는 개발자와 제품 책임자간의 중요한 의사소통이 된다. 스토리는 기준을 포함하여 고객과의 인수기준을 포함한다. 그럼 어떻게 작성하는 것이 가장 좋을까? 사용자 스토리(User Story)는 6가지 특징(INVEST)을 포함하여야 한다.

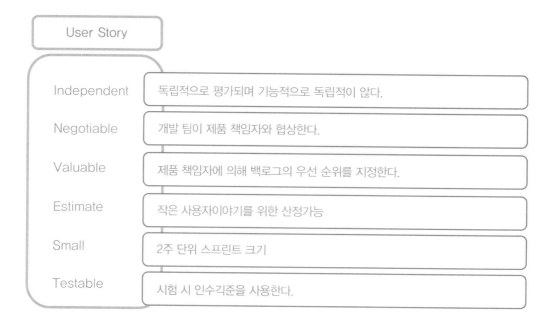

그림 9.8.1 **사용자 스토리 작성 방법-INVEST**

9 상대적 산정

애자일 산정(예: 기간 등)은 상대적 산정 방법을 사용한다. 왜 상대적 산정인가? 상대적 산정을 하면 다음과 같은 장점이 있다.

- 간단한 방법이 최상이다.
- 정확성에 대한 잘못된 안심에서 벗어난다.
- 산정과 약속과의 혼동으로부터 팀을 지켜준다.

상대적 산정의 예

하나의 기준이 만들어 지면 그것을 상대적으로 비교하여 작업의 크기를 결정한다.

상대적 산정 시 주의점은?

산정과 약속은 좀 다를 수 있다. 비록 작업의 크기를 산정 하여도 불확실성을 감안하여 작업의 약속을 하여야 한다. 만일 불확실성(예: 위협적인 이벤트 발생 또는 기타 지연 이유)이 발생하면 약속을 지킬 수 없기 때문에 약속 시에는 이런 부분도 감안하여 일정을 제시하여야 한다.

만일 사무실에서 집에 간다고 생각하면 일반적으로 20~30분이 소요된다. 이것은 산정이다. 그러나 약속을 한다면 좀 여유가 있게 약속을 잡아야 할 것이다. 만일 오후 5시에 사무실을 출발해서 집에 5시 반에 도착할 것으로 생각하고 약속을 하고, 운전을 하다가 예기치 못한 상황으로 도로가 밀려 10~15분 더 지연이 된 다면 약속은 못 지킬 것이다. 만일 오후 6시에 약속을 했다면 무난하게 약속을 준수할 수 있었을 것이다. 프로젝트에서의 약속은 후행작업의 자원들이 대기를 하고 있는 것이다. 따라서 나의 작업 지연으로 인해 전체 일정이 늦어지는 일은 발생하지 않아야 한다. 이런 부분은 리더들과 개발자들이 산정과 약속의 차이를 이해하면서 작업을 수행하여야 한다.

10 기획 포커(Planning Poker)를 이용한 산정

애자일 산정 상대적 산정 방법 중 기획 포커는 대표적으로 사용되는 기법이다. 일종의 게임처럼 운영되며 참가자의 의사를 존중하고, 토론하고, 합의과정을 거치므로 집단사고(Group Thinking)의 위험을 방지할 수 있다. HIPPO(Highest-Paid Person's Opinion)으로 부터 자유로운 방식이기에 애자일에서 스토리 포인트 산정 시 많이 사용한다.

그림 9.10.1 **기획 포커**(Planning Poker)

기획 포커(Planning Poker)는 주로 스토리 포인트 크기를 산정 시 이용이 되는데 프로젝트 복잡성과 리스크를 감안하여 참가자간 때로는 건전한 논쟁과 토론을 통해 합의를 이끌어내는 협업 게임이다.

속도(Velocity)는 한 팀이 2주간의 스프린트에서 완료할 수 있는 스토리 포인트(Story Point)의 수이다. 다음 반복 시 속도를 예측하려면 과거 성과 속도데이터가 필요하다. 왜냐하면 속도는 팀의 역량이기 때문이다. 만일 스프린트 반복 별 속도가 아래와 같이 나왔을 때 스프린트 6번 때 속도(Velocity)는 얼마나 될까? 과거 성과가 3, 4, 5 반복 시 45수준이 되었기 때문에 스프린트 6번째 예측을 45 스토리 포인트로 설정하는 것이 무난할 것이다.

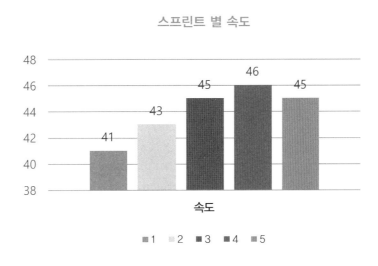

그림 9.11.1 **속도**(Velocity) **이해**

Velocity is Rolling Average

속도는 초기부터 갑자기 올라가지 않는다. 작업을 좀 하다 보면 서서히 올라가서 안정화가 된다. 그림 9.11.2의 속도 차트는 목표 대비 실적을 나타낸 것인데 스프린트 첫번째는 부진했으나 시간이 지나면서 점점 상승되다가 안전화 된다. 목표를 초과하거나 준수하는 수준까지 안정화가 되었다.

만일 경영층이 속도를 높이라고 팀이 압박을 하면 어떻게 될까? 그렇다면 팀원들은 두 가지 중 한가지를 선택하게 될 것이다. 한 가지 방법은, 역량이 부족하기에 원하는 목표를 맞추지 못하고 실패하는 결과를 경험하게 될 것이다. 팀원들은 무리한 요구에 대해 갈등을 만들 것이다.

다른 방법은, 아래 그림처럼 스토리당 산정 시 현재보다 높게 산정하여 부풀리는 방식을 택하게 될 것이다. 그러면 무난하게 목표를 맞추는 것처럼 보일 것이다. 좋지 않은 방법은 아니지만 부당하게 지시하면 이런 방식을 택할 수도 있을 것이다.

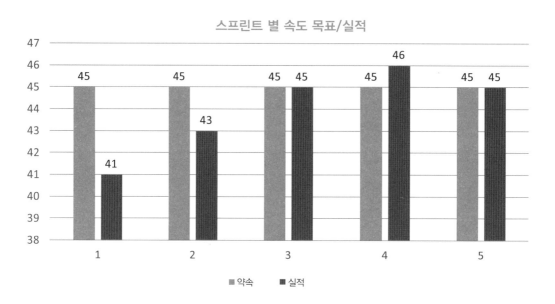

그림 9.11.2 **스프린트 별 목표 대비 실적 속도**(Velocity)

Story	현재	목표
Story 1	2	3
Story 2	3	5
Story 3	5	8
Story 4	2	3
Story 5	8	13
Story 6	13	21

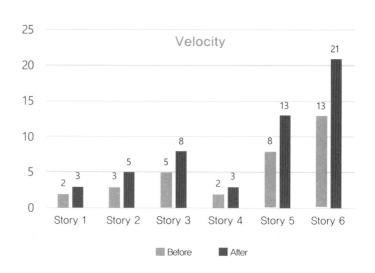

그림 9.11.3 **속도**(Velocity)**의 수정 시 대응**

12 스프린트 기획(Sprint Planning)

스프린트 기획(Sprint Planning)은 큰 것을 작은 것으로 나누는 과정에서 주로 Product Backlog를 Sprint Backlog로 분할 시 발생한다.

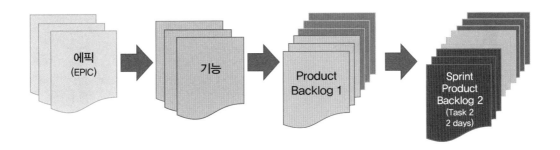

그림 9.12.1 **스프린트 기획**(Sprint Planning)**개요**

스프린트 백로그가 생성되면 스토리 포인트 산정을 하여야 한다. 스프린트 기획의 총 스토리 양 구하는 방법에는 두 가지가 있다. 직감으로 구하는 방법과 과거 속도를 참조하여 예측하는 방식이다. 두 가지 방식에서 이상적인 방식으로 과거속도를 참조하여 예측하는 것을 추천한다.

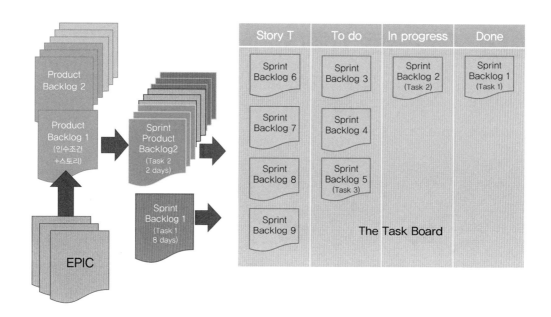

그림 9.12.2 **스프린트 기획**(Sprint Planning)**후 작업관리**

스프린트 백로그는 팀원들에 할당되어 작업의 진척관리의 대상이 된다. 칸반 보드를 이용한 Pull Based 방식으로 진척관리가 이루어진다.

- 릴리스 계획은 에픽의 큰 덩어리를 분할하여 이해관계자 참여를 바탕으로 수행할 계획을 만드는 것으로, 릴리스 계획은 일년에 2~3회 정도로 만드는 것을 기본으로 한다. 1개의 릴리스 계획에는 수많은 반복 계획을 포함한다.

- 애자일 산정 정확도는 프로젝트의 복잡도를 고려하여야 한다. 첨단 기술 프로젝트 경우에는 초기 불확실성이 많아 정확도가 많이 떨어지지만 기 경험 한 프로젝트는 정확도가 높은 편이다. 즉, 불확실성의 수준에 따라 산정의 변동성이 좌우된다.

- 사용자 스토리는 맥락 측면에서 제품을 기반으로 사용자가 경험해야 할 묶음이다. 특징으로는 사용자가 제품과 상호 작용할 때 기대할 수 있는 경험에 대한 통찰력이다. 기준으로는 누군가의 예상 결과에 따라 역할을 만든다. 사용자 스토리 생성은 사용자 역할 생성부터 시작된다. 작성 방법은 Independent, Negotiable, Valuable, Estimate, Small, Testable의 기준을 지켜야 좋은 사용자 스토리 작성이다.

- 상대적 산정은 시간 단위 보다는 포인트라는 것을 기준으로 해서 상대적으로 산정을 하는 방식이다. 하나의 Reference작업을 기준으로 상대적으로 비교하면서 크기를 정하는 방식이다. 쉽게 적용하는 방법의 예로 만일 하루를 1 스토리 포인트로 한다면 일주일 5일 작업이면 5 스토리 포인트로 이야기할 수 있을 것이다. 상대적 산정의 장점은 정확성에 대한 잘못된 안심에서 벗어나게 하고 간단한 방법이어서 최상이다. 상대적 산정을 통해 산정과 약속과의 혼동으로부터 팀을 지켜준다.

- 기획 포커 사용방법은 피보나치 수열을 이용하여 1, 2, 3, 5, 8, 13, 21등의 숫자를 이용하여 Task에 대한 스토리 포인트를 산정 시 팀원들이 같이 참여하여 합의를 하는 기법이다. 만일 어떤 작업에 대해 1, 2, 3, 5, 8의 숫자가 나왔을 때 1, 8의 숫자를 극단적으로 표현한 팀원의 배경 이야기를 들어보고 다시 논의 후 재투표를 반복하여 결국 하나의 숫자로 합의를 해야 하는 협업게임이다. 기업 실무측면에서는 종이 카드보다는 핸드폰 Scrum Poker 어플이 있어 휴대폰 화면으로 투표를 하는 방식을 취하기도 한다.

- 속도(Velocity)는 한 팀이 2주간의 스프린트에서 완료할 수 있는 스토리 포인트(Story Point)의 수로 팀의 역량을 나타낸다. 과거 실적을 바탕으로 다음 반복의 스토리 포인트의 수를 예측할 수 있다.

- 스프린트 기획(Planning Your Sprints)은 에픽에서 시작한 큰 기능을 제품 백로그로 분할하고 그 제품 백로그를 Task기반으로 분할하여 스프린트 백로그를 만드는 회의이다. 개발 팀원이 주관하여 작업으로 분할하고 작업량 산정(스토리 포인트)을 하고 작업을 할당 받는다.

Q & A

Q: 애자일 프로젝트에서 종료의 의미는 무엇인가? 즉 프로젝트가 완료되었다는 것은 무엇을 말하는가?

A: 애자일 프로젝트에서 종료 란 제품 백로그가 다 소진된 경우이다. 다시 말해 고객에게 가치를 다 제공 완료하였다는 이야기이다. 또한 내부적으로 최종 회고 회의를 개최하고 배운 교훈을 기록하는 것이다. 초기 약속에 따른 프로젝트 결과의 종료 결정을 완료하면 애자일 프로젝트가 종료된다.

Q: 애자일 방식에서 ROVe(Rough Order of Value of EPICs) Release의미는 무엇인가?

A: 에픽의 큰 크기를 분할하여 릴리스 계획을 만들어 진행하는 것이다. 속도를 감안하여 에픽의 수를 스토리 포인트로 계산을 하고 이것을 릴리스 계획에 반영하는 것이다. 릴리스 계획은 스프린트 반복계획으로 나누어 반복마다 몇 개의 스토리 포인트 작업을 수행할 것인지 계획하는 것이다.

Q: 사용자 스토리 작성에 있어 맥락(Context)이란 무슨 의미인가?

A: 빙산을 생각할 때 수면 위의 빙산은 의식/텍스트, 수면 밑의 빙산은 무의식/컨텍스트이다. 사용자 스토리의 맥락은 고객이 원하는 진짜 본질을 이해하는 것이다. 스토리의 배경을 이해하고 기능을 개발하여야 고객의 만족을 가져가줄 수 있다.

Q: 사용자 스토리 작성 방법 INVEST는 무엇을 말하는가?

A: 빙산을 생각할 때 수면 위의 빙산은 의식/텍스트, 수면 밑의 빙산은 무의식
- Independent: 독립적으로 평가되며 기능적으로 독립적이지 않다.
- Negotiable: 개발 팀이 제품 책임자와 협상한다.

- Valuable: 제품 책임자에 의해 백로그의 우선순위를 지정한다.
- Estimate: 작은 사용자이야기를 위한 산정 가능하여야 한다.
- Small: 2주 단위 스프린트 크기여야 한다.
- Testable: 시험 시 인수기준을 사용한다.

Q: 산정과 약속의 차이점은 무엇인가?

A: 산정은 스토리 포인트의 크기를 상대적으로 산정하는 것이고 약속은 산정을 기반으로 작업의 완료를 하여 다음 단계로 넘기는 것이다. 따라서, 약속은 산정을 감안하여 버퍼를 가져야 약속을 안전하게 지킬 수 있다. 모든 일에는 불확실성이 있어 모든 것을 낙관적으로 생각하면 안 된다. 예를 들어, 친구와 약속을 할 때 가는 시간에 일정 시간 여유를 감안하여 약속을 한다. 산정은 순수하게 소요되는 시간이라면, 약속은 가는 도중 잠시 화장실을 갈수도 있고 버스를 아깝게 놓쳐 일정 시간을 더 기다려야 할 때도 있다. 이런 부분도 감안을 하여야 한다. 약속은 책임이 뒤따르기 때문에 반드시 지켜야 한다.

Q: 속도(Velocity)는 왜 중요한가?

A: 1914년 헨리포드는 대량산정 테일러 시스템으로 자동차를 생산하였다. 작업자의 생산성을 면밀히 분석한 결과 작업자들이 8시간 작업시간이 지나면 현저하게 생산성이 저하되는 것을 통계적으로 추출하였다. 그래서 근무시간 하루 8시간, 일주일 40시간제가 보편화되었다. 애자일에서도 속도는 개발자들의 역량이다. 하루 종일 집중하기는 어렵다. 따라서, 표준 근로시간을 기준으로 개발자들의 스토리 처리 역량을 분석하여 스프린트내 처리할 있는 팀의 총 스토리 포인트, 속도를 결정하여 한다. Velocity는 팀마다 역량 차이에 따라 다를 수 있다.

애자일 기본정석

10
Chapter

팀 성과
(Team Performance)

학습목적

- 애자일 팀 역할(Agile Team Roles)별 내용을 이해한다.

- 애자일 팀 구성(Building Agile Teams)의 최적화를 이해한다.

- 고성과 팀의 특징(Characteristics of High-Performing Teams)을 이해한다.

- 팀 개발 모델(Models of Team Development)의 내용을 이해한다.

- 적응형 리더십(Adaptive Leadership)의 내용을 이해한다.

- 팀 동기(Team Motivation)의 내용을 이해한다.

- 협업적 팀 공간의 생성(Creating Collaborative Team Spaces)내용을 이해한다.

- 팀 성과 추적(Tracking Team Performance)을 이해한다.

1 개요(Overview)

왜 프로세스보다 사람인가? 반복, 백로그 및 리뷰와 같은 작업에 중점을 두고 프로세스에 많은 비중을 가지나, 자원 및 프로세스를 개선하는 데 초점을 맞추어야 한다. 팀 성과 창출을 위해서는 애자일 팀의 역할을 잘 정의하고 팀 구성을 최적화하여 고성과 팀을 만들어야 한다. 팀 성과 창출을 위해서 팀 개발을 하고 적응형 리더십을 발휘하여야 한다. 리더십을 통해 팀을 동기부여하고 협업적 공간 조성을 통해 팀 성과를 높여야 한다. 팀은 지속적인 팀 성과 추적을 통해 프로젝트 성과를 가시화하고 투명하게 관리하여야 한다.

2 애자일 팀 역할(Agile Team Roles)

- Development Team / Delivery Team
- Product Owner / Customer / Proxy Customer / Value Management Team / Business Representative
- Scrum Master / Coach / Team Leader
- Project Sponsor

A. Development Team / Delivery Team
- 애자일 방식 및 프로세스를 사용하여 제품 증대를 구축한다.
- 정보 상황판(Information Radiator)을 정기적으로 갱신하여 이해관계자와 진행 상황을 공유한다.
- 반복 내에서 작업 프로세스를 자체 조직화하고 자체 지시한다.
- 일일 스탠드업 회의에서 서로 진행 상황을 공유한다.
- 제품 증분에 대한 인수시험을 작성한다.
- 승인 테스트를 통과할 때까지 제품 증분을 시험하고 수정한다.
- 반복 검토 회의에서 고객에게 완료된 제품 증분을 시연한다.
- 프로세스를 반영하고 지속적으로 개선하기 위해 반복적 회고를 수행한다.
- 스토리 및 작업 추정을 포함하여 릴리스 및 반복 계획을 수행한다.

B. Product Owner / Customer / Proxy Customer / Value Management Team / Business Representative

- 제품 기능을 선택하고 우선순위를 지정하여 제품의 가치를 극대화한다.
- 제품 백로그를 관리하여 정확한지, 최신 상태인지, 비즈니스 가치에 따라 우선순위가 결정되었는지 확인한다.
- 팀이 인도해야 할 백로그와 가치의 공유된 이해를 가지고 있는지 확인한다.
- 인도 팀이 인수 시험을 준비하는 데 사용할 인수기준을 제공한다.
- 각 완료된 제품 증분이 의도한 대로 작동하는지 여부를 결정하고, 이를 반복 검토 회의 시 수락하거나 변경을 요청한다.
- 제품 기능 및 우선순위를 언제든지 변경할 수 있다.
- 프로젝트 및 릴리스의 만료일을 촉진한다.
- 계획 회의, 검토 및 회고록에 참석한다.

C. Scrum Master / Coach / Team Leader

- 인도 팀의 서번트 리더 역할을 하며, 팀이 개선하도록 돕고 진행에 방해가 되는 장벽을 제거한다.
- 인도 팀을 통제하고 조직화를 하는 대신, 스스로 조직화하고 지배하도록 지원한다.
- 인도 팀이 내부 및 다른 이해관계자와의 의사소통을 위해 조정자 역할을 수행한다.
- 인도 팀의 계획이 가시화되고 진행 상황이 이해당사자에게 전달되도록 한다.
- 인도 팀의 코치와 멘토 역할을 수행한다.
- 팀에게 애자일 프로세스를 안내하고 애자일 관행이 잘 사용되고 있는지 확인한다.
- 제품 책임자가 제품 백로그를 관리할 수 있도록 지원한다.
- 제품 책임자가 프로젝트 비전, 목표 및 백로그 항목을 인도 팀에 전달할 수 있도록 지원하고 회의(계획, 검토, 회고)를 촉진한다.
- 일일 스탠드업 미팅에서 제기된 문제에 대해 후속 조치를 취하여 장애물을 제거해서 팀이 궤도에 오를 수 있도록 한다.

D. Project Sponsor

- 조직 내 프로젝트의 주요 지지자 역할을 수행한다.
- 프로젝트의 조직 전체 목표에 대한 제품 책임자 역할의 방향을 제시한다.
- 프로젝트가 예정된 시간에 예산에 맞춰 제공될지 여부에 대한 큰 그림에 초점을 맞춘다.

- 제품이 완료되면 검토를 위해 리뷰회의에 초대될 수도 있고, 이에 참석하지 않을 수 있다.

E. 역할 정리

Task	Responsibility
프로젝트 및 릴리스의 만료일을 제공한다.	Product Owner/Customer/Proxy Customer/Value Management Team/Business Representative
회의(계획, 검토, 회고)를 용이하게 한다.	Scrum Master/Coach/Team Leader
제품 백로그를 관리하여 정확한지, 최신 상태인지, 비즈니스 가치에 따라 우선순위가 결정되었는지 확인한다.	Product Owner/Customer/Proxy Customer/Value Management Team/Business Representative
인도 팀이 통제하고 조직하는 대신, 통제하고 스스로 조직할 수 있도록 지원한다.	Scrum Master/Coach/Team Leader
제품 증분에 대한 인수 시험을 작성한다.	Development Team/Delivery Team
반복 검토 회의에서 고객에게 완료된 제품 증분을 시연한다.	Development Team/Delivery Team
프로젝트가 예산과 일정에 맞춰 예상 가치를 제공할지 여부에 대한 큰 그림을 중점적으로 다룬다.	Project Sponsor
완료된 각 제품 증분이 의도한 대로 작동하는지 여부를 결정하고, 이를 수락하거나 변경을 요청한다.(반복 검토 회의)	Product Owner/Customer/Proxy Customer/Value Management Team/Business Representative
인도 팀의 서번트 리더 역할을 하며 인도팀이 개선하도록 돕고 진행에 방해가 되는 장벽을 제거한다.	Scrum Master/Coach/Team Leader

3 애자일 팀 구성(Building Agile Teams)

팀의 지혜(The Wisdom of Teams), Jon Katzenback 과 Douglas Smith는 이렇게 정의한다.

- 상호적으로 책임을 지는 공통의 목적, 성과 목표 및 접근 방식에 전념하는 소수의 보완적 기술을 가진 사람들로 구성된 팀이며 애자일은 개발 팀을 소규모로(일반적으로 12명이하) 유지하는 것이 더 나은 관계와 의사소통을 위해 권장한다.
- 애자일 팀원은 '보완적 기술'을 갖추어야 하고 교차 기능 기술을 가진 전문가를 일반화하는 것을 선호한다.
- 애자일 팀은 '공통적인 목적에 전념'하는 것으로 정의하는데, 팀원은 자신의 어젠다를 넘어 프로젝트 목표에 따라 조정이 된다. 서로 책임을 지도록 하고 팀이 프로젝트 결과에 대한 소유권을 공유했음을 의미한다.

A. 전문가를 일반화할 경우의 편익(Benefits of Generalizing Specialists)

애자일 팀원들은 한가지 기술을 보유하면 T형 전문성을 이용하여 업무의 병목 현상을 제거하여 협업을 강화할 수 있어 작업의 효율성이 높아진다.

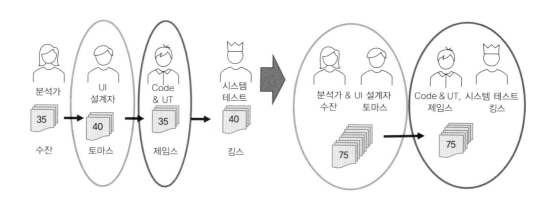

그림 10.3.1 **전문가를 일반화할 경우의 편익**

상기 그림에서 토마스가 작업 병목 현상으로 제임스는 기다리고 있어 시간을 낭비하고 있다. 만일 분석가 수잔이 토마스 업무를 같이 하고 제임스와 킹스가 같이 작업을 할 수 있다면 업무의 흐름이 개선될 수 있다.

B. 고성과 팀의 특징(Characteristics of High-Performing Teams)

일반적으로 고성과 팀은 새로운 리더십을 강화하고 장려한다. 권한을 가지고 있는 팀은 다른 사람들이 다른 이니셔티브를 주도하기 위해 나서는 새로운 리더십 모델을 만드는 것을 목표로 한다. 새로운 리더십은 모든 사람들이 앞쪽에서 방향을 바꾸는 것을 의미한다.

고성과 팀 by Carl Larson and Frank LaFasto, authors of the book Teamwork은 다음과 같이 5가지 평가 항목을 제시한다.

　① 팀을 위한 공유 비전을 만든다. - 더욱 신속하게 신뢰를 구축한다.

　② 현실적인 목표를 설정한다. - 달성할 수 있는 목표를 설정한다.

　③ 팀 크기를 12명 이하로 제한한다. - 얼굴을 맞대고 의사소통하고 암묵적인 지식을 지원할 수 있다.

　④ 팀 아이덴티티를 구축한다. - 팀에 대한 팀원의 충성도를 높이고 다른 팀원을 지원한다.

　⑤ 강력한 리더십을 제공한다. - 팀이 미션을 맡도록 한다.

고성과 팀 by Carl Larson and Frank LaFasto, Authors of the Book Teamwork

평가 구분	1	2	3	4	5
팀을 위한 공유 비전을 만든다.					
현실적인 목표를 설정한다.					
팀 크기를 12명 이하로 제한한다.					
팀 아이덴티티를 구축한다.					
강력한 리더십을 제공한다.					
합 계					

다른 평가 방법으로 고성과 팀의 체크 리스트-Lyssa Adkins는 다음과 같다.

평가 구분	1	2	3	4	5
역할 또는 타이틀 보다는 자체조직을 구성한다.					
의사 결정 권한이 주어진다.					
팀으로서 그들은 어떤 문제도 해결할 수 있다고 믿는다.					
어떤 대가를 치르더라도 성공보다는 팀 성공에 전념한다.					
의사 결정과 약속을 소유한다.					
두려움이나 분노 대신 믿음에 의해 동기 부여가 된다.					
완전한 차이에서 합의가 이루어지고 융합이 가능하다.					
건설적인 의견 불일치가 계속된다.					
합 계					

C. 애자일 자체 팀 구성 및 자체 지시 팀

권한 있는 팀 자체 구성 및 권한 부여를 수행에 애자일 팀이 역량을 발휘할 수 있는 방법에는 두 가지가 있다.

자체 팀을 구성(Self-Organizing Tams)

- 팀에게 성공에 대한 책임을 위임한다.
- 팀원들이 목표를 달성하는 데 필요한 일을 할 수 있도록 지원한다.
- 스스로 팀이 내부 결정을 수행한다.

자체 지시 팀(Self-Directing Teams)

- 팀 표준을 만들고 자체 의사 결정을 내릴 수 있도록 공동으로 작업한다.
- 진행 중에 발생하는 많은 일상적인 이슈를 해결한다.
- 반복 범위 내에서 자유로운 유연성을 가진다.

D. 고성과 팀의 문화

실험을 위한 안전한 장소를 생성한다.

- 실패한 실험에 대해 사람들을 비난하지 않는다.
- 애자일 팀원은 실수를 해도 좋다고 느낄 때, 문제를 더 효과적으로 해결을 한다.
- 문제 해결, 협업 및 아이디어와 입력 정보 공유에 대한 보상을 제공하는 '참여 문화'를 조성한다.

건설적인 의견 불일치를 장려한다(Encourage Constructive Disagreement)

- 건설적인 갈등은 일단 결정이 내려지면 더 나은 결정과 더 강한 수용이 이어진다. 다양성(논쟁과 토론)과 융합(최상의 해결책에 대한 합의)은 팀의 헌신을 높인다.

5가지 기능장애
(The Five Dysfunctions of a Team by Patrick Lencioni)

- 신뢰의 부재
- 갈등의 공포
- 책임감이 부족
- 책임의 회피
- 결과에 부주의

E. 팀 개발 모델(Models of Team Development)-팀 개발의 3가지 모델

- Cockburn's Shu-Ha-Ri Model
- Dreyfus's Model of Skill Acquisition
- Tuckman's Model of Team Formation

Cockburn's Shu-Ha-Ri Model of Skill Mastery

- Shu: 규칙을 준수하라. Shu는 '지켜라, 보호하라, 유지하라'를 의미한다.
- Ha: 의식적으로 규칙을 벗어나라. Ha는 분리 또는 이탈을 의미한다.
- Ri: 무의식적으로 개별 경로를 찾아라. Ri는 넘어서거나, 뛰어넘는 것을 의미한다.

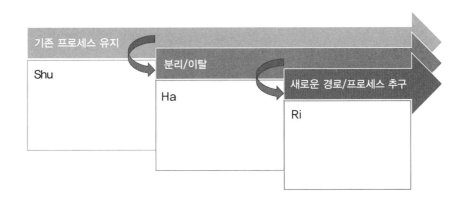

그림 10.3.2 Shu-Ha-Ri Model

Dreyfus's Model of Skill Acquisition

- Novice
- Advanced Beginner
- Competent
- Proficient
- Expert

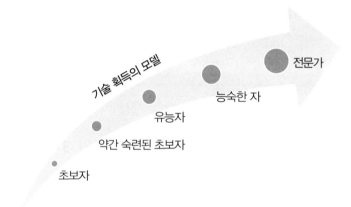

그림 10.3.3 **Dreyfus's Model of Skill Acquisition**

Dreyfus's Model of skill acquisition은 기술 획득의 모델로 초보자-약간 숙련된 초보자-유능자-능숙한자-전문가 수준으로 구분된다. 팀 개발의 모델로 팀원들은 본인의 수준에 딸 역량 개발을 진행할 수 있다.

Tuckman's Model of Team Formation

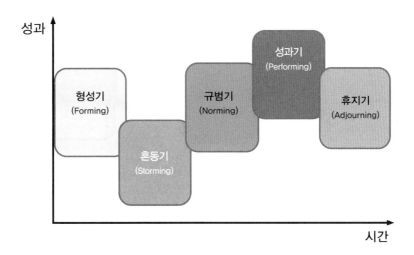

그림 10.3.4 **Tuckman's Model of Team Formation**

Tuckman's Model

팀 발전 5단계는 팀이 초기에 형성이 되고 어느 정도 혼돈을 겪으면서 규범을 찾아가고 시간이 지나면 성과를 창출하고 마지막으로 팀이 해체되는 순서를 가진다는 이론으로 Tuckman이 발표한 것이다. 팀은 초기에 형성이 되면 서로 눈치를 보며 방향성을 잡기가 어렵다. 어느 정도 시간이 지나면 상호간 알기 시작하며 자신의 의견을 주장하고 부딪치며 갈등을 겪게 된다. 혼동기에는 갈등 관리가 중요하게 된다. 팀은 갈등을 겪다 보면 서로를 이해하게 되고 팀이 정한 규범을 지키려고 노력을 하게 된다. 규범을 지키면서 팀은 성과를 서서히 창출하게 되고 스스로 일을 결정하고 자율적으로 의사 결정을 하면서 높은 성과를 창출하는 성과기를 맞이하게 된다. 시간이 지나면 프로젝트는 한시성이 있기 때문에 일부 팀원이 떠나면서 서서히 팀이 해체가 되는 수순을 가진다. Tuckman의 팀 발전 단계는 팀이 형성되고 해체가 되는 과정을 표현하여 우리가 프로젝트를 진행할 때 팀이 형성되어 갈등을 겪고 시간이 지나면 성과를 내는 것에 대해 이해하는 부분을 제공한다.

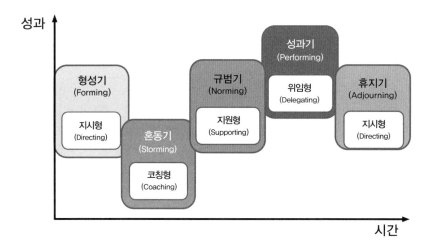

Ken Blanchard and Paul Hersey: 리더십 매핑 with Tuckman's Model

그림 10.3.5 **Ken Blanchard and Paul Hersey: 리더십 매핑 with Tuckman's Model**

팀의 발전 단계를 이해하고 혼돈기의 기간을 줄이려는 노력과 더불어 팀의 발전 단계에 맞는 리더십이 필요하게 된다. Ken Blanchard and Paul Hersey는 추후에 Tuckman의 팀 발전 5단계와 리더십을 매칭하여 이론을 발표하였다. 형성기에는 팀원들이 우왕좌왕하므로 리더가 작업의 방향을 잘 지시하는 지시형 리더십이 필요하다. 혼동기에는 팀원들이 갈등을 겪고 있으므로 서로의 의견을 잘 청취하고 조정하는 코칭형 리더십이 필요하다. 규범기에는 팀원들이 나름대로 규율을 잘 지키고 작업을 잘 진행하고 있으므로 필요한 게 무엇인지 지원을 해주는 지원형 리더십이 필요하다. 성과기에는 팀원들이 자율적으로 높은 성과를 창출하고 있으므로 간섭을 배제하고 스스로 작업을 진행할 수 있도록 어느 정도 위임을 해주는 자율 방임형 리더십이 필요하다. 팀이 해체되는 휴지기에는 일부 팀원이 떠나고 분위기가 어수선하므로 이런 부분을 잘 잡아줄 수 있는 지시형 리더십이 필요하다.

F. 팀 동기(Team Motivation)

- Alistair Cockburn은 팀의 동기를 뗏목에 타고 있는 팀원들의 전체적인 추진 벡터에 비교한다.
- 팀원의 개별 동기는 개인적인 것이며, 프로젝트 목표에 대한 정렬이 없는 경우, 전체 팀 벡터(방향 및 속도)는 작고, 프로젝트 목표에 대한 방향도 밝지 않다.

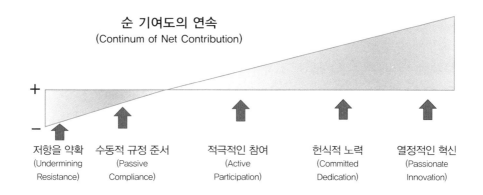

순 기여도의 연속
(Continuum of Net Contribution)

저항을 약화
(Undermining Resistance)

수동적 규정 준서
(Passive Compliance)

적극적인 참여
(Active Participation)

헌식적 노력
(Committed Dedication)

열정적인 혁신
(Passionate Innovation)

그림 10.3.6 **순 기여도의 연속:** Continuum of Net Contribution

팀원의 개별 동기가 프로젝트 목표와 연계가 안된 경우 아래 왼편 그림처럼 방향성이 흩어진다.

팀 동기의 방향성이 흩어지면 프로젝트 목표를 달성하기기 어렵다. 그러나 아래 오른편 그림처럼 팀 동기 방향성이 프로젝트 목표와 방향성이 같으면 성공적으로 프로젝트 목표를 달성할 수 있다.

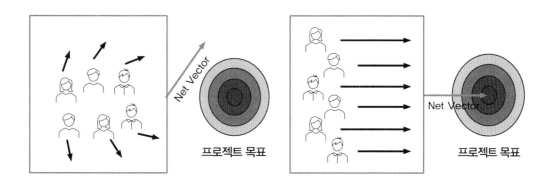

프로젝트 목표

프로젝트 목표

그림 10.3.7 **팀 동기 방향성**

팀 동기(Team Motivation)를 하기 위해서는 교육, 코칭, 멘토링이 필요하다.

- **교육**(Training): 연습과 교육을 통해 기술 또는 지식을 가르친다.

- **코칭**(Coaching): 코칭을 받는 사람이 자신의 성과를 개발하고 개선할 수 있도록 도와주는 간편한 프로세스이다.
- **멘토링**(Mentoring): 특정 활동보다 전문적인 관계로 필요에 따라 이슈를 해결할 수 있는 장이 될 수 있다.

코칭은?

- 코칭을 받는 사람이 발전할 수 있도록 도와주고 성과를 개선한다.
- 코칭의 목적은 팀과 개별 팀원에 대해 프로젝트 성과를 현상 유지하고 이슈를 극복하고 스킬을 향상시키는 것이다.

코칭은 팀과 개별 팀원의 두 가지 수준에서 이루어진다. 팀에 대한 코칭 수준은 초기와 말기에 집중하고, 개인에 대한 코칭은 프로젝트 중반에 집중한다. 코칭은 팀에게는 계획 기준선을 유지하도록 도와주고 개인에게는 PM이 되도록 개발하고 문제 해결을 도와준다.

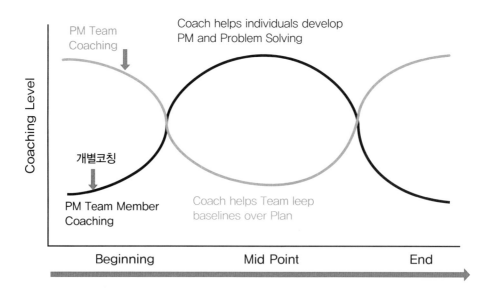

그림 10.3.8 **팀과 개인에 대한 코칭**

- 신뢰의 부재가 있는 경우
- 갈등의 공포가 존재하는 경우
- 책임감이 부족한 경우
- 책임의 회피하는 경우
- 결과에 부주의하는 경우

4 협업적 팀 공간의 생성
(Creating Collaborative Team Spaces)

물리적인 장소는 팀 성과에 영향을 미친다.
- 공동 위치 팀(Co-Located Teams)이 이상적이다.
- 팀 공간(Team Space)의 배치가 의사소통에 이상적이어야 한다.
- 오스모틱 의사소통(Osmotic Communication)이 가능하면 좋다.

A. 공동 위치 팀(Co-Located Teams)
- 애자일은 의사소통의 선호 방법으로 대면적 상호 작용을 추천한다.
- 공동 위치는 많은 이점이 있지만, 그렇게 하는 것은 쉽지 않다.
- 아직 익숙하지 않은 애자일 팀은 두 가지 요소가 있다.

B. 동굴(Caves)과 공동(Common)
- 동굴(Caves): 일을 집중하거나 개별 대화로 하나씩 격리된 공간이다.
- 공동(Common): 팀원들이 함께 일하는 곳이다.

C. 암묵적 지식(Tacit Knowledge)

암묵적 지식의 장점은 팀원 모두가 광범위한 공유 정보를 가지고 있기 때문에 작업의 리드타임을 절약하는 것이다.

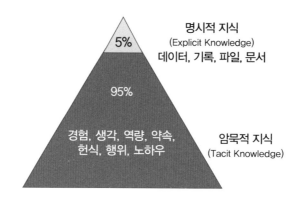

그림 10.4.1 **명시적 지식과 암묵적 지식**

D. 오스모틱 의사소통(Osmotic Communication)

- 서로 가까이서 일하는 팀원들이 서로의 대화를 엿들으면서 서로 간에 흐르는 유용한 정보를 참조한다. 즉 주위에서 우연히 들어 조언하는 것이다.
- 장벽이 없는 가까운 곳에 있는 경우 모든 혜택을 누릴 수 있다.

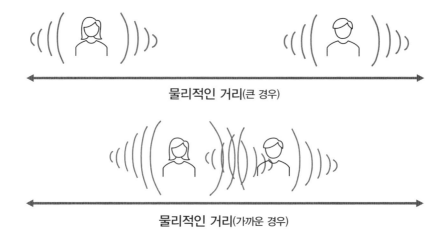

그림 10.4.2 **오스모틱 의사소통(Osmotic Communication)의 근접성 효과**

E. 글로벌, 문화, 팀 다양성(Global, Cultural, and Team Diversity)

글로벌적으로 분배 팀은 다음과 같은 분야에서 특별한 도전에 직면한다.

- 다른 타임 존: 의사소통을 위한 시간 조정이 필요하다.
- 다른 문화: 동양과 서양이 다르다.
- 다양한 의사소통 스타일: 의사소통규범이 필요하다.
- 다른 모국어: 미국 및 영국 등이 존재하다.

F. 분배(분산) 팀(Distributed Teams)

26 % in Co-Location by Report(2015 State of Scrum Report) 보고서

- 분배 팀을 관리해야 하는 경우, 애자일 방식을 사용하는 것이 가장 좋다. 왜냐하면 빈 번한 피드백은 팀을 추적하는 데 유지하는 문서를 작성하는 것보다 도움이 된다.
- 의사 소통의 갈등을 피하기 위해 분배(분산) 팀은 대면 킥오프 회의를 추천한다.
- 지리적으로 분산되어 있는 팀을 조기에 소통을 시켜 나중에 의사소통 증진을 가져온다.

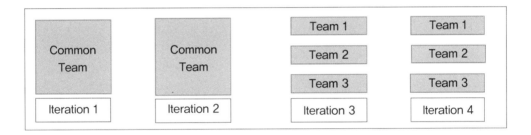

그림 10.4.3 **분배 팀**(Distributed Teams)**의 관리 방향**

분배(분산) 팀의 상황에서는 초기에 한두 번 반복에는 모든 팀원이 같이 작업을 하는 것을 추천한다. 다음에는 각자의 위치로 돌아가서 별도 작업하는 것을 추천한다. 그 이유는 초기에 같이 작업을 함으로써 서로를 잘 알고 이해하여 추후 흩어져 있더라도 작업을 서로 협력할 수 있기 때문이다.

분배 팀 관리의 유용한 팁

- 빈번한 의사소통을 적용한다.
- 촉진을 강화한다.
- 회의관리의 모범 사례를 따른다.

분배(분산) 팀을 위한 디지털 도구
(가상 공동 위치에서 작업하는 방법)

- 화상 회의 도구들(예: Web ex, ZOOM, Teamwork, Abode Connector, Skype 등)
- 인스턴트 메시지(예: WhatsApp, 카카오톡, Facebook 등)
- 설문 조사 애플리케이션(예: Google, Menti 등)
- 애자일 프로젝트 관리 소프트웨어(예: Jira, Trello, Notion 등)
- 디지털 카메라, 자동화된 테스트 도구, Wiki 사이트, 사례 도구 등

5 팀 성과 추적
(Tracking Team Performance)

애자일 팀이 어떻게 프로젝트 성과를 관리 및 감시할 수 있는가? 팀 성과 추적을 위한 주요 도구 및 기법은 다음과 같다.

- 번 차트(Burn Charts)
- 번다운 차트(Burn-Down Charts)
- 번업 차트(Burn-Up Charts)
- 속도(Velocity)

A. 번 차트(Burn Charts)

애자일 팀은 눈에 잘 띄는 정보 상황판(Radiator)에 표시되는 낮은 기술(Low-Tech)의 하이 터치 (High Touch) 도구에 의존하며, 번 차트는 일반적인 도구이다. 번 차트는 팀 진행 상황을 한 눈에 볼 수 있게 하고 프로젝트가 완료될 때 예측할 수 있기 때문에 중요하다. 두 가지 종류의 번 차트가 있다. 번다운은 프로젝트에 남은 예상 노력을 보여준다. 번업 차트는 이미 인도된 기능을 보여준다. 두 종류의 번 차트는 Microsoft Excel에서 쉽게 생성할 수 있다. 번다운 차트 Microsoft Excel의 예가 있다.

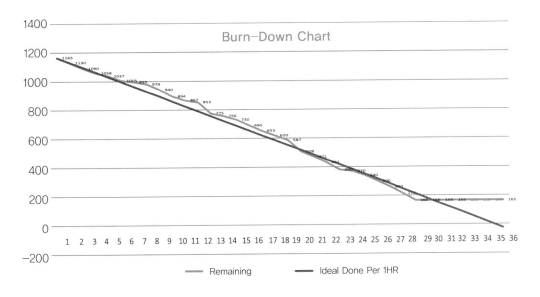

그림 10.5.1 **번 차트 "Microsoft Excel"의 예**

B. 번다운 차트(Burn-Down Charts)

번다운 차트는 프로젝트에서 수행해야 할 작업을 추적하고 작업이 완료되면 차트의 진행률 줄이 아래로 이동하여 수행해야 할 작업량이 줄어든다. 번다운 차트의 가장 일반적인 용도는 프로젝트 작업 완료에 대한 팀의 진행 상황을 충족시키는 것이다. 번다운 차트를 위한 두 가지 방법은 추정된 노력과 스토리 포인트이다.

번다운 차트의 단점

- 스콥 크립(Scope Creep)의 영향을 분리하기 어렵다.

번다운 차트(Burn-Down Chart) 만드는 방법은?

먼저 엑셀시트를 만든다. 목표누적과 완료 잔여를 입력한다.

표 10.5.1 **번 차트 Microsoft Excel의 입력의 예**

	Story Points Size
A	3
B	5
C	5
D	8
E	13
F	2
G	1
H	2

Velocity	일자	누적목표	완료 잔여	실제 완료
5	1	35	36	4
5	2	30	32	4
5	3	25	27	5
5	4	20	21	6
5	5	15	18	3
5	6	10	14	4
5	7	5		
5	8	0		

엑셀 차트 기능을 이용하여 영역을 설정하여 선 그래프를 만든다.

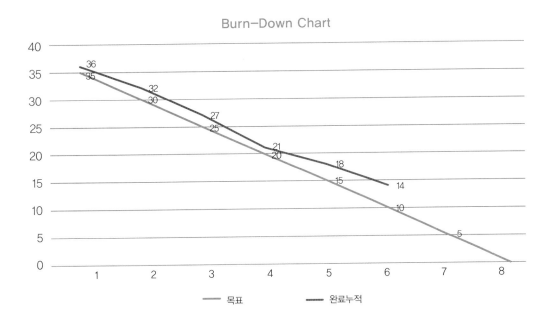

그림 10.5.2 **입력된 값의 번다운 차트**

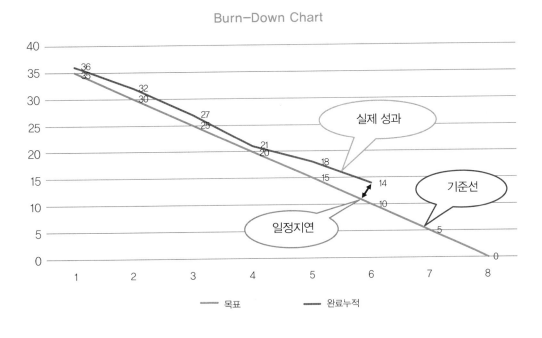

그림 10.5.3 **번다운 차트 해석**

번다운 차트에 있어서 기준선 대비 작업을 많이 하면 기준선 밑에 잔여량이 남게 된다. 따라서 기준선보다 밑에 있는 것이 좋다는 것을 의미한다. 만일 기준선보다 높게 그래프가 나타나면 작업이 지연되고 있다는 부분을 의미한다. 번(Burn) 단어 그대로 번은 작업을 태웠다는 의미이다. 즉 작업을 완료하였다는 것을 의미하기 때문에 작업을 많이 하면 기준선보다 적게 남는 것이고, 작업을 적게 하면 기준선보다 많은 작업 양이 남게 되는 것이다.

C. 번업 차트(Burn-Up Charts)

번업 차트에는 이미 제공된 성과가 표시된다. 장점은 범위의 변화를 보여줌으로써 이러한 변화의 영향을 가시적으로 보여주는 것이다. 범위가 프로젝트 진행 중 추가될 시 이를 반영하여 관리할 수 있다. 프로젝트를 수행 중에 고객의 요구사항이 추가될 수가 있는데 이런 번업 차트는 기준선 수정이 가능하므로 범위를 차트에 반영하여 관리할 수가 있다. 이 부분이 번업 차트가 가지고 있는 장점이다. 번업 차트를 생성하는 방법 역시 번다운 차트 생성과 유사하다. 번업 차트는 완료된 누적 데이터를 사용하는 것이 번다운 차트와 차이점이다.

표 10.5.2 **다운차트 데이터 생성**

Sprint	Velocity	일자	목표(스토리 포인트)	완료누적
Sprint 1	5	1	5	4
Sprint 2	5	2	10	8
Sprint 3	5	3	15	13
Sprint 4	5	4	20	19
Sprint 5	5	5	25	22
Sprint 6	5	6	30	26
Sprint 7	5	7	35	
Sprint 8	5	8	40	
Sprint 9	5	9	45	
Sprint 10	5	10	50	
	50			

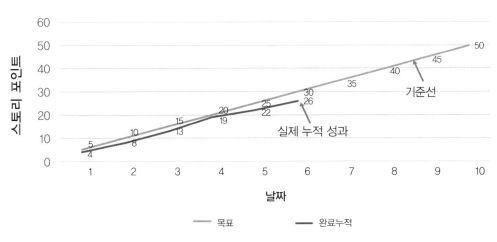

그림 10.5.4 **번업 차트 해석**

D. 속도(Velocity)

속도(Velocity)란?

한 팀이 단위 스프린트 기간 내에 완료를 시킨 스토리 포인트 총 합을 속도(Velocity)라고 한다. 이 때 완료의 정의는 고객과 사전에 정한 조건에 부합된 것이어야 하며, 모든 팀원이 함께 인지해야 한다. 속도(Velocity)는 '반복 작업당 팀의 작업 용량 측정'으로 정의되며 작업을 처리할 수 있는 팀 역량이다. 팀의 속도는 프로젝트 중단 및 기타 모든 작업을 포함하여 실제로 수행된 작업을 측정한다. 얼마만큼 스프린트에서 스토리 포인트를 완료하였는지가 속도이다. 팀 마다 팀 역량에 따라 작업량이 달라질 것이다. 고성과 팀은 속도가 높고, 저성과 팀은 속도가 낮을 것이다. 속도는 스프린트를 반복하면서 일정 수준에 도달되는데 이는 다음 스프린트의 작업량 예측에 도움을 준다. 예를 들어 다음과 같은 스토리 포인트 완료를 살펴본다.

표 10.5.3 **반복(Iteration)당 팀 속도(Velocity)**

Iterations	1	2	3	4	5	6	7	8
Points Per Iteration	40	45	48	52	48	51	55	55

상기 데이터를 히스토그램으로 변환하면 다음과 같다.

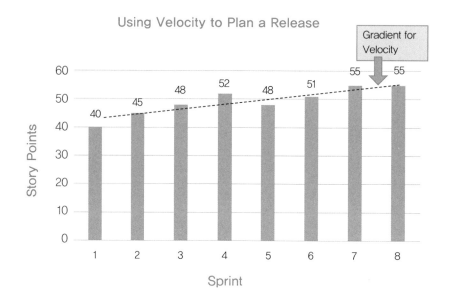

그림 10.5.5 **Velocity Histogram**

상기 속도 히스토그램을 보면 초기 반복 1~2는 속도가 40~45 수준으로 낮으나 반복이 증가되면서 반복 6, 7, 8을 보면 대략 속도가 50~55 사이에 위치한다. 그렇다면 반복 9가 계획이 된다면 속도를 50~55 사이 구간으로 예측이 가능하다.

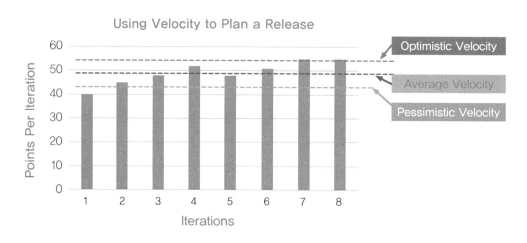

그림 10.5.6 **Velocity 낙관치, 비관치, 평균치 분석**

어떤 범위가 설정된다는 것은 계획에서 불확실성이 줄어든다는 점이다. 상기 그래프처럼 다음 반복계획을 공격적으로 예측하면 낙관치로 설정할 수 있다. 보수적인 팀은 비관치로 설정할 수도 있을 것이다. 대부분 팀은 아마도 평균치로 다음 반복의 속도를 결정할 것이다.

속도를 알면 어떤 것이 해결되는가?

여러 스프린트를 거치며, 팀의 속도가 지속적으로 비슷한 수치가 나올 경우 예측 가능성이 높아져 향후 매우 정확한 계획이 가능해질 수 있다.

팀의 속도를 이용하여 남아있는 사용자 스토리(범위), 리소스(인력), 출시일(납기) 등에 대한 적합성 여부를 예측 및 판단할 수 있어 리스크 관리에 좋다.

- 애자일 팀 역할(Agile Team Roles)별 Development Team / Delivery Team / Product Owner / Customer / Proxy Customer / Value Management Team / Business Representative / Scrum Master / Coach / Team Leader / Project sponsor가 존재한다. 스크럼에서는 Development Team / Product Owner / Scrum Master가 주로 사용이 되고, XP에서는 Delivery Team / Customer / Proxy Customer / Value Management Team / Business Representative / Coach / Team Leader가 사용된다.

- 애자일 팀 구성(Building Agile Teams)은 '보완적 기술'을 갖추어야 하고 교차 기능 기술을 가진 전문가를 일반화하는 것을 선호한다. 팀의 지혜(The Wisdom of Teams), Jon Katzenback 과 Douglas Smith는 상호적으로 책임을 지는 공통의 목적, 성과 목표 및 접근 방식에 전념하는 '소수의 보완적 기술을 가진 사람들'로 구성된 팀이며 애자일은 개발팀을 소규모로(일반적으로 12명 이하) 유지하는 것이 더 나은 관계와 의사소통을 위해 권장한다.

- 고성과 팀의 특징(Characteristics of High-Performing Teams)으로 고성과 팀(by Carl Larson and Frank LaFasto, Authors of the Book Teamwork)은 팀을 위한 공유 비전을 만들어 더욱 신속하게 신뢰를 구축한다. 그리고 현실적인 목표를 설정하여 달성할 수 있는 목표를 설정한다. 팀 사이즈는 팀 크기를 12명 이하로 제한하여 얼굴을 맞대고 의사소통하고 암묵적인 지식을 지원하게 한다. 팀 아이덴티티를 구축하여 팀에 대한 팀원의 충성도를 높이고 다른 팀원을 지원한다. 마지막으로 강력한 리더십을 제공하여 팀이 미션을 맡도록 한다.

- 팀 개발 모델(Models of Team Development)에는 Cockburn's Shu-Ha-Ri model, Dreyfus's Model of Skill Acquisition, Tuckman's Model of Team Formation 3가지가 대표적으로 존재한다. Cockburn's Shu-Ha-Ri Model of Skill Mastery 모델에는 Shu: 규칙을 준수하라. Shu는 '지켜라, 보호하라, 유지하라'를 의미한다. Ha: 의식적으로 규칙을 벗어나라. Ha는 분리 또는 이탈을 의미한다. Ri: 무의식적으로 개별 경로를 찾아라. Ri는 넘어서거나, 뛰어넘는 것을 의미한다. Dreyfus's Model of Skill Acquisition 모델에는 스킬을 Novice-Advanced beginner-Competent-Proficient-Expert단계로 구분한다. Tuckman's Model of Team Formation 5단계는 팀 형성부터 시작한다. 형성기-혼동기-규범기-성과기-휴지기가 존재한다.

- 적응형 리더십(Adaptive Leadership)에서 Ken Blanchard와 Paul Hersey는 Tuckman

의 팀 구성 모델과 연계하여 리더십 스타일을 파악했다. 형성기에는 지시적 리더십, 혼동기에는 코칭형 리더십, 규범기에는 지원형 리더십, 성과기에는 자유 방임형 리더십, 휴지기에는 지시적 리더십을 적용한다.

- 팀 동기(Team Motivation)에서 Alistair Cockburn은 팀의 동기를 뗏목에 타고 있는 팀원들의 전체적인 추진 벡터에 비교한다. 팀원의 개별 동기는 개인적인 것이며, 프로젝트 목표에 대한 정렬이 없는 경우, 전체 팀 벡터(방향 및 속도)는 작고, 프로젝트 목표에 대한 방향도 밝지 않다. 팀원의 개별 동기가 프로젝트 목표와 잘 연계가 된 경우 팀 성과가 발생된다. 교육, 코칭 및 멘토링을 통해 팀 동기를 향상시킬 수 있다.

  - 교육(Training): 연습과 교육을 통해 기술 또는 지식을 가르친다.

  - 코칭(Coaching): 코칭을 받는 사람이 자신의 성과를 개발하고 개선할 수 있도록 도와주는 간편한 프로세스

  - 멘토링(Mentoring): 특정 활동보다 전문적인 관계로 필요에 따라 이슈를 해결할 수 있는 장이 될 수 있다.

- 협업적 팀 공간의 생성(Creating Collaborative Team Spaces)에서 개발 팀의 위치와 작업 환경의 특성은 협업 및 의사소통 능력에 상당한 영향을 미친다. 애자일은 공동 위치 팀을 사용하고, 당면 과제에 직면한 협업 팀 공간을 생성하여 촉진한다.

- 팀 성과 추적(Tracking Team Performance)에서 애자일 팀이 어떻게 프로젝트 성과를 관리 및 감시할 수 있는가? 주요 도구 및 기법은 다음과 같다.

  - 번 차트(Burn Charts)
  - 번다운 차트(Burn-Down Charts)
  - 번업 차트(Burn-Up Charts)
  - 속도(Velocity)

Q & A

Q: Cockburn's Shu-Ha-Ri Model of Skill Mastery의 진정한 맥락인가?

A: Shu: 규칙을 준수하라. Shu는 '지켜라, 보호하라, 유지하라'는 의미이다.

Ha: 의식적으로 규칙을 벗어나라. Ha는 분리 또는 이탈을 의미이다.

Ri: 무의식적으로 개별 경로를 찾아라. Ri는 넘어서거나, 뛰어넘는 것을 의미이다.

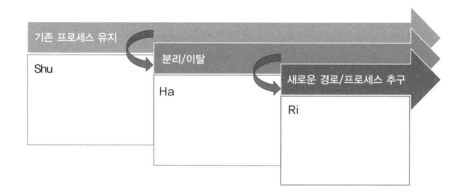

Shu-Ha-Ri 모델은 단순히 규칙 준수, 규칙 이탈, 새로운 경로를 의미하는 것 외에 혁신과 관련된 의미가 있다. 만일 모든 직원들이 기존에 프로세스만 준수한다면 개선은 일어나지 않을 것이다. 좀 시간이 지나서 현 프로세스에 대한 개선점을 찾고 좀 더 시간이 지나면 현 프로세스를 대신하는 새로운 프로세스를 만드는 것이 혁신의 시작점이다. 따라서, Shu-Ha-Ri 모델은 기업에서 새로운 혁신을 가져오는 모델로 볼 수 있다.

Q: 고성과 팀의 특징(Characteristics of High-Performing Teams)에서 리더는 팀원들을 어떤 방식으로 접근하여야 하나?

A: Story of the Cheese and the Owl에서 보듯이 미로의 탈출구에 치즈를 놓고 쥐가 냄새를 맡고 스스로 빠져나가게 하는 것이 좋은지 아니면 미로 위에 올빼미를

올려놓아 쥐가 황급히 탈출하는 방식이 좋은 것인지 어찌되든 결과적으로 쥐는 미로를 탈출할 것이다. 문제는 혁신적인 문제가 팀에게 주어졌을 때 강압에 의해 일을 한 팀보다 스스로 창의적으로 일을 한 팀이 훨씬 대응력이 좋다는 것이다. 스스로 업무를 결정하고 하는 일의 방식도 위임하는 것이 애자일 문화와 연계가 된다. 애자일 고성과 팀의 특징은 유연한 대응이면서 창의성이 있어야 한다.

Q: Alistair Cockburn의 Continuum of Net Contribution은 무엇을 의미하는가?

A: Alistair Cockburn은 팀의 동기를 뗏목에 타고 있는 팀원들의 전체적인 추진 벡터에 비교하는 것으로 팀원들의 열정적인 노력과 혁신이 있어야 기여도가 높아져서 프로젝트 목표를 달성할 수 있다.

팀원의 개별 동기는 개인적인 것이며, 프로젝트 목표에 대한 정렬이 없는 경우, 전체 팀 벡터(방향 및 속도)는 작고, 프로젝트 목표에 대한 방향도 밝지 않다.

팀원들의 동기와 프로젝트 목표가 연계가 잘되어야 성공의 가능성이 높아진다.

Q: 애자일 팀에 대한 코칭의 경우 팀과 개별 팀원의 두 가지 수준의 코칭을 어떻게 수행하여야 하는가?

A: 코칭은 팀과 개별 팀원의 두 가지 수준에서 이루어진다. 코칭 수준은 초기에 팀에 집중하고 개별 코칭은 중간 단계에서 수행하는 것이 바람직하다. 팀에 대한 코칭은 팀이 계획을 준수하도록 만들고, 개인에게는 프로젝트 관리와 문제 해결 능력을 도와준다.

Q: 동굴(Caves)과 공동(Common) 용어는 무엇을 의미하는가?

A: 동굴(Caves)은 팀원이 일을 집중하거나 개별 대화로 하나씩 격리가 된 공간을 의미한다. 집중 업무 공간으로 이해가 된다. 반면 공동(Common)은 팀원들이 함께 일하는 곳으로 주로 같이 위치하며 의사소통을 하는 공간과 이벤트(예 회고미팅, 일일미팅 등)를 의미한다.

Q: 가상팀에서 팀 성과 창출을 위해 가상 팀원들에 대한 가장 적절한 조치는 무엇인가?

A: 비록 가상팀이라 하더라도 지리적으로 분산 되어있는 팀을 조기에 소통을 시키면 의사소통 증진을 가져온다. 그래서 초기 반복 2번 정도를 업무를 같이하고 헤어 지는 것이다. 업무를 초기에 같이하면 서로 업무방식을 이해하고 신뢰가 쌓인다.

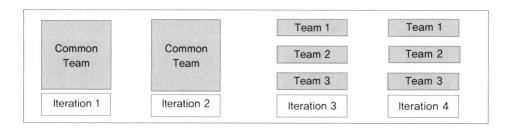

상기 그림처럼 반복 2번은 Common으로 같이 일을 한다. 그리고 반복 3부터는 별도 팀으로 분리되어 각자 장소에서 작업을 한다.

Q: 가상 팀에서 분배(분산) 팀을 위한 디지털 도구는 어느 것이 있는가?

A: 다양한 도구들이 존재한다.
- 화상 회의 도구들(예: Web ex, ZOOM, Teamwork, Abode Connector, Skype 등)
- 인스턴트 메시지(예: WhatsApp, Kakao Talk, Facebook 등)
- 설문 조사 애플리케이션(예: Google, Menti 등)
- 애자일 프로젝트 관리 소프트웨어(예: Jira, Trello, Notion 등)
- 디지털 카메라, 자동화된 테스트 도구, Wiki 사이트, 사례 도구 등
기업마다 사용환경이 다르지만 대체적으로 화상 회의 도구를 많이 사용한다.

11

Chapter

적응형 계획

(Adaptive Planning)

- 적응형 계획(Adaptive Planning)의 내용을 이해한다.

- 비애자일 대비 애자일 계획(Agile versus Non-Agile Planning)의 노력의 차이를 이해한다.

- 애자일 반복계획에서 점진적 구체화(Progressive Elaboration)가 무슨 의미인지 이해한다.

- 애자일에서 가치기반 분석(Value-Based Analysis)의 내용을 알아본다.

- 가치기반 분할(Value-Based Decomposition)의 내용을 이해한다.

- 시간 상자(Time Box)의 의미를 이해한다.

- 요구사항 분할(Decomposing Requirements)의 내용을 이해한다.

- 사용자 스토리(User Stories)의 3C를 이해한다.

- 백로그 정제(Refining the Backlog)의 내용을 이해한다.

- 크기와 산정을 위한 도구를 이해한다.

- 제품 로드 맵(Product Roadmap)내용을 이해한다.

- Architectural Spike와 Risk-Based Spike를 이해한다.

- 릴리스와 반복 계획(Release and Iteration Planning)의 내용을 이해한다.

1 개요(Overview)

애자일 방법은 환경 변화에 따른 조정을 통해 가치 창출을 극대화하여 비즈니스 가치를 창출한다. 계획과 실행이 반복적으로 작은 조각으로 분할되어 다수 수행되며 후행계획은 선행의 잔여 인도물을 포함하여 가치 중심으로 다시 입력이 된다. 애자일 적응계획은 지속적으로 진행되며 실험과 피드백을 받는 프로세스를 동반한다. 재계획 접근을 계획하는 것을 적응형 계획이라고 한다. 여기에는 3가지 테마가 있다.

- 애자일 기획 컨셉
- 사이즈와 산정의 도구들
- 릴리스 및 반복 계획 프로세스

2 애자일 계획 컨셉
(Agile Planning Concepts)

- 애자일 프로젝트는 가치 제안의 적응성 구성요소로 적응형 계획을 요구한다. 애자일을 위한 세 가지 요소는 다음과 같다.
- 비즈니스의 조기인도
- 리스크의 조기감소
- 증가된 가시성

A. 적응형 계획(Adaptive Planning)

적응형 계획(Adaptive Planning)이란 무엇인가? 예를 들어 워터폴의 예측형 Plan-Driven은 계획대로 작업을 진행하는 것이다. 아래 그림처럼 계획(지도)을 하고 계획대로 전진하여 목표에 도달하는 구체적인 계획을 실행한다.

지도　　　　　　　목표를 향해서　　　　　목표 도달

그림 11.2.1 **예측형 계획**(Plan-Driven)

적응형 계획(Adaptive Planning)은 다른 방식으로 접근한다.

섬　　　　　　　　　　　　　섬탐험

그림 11.2.2 **적응형 계획**(Adaptive Planning)

섬에 도착해서 섬 상황에 맞게 탐험을 하여야 한다. 불확실성이 많은 환경에서 환경에 대해 적응을 하면서 계획을 수정하면서 진행하여야 한다. 애자일 적응형 계획은 3가지 주요 방식으로 기존 계획과 다르다.

- 시연(데모)을 통해 실제 요구사항을 파악한 다음에 재계획을 요구한다.
- 애자일 계획은 선행 노력의 정도가 적지만, 프로젝트 전체 기간 동안 수행한다.
- 애자일은 중간 조절이 규범이다.

시연(데모)을 통해 실제 요구사항을 파악한 다음에 재계획을 요구한다.

- 제품비전에 대한 토의와 실제 프로토타입으로 반복적인 진행을 한다.
- 프로토타입을 만들어 도메인을 더 잘 이해하고, 이 프로토 타입을 추가 계획과 상세화의 기초로 사용한다.

애자일 계획은 선행 노력의 정도가 적지만, 프로젝트 전체 기간 동안 수행된다.

- 애자일 계획의 노력은 프로젝트의 수명주기 전반에 걸쳐 배분된다.
- 원래 요구사항에 대한 팀의 해석과 고객의 진짜 목표 사이에 부조화가 발생되는 부조화의 '평가의 걸프(Gulf of Evaluation)'를 생각하여야 한다.

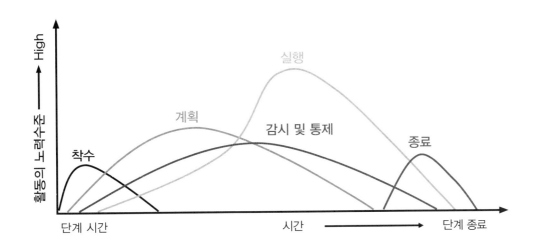

그림 11.2.3 **전통형 접근 방식**(Plan-Driven)

상기 그림처럼 전통적인 프로젝트의 선행 노력 수준이 높다.

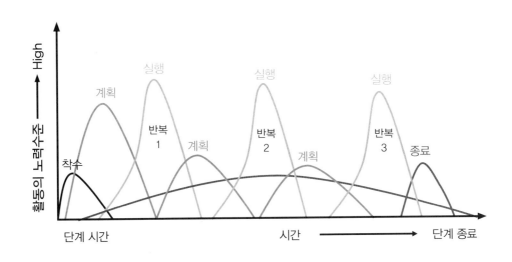

그림 11.2.4 **애자일 적응형 방식**(Value- Driven)

애자일 계획 수립은 선행 노력 수준은 낮지만 프로젝트 전반에 걸쳐 수행이 된다. 애자일 계획을 자세히 보면 비록 반복적이지만 초기에 계획 노력은 전통형에 비해 적지만 반복적으로 계획을 수립하고 실행을 하기 때문에 누적으로 따진다면 전통형 방식의 계획 수립의 양과 별반 차이가 나지 않는다. 애자일 방식은 환경에 대한 대응이 중요하기 때문에 시간이 지나면서 고객의 요구사항에 맞추면서 대응하는 것을 중요하게 생각한다.

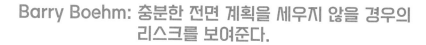

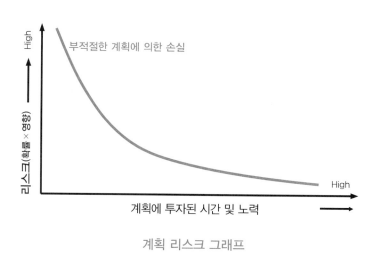

계획 리스크 그래프

그림 11.2.5 **계획-리스크 그래프**

- 충분히 사전 계획을 수립해야 하지만 납품 지연 및 취약한 프로젝트 계획의 리스크를 최소화하기 위해 과도한 계획을 피해야 한다.
- 리스크는 낮은 수준에서 시작되지만, 사전 계획에 더 많은 시간과 노력이 투입 될수록 매우 상세한 리스크 생성은 가능하지만, 불안정한 계획이 만들어진다.

스윗스팟(Sweet Spot)

- **스윗스팟(Sweet Spot)**: 스포츠 분야에서 나온 것인데, 테니스나 야구처럼 라켓이나 배트로 공을 맞힐 때 특별한 힘을 가하지 않고도 자기가 원하는 방향으로 가장 멀리 가장 빠르게 날아가게 만드는 부분, 즉 공을 맞히는 최적 지점을 의미한다.

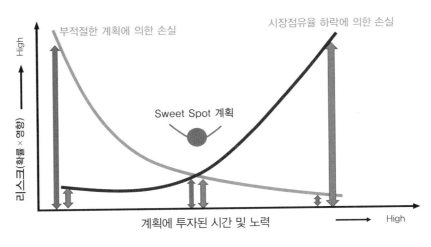

그림 11.2.6 **Sweet Spot계획**

중간 조절이 규범이다.

애자일 방법은 정교한 적응 시스템을 사용하여 피드백을 수집하고 프로젝트 작업이 진행됨에 따라 백로그와 계획을 조정한다.

전통형 프로젝트는 정해진 목표를 향해 추진한다.

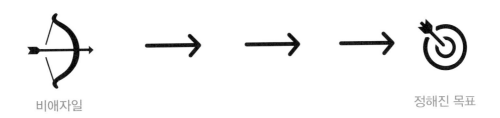

그림 11.2.7 **정해진 목표에 대한 비애자일 계획 방식**

움직이는 목표

애자일

그림 11.2.8 **목표변경에 따른 애자일 적응계획 방식**

당신은 기차로 개를 추적할 수 없다.

그림 11.2.9 **중간 조절의 예**

- 개는 이리저리 움직인다. 정해진 방식으로 추적이 불가능하다. 목표가 변경되면 움직이
  는 목표에 따라 변경하여 적응을 해야 한다. 전통형 프로젝트 방식으로는 변경되는 목
  표를 추적하기 어렵다. 고객이 변경을 지속적으로 하는 프로젝트에서는 전통형 프로젝
  트 접근 방식이 적합하지 않다. 애자일 적응계획 방식이 적합하다.

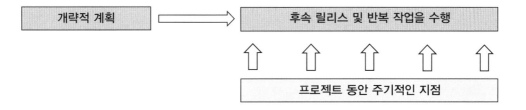

그림 11.2.10 **프로젝트 반복을 통한 중간 조절의 예**

애자일 프로젝트의 경우 계속해서 진화하는 계획 프로세스가 실제로 발생한다.

- 백로그 우선순위 재지정은 반복 및 릴리스 계획에 영향을 준다.
- 반복 데모에서 얻은 피드백은 제품변경 및 새로운 요구사항을 생성한다.
- 회고는 팀의 프로세스와 기법에 변화를 생성한다.

비애자일 대비 애자일 계획 비교 표(True/False)

표 11.2.1 **프로젝트 반복을 통한 중간 조절의 예**

Statement	True or False
애자일 프로젝트는 일반적으로 전통적 프로젝트보다 더 많은 선행 계획을 수행한다.	False
애자일 프로젝트는 일반적으로 전통적 프로젝트보다 전체적으로 보다 많은 계획을 수행한다.	True
만일 우리가 마지막 중요한 순간에 계획을 만든다면 그것들은 변경하지 않을 것이다.	False
애자일 프로젝트의 중간 조정은 일반적이지 않다.	False
지식 작업 프로젝트는 높은 변화율을 보이는 경향이 있다.	True
프로젝트가 원래 계획과 다른 경우, 이는 초기 계획에 결함이 있음을 나타낼 수 있다.	True

B. 애자일 계획의 원칙(Principles of Agile Planning)

- 다양한 수준의 계획을 한다.
- 계획에 있어 팀 및 고객의 참여가 필요하다.
- 진행률과 추정속도를 자주 보여줌으로써 기대사항을 관리한다.
- 프로젝트 특성에 맞게 프로세스를 조정한다.

- 프로젝트의 우선순위에 따라 계획을 업데이트한다.
- 리스크, 혼란 및 팀 가용성을 고려한 예상치를 포함하는지 확인한다.
- 산정에 있어 불확실성 수준을 반영하기 위해 적절한 산정 범위를 사용한다.
- 완료율에 대한 기본 예측을 한다.
- 전환 및 외부 작업의 요소들이 있다.

다양한 수준의 계획을 한다.
- 개략적으로 릴리스를 계획한다.
- 좀 더 상세하게 반복계획을 한다.

계획에 있어 팀 및 고객의 참여가 필요하다.
- 팀의 지식 및 기술적 통찰력을 활용하고 계획에 대한 참여 및 약속을 이끌어낸다.

진행률과 추정속도를 자주 보여줌으로써 기대사항을 관리한다.
- 진행 상황에 따라 만들어진 것을 보여준다.
- 이해관계자들이 현재 일어나고 있는 일에 대한 속도를 높이고 프로젝트가 끝날 때까지 구축할 수 있는 일에 대한 기대치를 관리한다.
- 계획이나 희망보다는 현재 진행률을 사용하여 완료 날짜와 비용을 예측한다.

프로젝트 특성에 맞게 프로세스를 조정한다.
- 높은 불확실성이 있는 경우, 옵션을 탐색하려면 스파이크(리스크) 계획을 수립한다.
- 제안된 기술적 접근 방식이 작용하는지 확인한다.

프로젝트의 우선순위에 따라 계획을 업데이트한다.
- 백로그 및 릴리스 계획을 다시 검토하여 다른 것을 변경할 필요가 있는지 확인한다.

리스크, 혼란 및 팀 가용성을 고려한 예상치를 포함하는지 확인한다.
- 기본 과거 평균(속도 추세)으로 시작한다.
- 필연적으로 발생하는 작업시간에 대한 향후 팀의 가용성 및 방해요소, 변경 및 기타 요청 등이 있다.

산정에 있어 불확실성 수준을 반영하기 위해 적절한 산정 범위를 사용한다.

- 기대를 관리하고 더 광범위한 예상 범위를 제공한다.

완료율에 대한 기본 예측을 한다.

- 프로젝트의 실제 완료 데이터를 기반한다.

전환 및 외부 작업의 요소들이 있다.

- 연중 가용성 또는 프로젝트에 대한 100% 헌신을 가정해서는 안 된다.

C. 애자일 발견(Agile Discovery)

'애자일 발견'의 개념은 애자일 프로젝트 계획의 진화와 상세화를 가리키는 포괄적인 용어로, 프로젝트 계획에 대한 선행적이고 전통적인 접근 방식과는 대조된다.

애자일 발견의 기본 내용은?

- 예측형 계획 및 설계에 비하면 애자일은 비상계획 및 설계이며, 수행해야 하는 최선의 접근 방식에 대한 합의를 모으기 위한 재계획 활동들이다.
- 백로그 정제(그루밍)와 어떻게 수행할 것인지에 대한 부분이다.
- 확실한 작업에 비하면 애자일은 불확실한 작업을 산정하며, 잘 이해되고 반복 가능한 프로젝트에 비하면 애자일은 신제품 개발의 특징을 보유한다.

D. 점진적 구체화(Progressive Elaboration)

점진적 구체화(Progressive Elaboration)는 새로운 정보가 나오면 더 많은 세부 사항을 추가하는 과정을 의미한다. 이러한 '점진적 구체화'된 자산에는 다음이 포함될 수 있다.

- 계획(Plans)
- 산정치(Estimates)
- 리스크 평가(Risk Assessments)
- 요구사항 정의(Requirements Definitions)
- 아키텍처 디자인(Architectural Designs)
- 인수기준(Acceptance Criteria)
- 시험시나리오(Test Scenarios)

그림 11.2.11 **점진적 구체화를 이용 시 프로젝트 초기 계획수준**

프로젝트 특성상 불확실성이 존재하므로 미래의 정보는 시간이 좀 지나야 들어온다. 따라서 구체화를 이용 시 시간이 지난 후 프로젝트 계획수준은 다음과 같다.

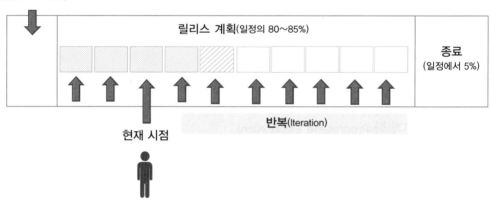

그림 11.2.12 **점진적 구체화를 이용 시 시간이 지난 후 프로젝트 계획수준**

프로젝트에 대한 더 많은 정보를 얻을 수 있게 되면서 여러 시점에서 전략 계획을 수립하는 PMI의 용어로 선행 계획을 세우려고 노력하지 않을 것인 게임 계획으로 약간 계획을 세우고 계획을 여러 번 재검토하고 업데이트하는 것이 더 낫다는 것을 인정한다. 프로젝트를 진행하면서 새로운 정보를 계획에 반영하기 위해 롤링 웨이브 계획 접근법을 구현한다.

E. 가치기반 분석(Value-Based Analysis)

애자일 계획은 가치기반 분석을 기반으로 작업 항목의 비즈니스 가치를 평가하고 우선순위를 정한 다음에, 그것에 따라 계획하는 프로세스를 포함한다. 가장 가치가 높은 항목을 먼저 인도하도록 작업의 우선순위 지정을 한다.

프로젝트의 초기 단계에서 우리는 다음과 같은 질문을 한다.

- 제품이나 사례에 대한 비즈니스 가치는 무엇인가?
- 어떤 항목이 비즈니스 가치가 가장 높은가?
- 가장 가치가 높은 항목을 먼저 전달하기 위해 작업 우선순위를 정한다.

다음 중 어떤 것이 더 비즈니스 가치가 있는가?

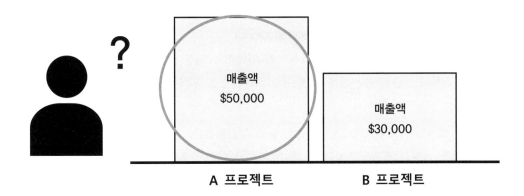

그림 11.2.13 **작업 아이템의 비즈니스 가치 분석**

얻은 수익이 A 프로젝트 매출액이 50,000달러, B 프로젝트 매출액이 30,000달러이기에 매출액이 A 프로젝트가 비즈니스 가치가 크다고 생각할 수 있다.

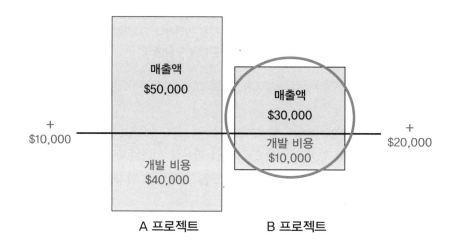

그림 11.2.14 **비즈니스 가치와 개발 비용 모두 분석**

그러나 개발 비용을 감안 시 매출액과 개발 비용 모두 분석해야 한다. A 프로젝트 경우는 매출액과 개발비용의 차이를 감안 시 수익이 10,000달러이다. 반면 B 프로젝트 수익은 20,000달러이다. 따라서 비즈니스 가치 측면에서 B 프로젝트가 유리할 수 있다.

F. 가치기반 분할(Value-Based Decomposition)

가치기반 분해는 가치기반 분석 프로세스의 연속이며 팀은 이해관계자, 그룹, 분할 그리고 요구사항으로부터 요구사항 순위를 지정한다. 마지막으로 우선순위 요구사항을 개발 프로세스로 가져간다.

전형적인 애자일 프로젝트는 다음과 같은 순서로 진행한다.

1단계: 제품 기능을 제품상자 비전 디자인으로 만든다.

2단계: 기능 워크샵을 진행한다.

3단계: 특성 리스트 추천한다.

4단계: 반복적인 개발 사이클을 수행한다.

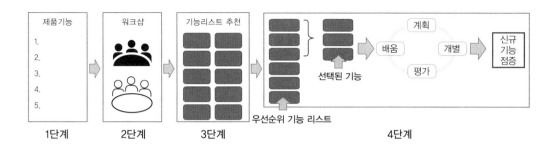

그림 11.2.15 **가치기반 분할**(Value-Based Decomposition) **단계**

Define the Vision

1단계: 제품 상자(Product Box) 비전 디자인

시스템에 대한 은유인 상상의 '제품 상자' 디자인을 한다. 프로젝트의 개략적인 수준의 비전을 포착하고 공통된 목표 및 성공 기준을 바탕으로 합의에 도달한다.

그림 11.2.16 **제품 상자**(Product Box) **비전 디자인의 예**

제품상자는 핵심 기능을 식별하여 구축 중인 시스템에 대한 은유적 표현 이미지이다. 제품의 기능 설명을 이미지를 사용하여 어떤 제품을 개발할 것인지 정보를 제공한다.

상자 전면 부와 후면부에 제품에 대한 이름/로고/목표/제품설명/요구사항을 기입하여 제품 개발 방향을 제시한다.

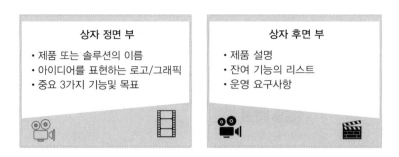

그림 11.2.17 **제품 상자**(Product Box) **비전 디자인의 상세**

2단계: 기능 워크샵

프로젝트 비전이 시스템의 잠재적 기능으로 나누어지는 일련의 기능 워크샵을 개최한다.

3단계: 기능 리스트 추천

우선순위가 지정된 백로그를 확보하기 위해 비즈니스 가치와 리스크를 기반으로 우선순위를 결정한다.

4단계: 반복적인 개발 사이클을 수행한다.

우선순위 기능리스트를 기준으로 기능을 선택하고 계획-개발-평가-배움의 사이클을 진행한다. 그리고 개발자들은 기능개발을 진행하여 신규기능을 점증시킨다.

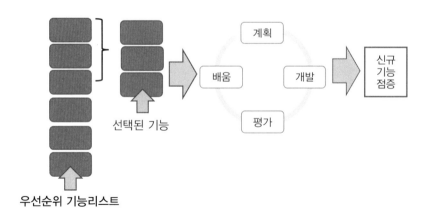

그림 11.2.18 **반복적인 사이클 개요**

행동에서 점진적 구체화

- 팀이 개발에 착수하여 기능을 구현하려고 시도하면, 예전에 고려되지 않은 지원 기능 및 기타 요소를 발견하게 된다.
- 반복 프로세스는 애자일 방법이 점진적 구체화를 사용하는 방법의 또 다른 예로 프로세스의 종료는 원래 설계 목표에 여전히 진짜의 매우 상세한 인도물이다.

개략적인 요구사항(Coarse-Granted Requirements)

- 애자일 방법은 초기에 요구사항을 '개략적인 허용' 상태로 유지를 한 다음에 계획 프로세스를 계속 진행하면서 점진적으로 수정한다.
- 제품이 특정 부분으로 과다 개발에 의해 편향되지 않도록 전반적인 설계를 균형 있게 유지가 가능하다.
- 최종 책임 있는 순간까지 구현 세부 사항에 대한 결정을 지연시키며 새로운 정보나 늦게 바뀌는 변경요구의 결과로 나중에 변경될 필요가 있는 것들을 개발하기 위해 서두르지 않는다는 것을 의미한다.

G. 시간 상자(Time Box)

시간 상자(Time Box)는 정의된 일련의 활동 또는 작업이 수행되는 짧고 고정된 기간이다. 시간 상자는 애자일 팀이 고정된 원가 및 시간 프레임 내에서 우선순위가 가장 우수한 최고 품질의 제품을 달성할 수 있도록 범위를 조정할 수 있도록 지원한다. 애자일 시간박스는 몇 분에서 몇 주까지 지속될 수 있다. 시간박스 사용의 예는 다음과 같다.

- 데일리스탠업 미팅은 15분으로 시간 상자
- 회고는 종종 2시간으로 시간 상자화
- 반복 및 스프린트는 일반적으로 1~4주의 시간 간격을 유지

시간박스 반복의 개념(The Concept of Timeboxed Iterations) 이해

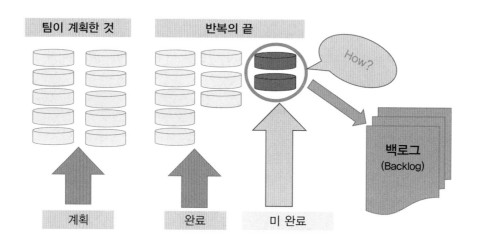

그림 11.2.19 **반복적인 사이클 개요**

시간박스 반복의 개념은 팀이 초기에 계획한 것을 기본으로 애자일 스프린트 반복을 하게 되는데 계획된 작업은 정해진 시간 때에 완료가 전부 되지 않을 수도 있다. 이때 미완료 부분에 대해서는 어떻게 할 것인가? 다음 반복해서 진행이 될 수 있도록 우선순위를 정하고 준비해야 한다. 시간 반복의 개념이란 스프린트의 경우 반복(2주)을 정했다면 2주 안에 끝나지 못한 부분에 대해서는 다음 스프린트 때 진행할 수 있도록 하는 개념이다. 즉 정해진 시간 내에 완료해야 할 작업의 양을 계획하고 진행을 하고 남겨진 부분에 대해서는 시간을 더 이상 지연하지 않고 다음 반복에서 작업을 할 수 있도록 하는 개념이다.

시간 상자 이용의 장점은?

- 매우 가변적인 작업환경에서 질서와 일관성을 유지한다.
- 결과를 평가하고, 피드백을 수집하고, 노력과 관련된 원가와 리스크를 통제할 수 있는 정기적인 기회를 제공한다.
- 시간 상자는 '혼돈의 통제'라고 불리며 팀이 진행 상황을 측정하고 진행 중인 접근 방식을 다시 계획할 수 있는 빈번한 체크 포인트를 제공한다.

시간 상자는 어떻게 사용하는가?

- 팀은 우선순위에 따라 작업 항목(사용자 스토리)을 시간 상자에 넣는다.
- 우선순위가 가장 낮은 항목은 대기해야 하며 백로그로 돌아와 후속 반복을 계획하는 데 고려가 될 것이다.

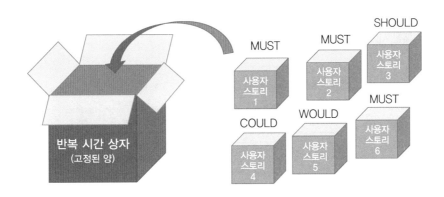

그림 11.2.20 **작업을 시간 상자(Time Box) 반복 할당하기**

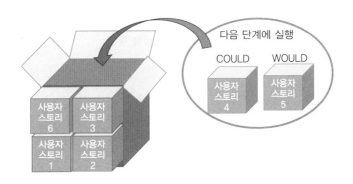

그림 11.2.21 **작업을 시간 상자(Time Box) 반복 재할당하기**

- 애자일 시간 상자는 집중 작업을 완료하는 데 강력한 도구로 사용될 수 있다.
- 시간 상자와 같은 애자일 실무사례는 파킨슨 법칙(Parkinson's Law)과 학생 증후군(Student Syndrome)과 같은 효과를 최소화 하도록 고안되었다.
- 애자일 프로젝트는 늘 부족한 시간인 1~2주의 반복과 같은 짧은 시간 상자에 초점을 맞추어 여유시간이 부족하다. 애자일 프로젝트의 시간 상자는 다음 기한이 짧기 때문에 사람들을 일에 집중시키는 데 도움이 된다.

상자를 이용하면 고정된 양의 시간 상자에 작업을 우선순위에 맞게 담고 고정된 양이 채워지면 일부 작업은 이번 반복에서 처리를 하지 못하고 다음 반복에 작업을 하여야 한다.

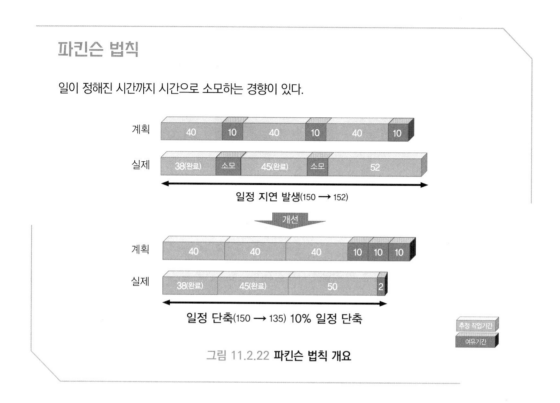

파킨슨 법칙

일이 정해진 시간까지 시간으로 소모하는 경향이 있다.

그림 11.2.22 **파킨슨 법칙 개요**

파킨슨 법칙은 원래 계획에서 버퍼를 포함하여 계획을 하고 작업을 진행하는 예를 가정한다. 예를 들어 그림처럼 40일 + 버퍼 10일이 있다면 작업자는 전체 50일에 기간을 가지게 된다. 그러나 실제 완료가 38일 날 끝났다 하더라도 38일에 완료된 것으로 보고하지 않고 원래 계획된 50일을 소모하고 나서 완료를 보고한다. 그 이유는 다음 작업에 대한 기준이 달라질 수 있으며 또한 만일 리스크가 발생한다면 기간에 문제가 있기 때문에 계획 기간을 다 소모한 후 보고하는 경향을 가진다. 이러한 부분이 지속된다고 하면 전체 일정은 계획대로 완료될 수도 있지만 만일 말기에 리스크가 발생하여 진다면 그림과 같이 150일 내에 완료되지 않고 152일에 끝날 수 있을 것이다. 파킨스 법칙은 이러한 우려를 인식하고 팀 내 신뢰를 바탕으로 실제 작업이 끝났다면 즉시 보고를 하고 만일 문제가 발생하면 버퍼를 인정해주는 방식으로 일을 한다. 그림에서 계획 대비 만일 38일, 45일, 50일에 끝났다 하더라도 실제로 일이 끝나고 나서 즉시 보고를 했기 때문에 전체 일정은 약 10퍼센트 단축하는 효과를 가지게 된다. 파킨슨 법칙은 조직에 신뢰를 바탕으로 투명하게 작업 상태를 공유하여야 하는 문화가 조성되어야 전체적인 작업의 효율성을 기대할 수 있다는 시사점을 제공한다.

학생 증후군(Student Syndrome)

사람들에게 마감 시간이 주어지면, 그들은 거의 마감시간까지 기다렸다가, 일을 시작하는 경향이 있다.

그림 11.2.23 **학생 증후군** (Student Syndrome) **개요**

　학생 증후군(Student Syndrome)의 경우에는 일반적으로 작업의 마감 일자를 알고 있다 하더라도 실제 작업 시간은 초기에 적게 하고 마감 날짜가 가까워지면 일을 많이 하는 경향을 가지게 되는데 이는 학생들이 시험공부를 하는 방식과 유사하다. 시험을 앞두고 평균 8시간 공부를 해야 한다고 가정을 할 때 아직 시험 일자가 많이 남았으므로 초기에는 목표 대비 적게 공부를 하다가 막상 시험 날짜가 다가오면 밤을 지새우는 노력을 할 수도 있을 것이다. 이렇게 되면 계획했던 시험공부의 양을 다 하지 못하고 집중을 하지 못하여 결국 완벽한 시험 준비를 못하게 될 수도 있을 것이다. 실제 기업에서 작업 역시 계획된 작업을 진행함에 있어 기간이 좀 남았다면 초기에 여유가 있다는 것을 생각하고 적게 작업을 하다가 마지막에 공사를 무리하게 진행하다 보면 리스크가 발생할 수도 있을 것이다. 이는 전체적인 작업의 일정 지연을 발생시킬 수도 있는 이슈가 발생한다. 학생 증후군을 없애기 위해서는 철저한 결제한 계획과 실행을 하여야 한다.

범위 예측(Estimate Ranges)
- 애자일 프로젝트는 일반적으로 다른 유형의 프로젝트보다 더 예측하기가 어렵다.

- 애자일 팀은 단일 포인트 예상치 대신 예상치에 대한 우리의 신뢰 수준을 표시하고 이해관계자의 기대치를 관리하기 위해 범위에서 산정치를 제시한다.
- 범위는 예측치를 확신할 때 더 좁아야 하며, 덜 확실할 때는 더 넓어야 한다.

범위 예측(Estimate Ranges)의 예

이 프로젝트가 750,000달러에서 850,000달러 사이의 비용이 소요될 것으로 믿고, 범위의 폭은 이해관계자의 기대치를 관리하기 위한 추정의 정확성에 대한 우리의 확신을 반영해야 한다.

범위 예측(Estimate Ranges)

Barry Boehm의 Estimate Convergence Graph는 범위와 사양을 이해하고 합의하면 소프트웨어 프로젝트에 대한 예상치가 수명주기 초기의 매우 넓은 범위에서 관리 가능한 범위로 이동하는 방법을 보여준다. 팀이 프로젝트에 대해 더 많이 알게 되면 좁아진다.

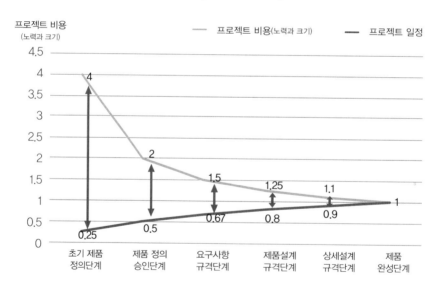

그림 11.2.24 Barry Boehm: Estimate Convergence Graph

애자일 산정의 핵심 포인트

- 왜 우리가 추정하나?
- 우리는 언제 추정하나?
- 누가 추정하나?
- 추정은 어떻게 만들어지나?
- 추정치를 어떻게 표시해야 하나?

H. 이상적 시간(Ideal Time)

고정 관념과 우리 자신의 기대를 제쳐 놓고, 우리는 만일 방해요소가 없다면 '이상적인 시간'을 예측함으로써 이 문제를 단순화할 수 있다.

예제: 당신은 자고 씻고, 음식을 준비하고, 먹는 것과 같은 필수 활동을 수행한 후에는 하루에 10시간을 사용할 수 있다고 가정한다. 이제 해당된 스프린트 백로그 개발을 위해 작업을 하면 20시간이 걸린다면 이상적인 시간 예상치와 작업완료를 위한 예상 시간을 계산하라.

표 11.2.2. **이상적 시간(Ideal Time) 계산의 예**

이상적인 시간 (Ideal Time)	이론적으로 개발을 하는데 20시간이 걸리고 하루에 10시간이 주어진다면, 다음과 같은 계산이 된다. 20시간 / 10시간(하루 작업시간) = 2일
대략적인 시간 (Likely Time)	우리가 평균적으로 10시간을 쓸 수 있을 것이라고 가정하는 것이 비 현실적일 것이다. 방해요소가 많기 때문에 실질적으로 순수 4시간 정도 집중할 수 있을 것이다. 이 정보를 사용하여 다음 계산을 수행할 수 있다. (20시간 / 4시간(하루당) = 5일) 그래서 이런 속도라면, 개발을 완료하는데 5일 정도 걸릴 것이다.

3 크기와 산정을 위한 도구 (Tools for Sizing and Estimating)

애자일 계획은 세 가지 가정에 기초한다.

- 프로젝트가 진행됨에 따라 세부 사항이 나타나고 피드백을 기반으로 계획을 수정해야 하며 종종 재우선화가 표준이 될 것이다.
- 변화에 대한 수용과 불확실성을 포용하는 결과적인 현실이 모든 애자일 계획 관행의 근본적인 원인이 된다.
- 애자일에서 요구사항을 추정 및 계획으로 변환하는 프로세스는 아래에 표시된 것처럼 특정 순서를 거친다.

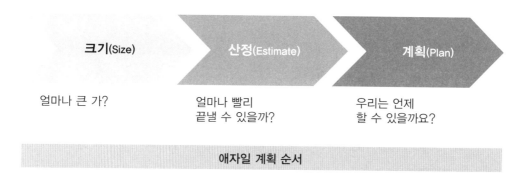

그림 11.3.1 **애자일 계획 순서 개요**

A. 크기, 산정 및 계획(Sizing, Estimating, and Planning)

애자일 계획 순서

- 먼저 작업의 크기를 결정하고, 그것을 예상하고 계획하라.
- 얼마나 많은 사람들이 일을 해야 하며 무슨 다른 일 또는 지연이 발생할 수 있는지 고려하라.
- 큰 규모의 작업을 작은 단위로 나누어 크기를 조정하고 예상하고 계획을 세울 수 있는 방법이 필요하다.
- 요구사항을 분할하는 애자일 접근 방식으로 전환하라.

B. 요구사항 분할(Decomposing Requirements)

애자일 요구사항 계층 기본 구조(Basic Structure for an Agile Requirement Hierarchy)

그림 11.3.2 **애자일 요구사항 계층 기본 구조 개요**

애자일 요구사항 분할의 기본 구조는 기능- 사용자 스토리-태스크 순서로 되어 있다. 그러나 다른 방식으로 요구사항을 계층화를 하기도 한다. 아래 그림처럼 에픽- 유저 스토리- 태스크 또는 에픽- 기능-유저 스토리-태스크 또는 기능-에픽-유저 스토리-태스크 형태로 분할하여 계층화를 하기도 한다.

EPIC으로 요구사항 계층을 구성하는 3가지 방법

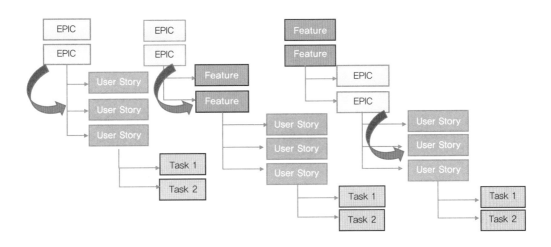

그림 11.3.3 **EPIC으로 요구사항 계층을 구성하는 3가지 방법**

요구사항이 적시에 분할

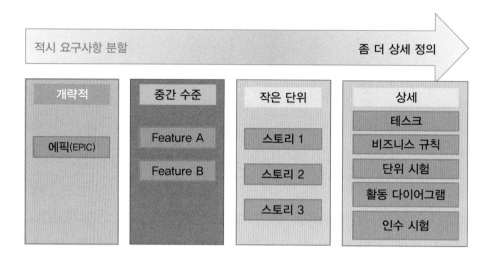

그림 11.3.4 **요구사항이 적시에 분할 개요**

적시에 요구사항을 분할하기 위해서는 요구사항이 시간이 가면서 구체화되는 특징을 가지고 있다. 그림처럼 개략적으로 에픽이 만들어지고 중간 수준으로 기능들이 만들어지며 이 기능들은 작은 단위로 스토리 그리고 상세한 단위로 테스크 또는 단위 시험 기타 요소들로 구성이 되어진다.

즉 요구사항은 분할이라는 과정을 거쳐 좀 더 상세화가 된다.

C. 사용자 스토리(User Stories)

- 사용자 스토리(User Story)는 약 1~3일간의 작업이 필요한 기능 내에서 작은 규모의 비즈니스 기능으로 정의된다(4~40시간).
- 애자일 팀은 일반적으로 제품 기능을 사용자 스토리로 분해하여 색인 카드에 기록한다.
- 스토리의 우선순위가 설정된 백로그를 사용하여 팀의 우선순위를 고객의 요구에 맞춘다.

사용자 스토리 생성

- 팀은 각 기능을 구축하는 데 관여한다고 생각하는 잠재적인 스토리(후보 스토리)의 목록을 만드는 것으로 시작한다. 예: 사용자 스토리(역할, 기능, 편익)

사용자 스토리(후보)

영화 판매 기능에 대해
@ 영화를 탐색한다.
@ 영화를 장바구니에 넣는다.
@ 오더를 완료한다.

3Cs

사용자 스토리는 3C(카드, 대화 및 확인)로 알려진 세 가지 요소로 구성된다.

- Cards(카드): 단순히 계획 목적의 요구사항을 나타내는 형식이다.
- Conversation(대화): 고객과 개발 팀 간의 아이디어, 의견 및 정보를 구두로 교환한다. 실용적인 예제의 형태를 취할 문서를 보완해야 한다.
- Confirmation(확인): 스토리가 올바르게 구현되었다는 고객의 확인이며, '확인'은 점증된 제품이 고객의 인수시험을 통과하고 합의된 '완료의 정의(DoD)'를 충족함을 의미한다.

D. 사용자 스토리 백로그/제품 백로그(User Story Backlog/Product Backlog)

사용자 스토리를 작성한 후에는, 그것들은 정렬되고 프로젝트에 대한 사용자 스토리 백로그(백로그 또는 제품 백로그라고도 함)를 작성한다.

- 이것은 우선순위 별로 정렬된 프로젝트에 대해 식별된 기능적 및 비기능적 작업의 단일, 가시적인 마스터 목록이다.
- 백로그는 완료해야 하는 작업 목록이므로 스토리가 완료되면 목록에서 제거된다.
- 백로그는 위에서 아래로 우선순위에 따라 구성되어 가장 높은 값의 스토리가 항상 목록 맨 위에 표시되며, 이것을 기반으로 개발 팀은 다음에 어디에 집중해야 하는지 정확하게 안다.

표 11.3.1 **사용자 스토리 백로그의 예**

사용자 스토리(User Story)	스토리 번호	우선순위
고객으로서 제품을 검색하여 구입할 수 있다.	4	1
고객인 경우 장바구니에 제품을 추가하여 지불할 수 있도록 하고 싶다.	2	2
CFO로서 지불을 받을 수 있도록 주문을 완료하고 싶다.	3	3

E. 백로그 정제(Refining(Grooming) **the Backlog**)

백로그를 업데이트하고 정확하게 우선순위를 지정하는 프로세스를 '백로그 정제(Refining or Grooming)'라고 한다.

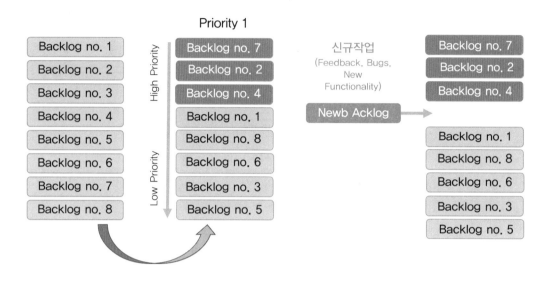

그림 11.3.5 **백로그 정제**

백로그 정제 또는 그루밍

- 고객은 우선순위를 설정하고 백로그가 최신 상태인지 확인해야 한다.
- 인도 팀은 고객이 비용편익 평가를 기반으로 작업의 우선순위를 정할 수 있도록 작업을 추정하는데 책임이 있다.
- 팀은 우선순위를 지정하지 않는다.

백로그에는 3가지 유형의 변경

- 새로운 스토리가 고객 또는 가치 관리 팀에 의해 추가될 수 있다.
- 기존 스토리는 고객 또는 가치 관리팀에 의해 우선순위가 다시 매겨지거나 제거될 수 있다.
- 스토리는 작은 덩어리로 분할이 되거나 크기를 조정할 수 있다.

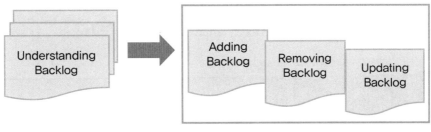

Refine Backlog

그림 11.3.6 **백로그 정제 이해**

백로그 상세화

- 어떤 내용인지 파악하고 상세한 수준으로 스토리를 정리한다.
- 반복기반 애자일 팀을 위한 여러 가지 상세화 토론, 제품, 제품분야 또는 문제영역이 생소할 때 사용할 수 있는 토론이다.
- 모두 함께 스토리를 논의하고 작성한다.
- 팀은 요구되는 스토리를 논의하고 상세하게 다듬는다.
- 작은 규모의 스토리로 구성한다.

F. 상대적 크기와 스토리 포인트(Relative Sizing and Story Points)

애자일 팀은 상대 크기 조정에 의존한다.

- 대부분을 몇 시간, 몇 일이 아니라 '스토리 포인트'라는 상대적 단위로 추정한다.
- 절대 크기가 아닌 상대적인 크기로 추정하면 각 스토리에 필요한 정확한 노력을 예측하는 것이 불가능할 때 유용한 추정을 할 수 있다.
- 예상 시간 단위를 시간에서 스토리 포인트로 전환하면 문제를 더 쉽게 받아들일 수 있다.

출발점에서 목표를 가는 방법은 어느 것이 더 좋은가?

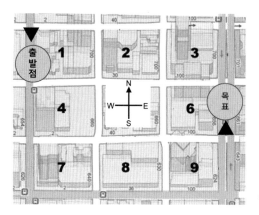

그림 11.3.7 스토리 포인트의 유용성

A. 앞으로 1.5키로 간 다음에 교차로에서 왼쪽으로 다시 1.8키로 간 다음에 교차로에서 다시 왼쪽으로 600 미터를 가서 오른쪽으로 보면 목표가 있다.(워터폴 방식)

B. 곧장 앞으로 3블록을 가고 나서 왼쪽 3블록을 간 다음에 왼쪽으로 한 블록을 가면 오른쪽에 목표가 있다(애자일 방식).

피보나치 수열(The Fibonacci Sequence)

스토리 포인트 추정은 일반적으로 피보나치 수열 또는 이 시퀀스의 변형을 기반으로 한다.

0+1=1, 1+1=2, 1+2=3, 2+3=5, 3+5=8, 5+8=13, 8+13=21, 12+21=34….

피보나치 수열은 애자일에서 기간 산정 등이 기획 포커를 이용하여 사용이 된다.

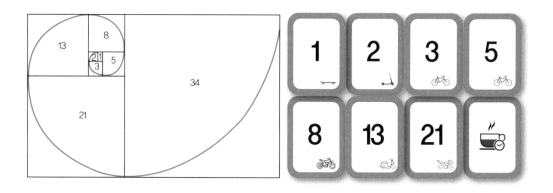

그림 11.3.8 피보나치 수열(The Fibonacci Sequence) 및 기획 포커

스토리 포인트 사용 지침

- 팀은 스토리 포인트의 정의를 소유해야 한다. 예) 이상적인 기간
- 스토리 포인트 추정은 모든 것을 포함해야 한다.
- 포인트 크기는 상대적이어야 한다.
- 추정치를 세분화할 때 합계는 일치할 필요가 없다.
- 복잡성, 작업 노력 및 리스크가 모두 산정(추정)에 포함되어야 한다.

스토리 포인트 핵심 요약

- 애자일 산정치(추정치)는 모든 것을 포함하며, 문서화 및 시험을 위한 시간을 포함을 해야 한다.
- 리스크 요소는 사용자 스토리 추정치에 고려되어야 한다.
- 애자일 산정(추정)은 개발 팀에 의해 만들어지고 애자일 추정이 설정되고 변경될 수 있는 경우에도, 애자일 추정치는 타임 박스 처리된다.

G. 친화도 산정(Affinity Estimating)

- 친화도추정은 그룹 항목을 더 작은 범주 또는 모음으로 하는 기법이다.
- 스토리 포인트 단위가 프로젝트 기간 동안 모든 예상치에 대해 일관성을 유지하는지 확인한다.
- 추정의 비교적 관점을 제공하고 현실 적인 확인을 제공을 한다.

스토리 포인트로 친화도 산정(추정)(Affinity Estimating with Story Points)

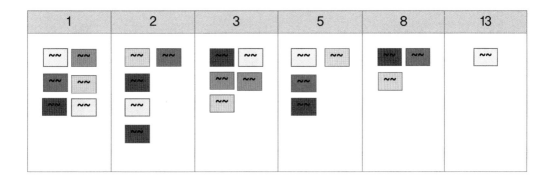

그림 11.3.9 **피보나치 수열**(The Fibonacci Sequence) **및 기획 포커**

친화도를 이용하여 스토리 포인트를 크기 별로 그룹핑하고 개발자들이 기능을 사이즈를 고려 분담하도록 할 수 있다.

H. 티셔츠 크기(T-Shirts Sizing)

T-Shirts Sizing은 프로젝트의 초기 단계에서 제품 기능 및 사용자 스토리에 대한 초기 개략적(Coarse-Grained)추정을 수행하는 데 사용되는 개략적 수준의 추정 도구이다.

예) 제품 기능

- 영화 평가하기
- 영화 찾아보기
- 영화 대여하기
- 영화 판매하기
- 영화 검토하기
- 연도별로 영화 정렬하기

다음 단계에서는 영화 서비스의 여섯 가지 기능의 크기를 대략적으로 조정하여 각 기능을 개발하는 데 필요한 상대적 노력을 평가할 수 있다.

그림 11.3.10 **Features by T-Shirt Size**

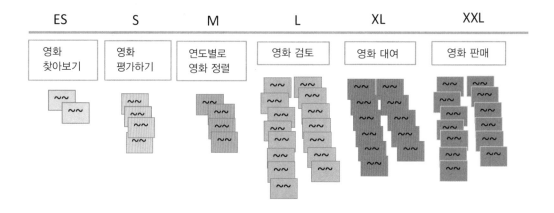

그림 11.3.11 **Features with Stories by T-Shirt Size**

I. 스토리 맵(Story Maps)

- 스토리 맵은 애자일 이해관계자가 사용 가능한 정보를 기반으로, 계획 프로세스 초기에 프로젝트 우선순위를 매핑을 하는데 사용할 수 있는 개략적 계획 도구이다.
- 스토리 맵은 필수적으로 제품을 만들기 위한 기능 및 사용자 스토리의 우선순위가 지정된 매트릭스로, 일단 만들어진 후에는 기능이 제공되는 시기와 각 릴리스에 포함될 내용을 보여주는 '제품 로드맵'역할을 쉽게 수행할 수 있다.
- 팀은 로드맵을 출시 및 반복 계획 중에 점차적으로 구체화하고 계획을 세우면서 참조해야 한다.

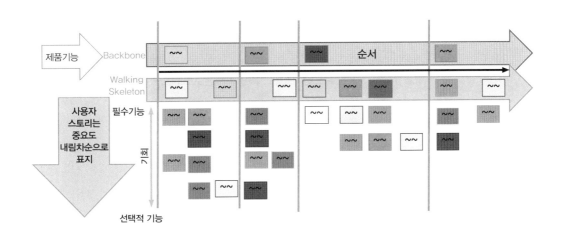

그림 11.3.12 **스토리 맵(Story Maps)의 예**

스토리 맵에서 필수 기능의 사용자 스토리는 우선순위가 높게 되고, 선택적 기능은 우선순위가 낮게 된다. 순서에서 중요한 우선순위 필수 기능을 가진 사용자 스토리는 상위에 위치하여 작업을 우선 진행하고 선택적 기능의 사용자 스토리는 나중에 진행을 하게 된다. 시간이 지나면서 스토리 맵은 기능에 따라 작업이 진행되고 단계 별로 작업을 완료한 후 시연을 통해 피드백을 받게 된다. 스토리 맵은 작업의 지도이며 가시적으로 전체 작업의 모양을 보여주기 때문에 의사소통 측면에서도 매우 중요하다고 볼 수 있다.

J. 제품 로드 맵(Product Roadmap)

제품 로드맵은 제품 릴리스 및 각 릴리스에 포함될 주요 구성 요소를 시각적으로 묘사한 것이다. 제품 로드맵은 의사소통으로 프로젝트 이해관계자들이 기본 릴리스 지점과 인도될 의도된 기능에 대한 간략한 정보를 제공한다.

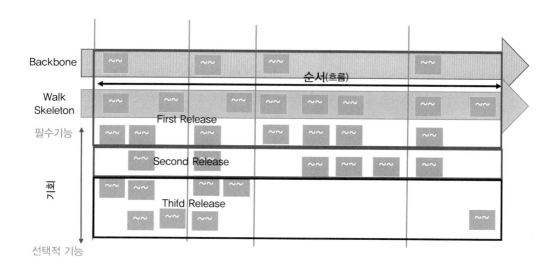

그림 11.3.13 **제품 로드맵**(프로젝트 계획을 보여주는 스토리 맵) - 예

제품 로드맵은 전체 기능에서 어떤 기능을 우선화 하여 릴리스 할 것인지를 맵(Map) 형태로 보여주어 가시성을 확하고 있다.

K. 광대역 델파이(Wideband Delphi)

각 전문가 패널이 익명으로 추정을 제출하여 참가자 중 누구도 누가 예상을 했는지 알 수 없는 그룹 추정 기법이다.

왜 델파이 기법이 필요한가? 아래 문제가 있기 때문에 델파이 기법이 필요하다.

- 사람들은 자신의 견해를 반영하지 않더라도 가장 지지를 얻고 있는 관점을 중심으로 수렴하는 경향이 있다.
- 사람들은 Boss(HIPPO: Highest-Paid-Person's Opinion)의 의견을 따른다.
- 개인의견보다는 집단 조화를 유지하기 위해 집단사고(Group Thinking)가 발생한다.

아래 그림처럼 델파이를 통해서 스토리 포인트의 양이 정해진다. 1라운드에서는 각자 다르게 추정을 하지만 2라운드, 3라운드, 4라운드를 거치다 보면 어느 정도 합의점에 이르게 된다. 전문가 익명으로 진행하기 때문에 자신의 의견을 솔직하게 표현할 수 있고 조정자가 전문가들의 의견을 잘 수렴하여 피드백을 하면서 진행하기 때문에 큰 의사 결정에 있어서도 효과적인 방법이 될 수 있다.

광대역 델파이 라운드(Wideband Delphi Round 1)

Round 4					
Round 3					
Round 2					
Round 1		X	X	XX	X
스토리 포인트	0	500	1000	1500	2000

그림 11.3.14 **광대역 델파이 라운드: Wideband Delphi Round 1**

광대역 델파이 라운드(Wideband Delphi Round 2)

Round 4					
Round 3					
Round 2			X	XX	XX
Round 1		X	X	XX	X
스토리 포인트	0	500	1000	1500	2000

그림 11.3.15 **광대역 델파이 라운드: Wideband Delphi Round 2**

광대역 델파이 라운드(Wideband Delphi Round 3)

Round 4					
Round 3			X	XXX	X
Round 2			X	XX	XX
Round 1		X	X	XX	X
스토리 포인트	0	500	1000	1500	2000

그림 11.3.16 **광대역 델파이 라운드: Wideband Delphi Round 3**

광대역 델파이 라운드(Wideband Delphi Round 4)

Round 4				xxxxx	
Round 3			x	xxx	x
Round 2			x	xx	xx
Round 1		x	x	xx	x
스토리 포인트	0	500	1000	1500	2000

그림 11.3.17 **광대역 델파이 라운드: Wideband Delphi Round 4**

광대역 델파이 산정은 애자일 가치를 반영한다. 그 이유는?

- 반복적(Iterative)
- 적응형(Adaptive)
- 협업적(Collaborative)

ㄴ. 기획 포커(Planning Poker)

기획 포커(Planning Poker)는 협업 게임이며 더 빠른 게임을 제공하도록 설계되었다. 반복, 적응, 협업 및 익명으로 대부분의 편차를 최소화한다. 피보나치(Fibonacci) 순서를 기반으로 숫자를 나타내는 카드를 사용한다.

계획 포커(Planning Poker)

- 플래닝 포커는 사용자 스토리의 규모를 추정하는 방식이다.
- 전통적인 방식과 달리 한 사람이 주도적으로 추정하는 것이 아니라, 팀 전체가 같이 지혜를 모아 업무량을 추정하는 실천법을 말한다.

계획 포커를 사용하면 어떤 것이 해결되는가?

- 다른 사람의 의견에 영향을 받지 않고 자신의 생각을 표현하고 공유할 수 있다.
- 업무에 대해 깊이 이해할 수 있고 구현할 사용자 스토리의 범위와 제약사항 등에 대한 팀원 간의 이견을 드러내서 구현 시 참고할 수 있다.

4 릴리스와 반복 계획
(Release and Iteration Planning)

애자일 계획은 반복형태에 따라 구분이 된다. 크게 릴리스 계획과 반복계획으로 구분한다.

A. 반복형태-계획의 종류

프로젝트가 릴리스 및 반복계획으로 나눈다.

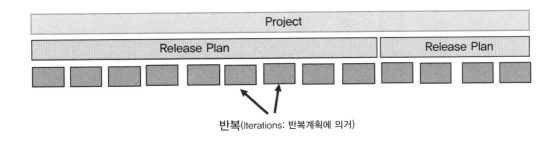

반복(Iterations: 반복계획에 의거)

그림 11.4.1 **반복형태-계획의 종류**

상기 그림처럼 두 가지 릴리스가 있음을 보여준다. 프로젝트는 릴리스 계획으로 나누어지고 릴리스 계획은 많은 반복계획을 포함한다. 아래 첫 번째 진행단계가 반복계획과 연관이 있다.

애자일 프로젝트의 진행 단계

① 우선순위가 가장 높은 백로그 항목 중에서 선택하여 다음 반복 목표를 제시한다.

② 반복 목표를 사용자 스토리로 분해하여 반복계획을 얻는다.

③ 사용자 스토리를 Task로 분해하여 계획을 지속한다.

반복에서 수행된 활동은 애자일 개발 프로세스의 핵심이다. 모든 반복이 동등한 것은 아니며 프로젝트에서 특수한 역할을 한다. 다음 그림은 프로젝트 타임 라인에서 발생하는 각 유형의 반복을 보여준다.

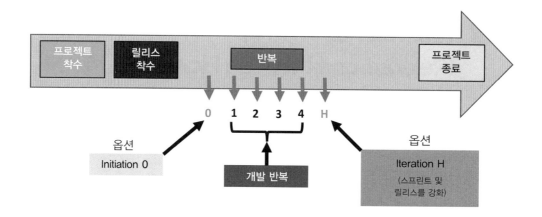

그림 11.4.2 **반복형태-릴리스와 반복**

단일 릴리스 및 4번의 개발 반복이 있는 매우 간단한 프로젝트를 보여준다. 반복 0(반복의 준비역할)과 반복 H(반복의 강화목적)는 선택적 요소(옵션)라는 것을 명심한다. 많은 애자일 팀은 개발 스프린트에 필요한 준비 작업이나 강화 작업을 통합하는 것을 선호한다.

B. 스파이크(Spikes)

스파이크(Spikes)는 문제를 해결하고 최대한 빨리 해결할 수 있는 애자일 도구이다. 스파이크는 접근 방식을 탐구하거나 문제를 조사하거나 프로젝트 리스크를 줄이기 위해 수행되는 짧은 노력(일반적으로 시간박스 포함)이다. 스파이크는 반복 횟수 0보다 유연하며, 언제든지 광범위한 이슈를 조사하는 데 사용할 수 있고 스파이크에는 두 가지 종류가 있다.

- 아키테츄얼 스파이크(Architectural Spike)
- 리스크 기반 스파이크(Risk-Based Spike)

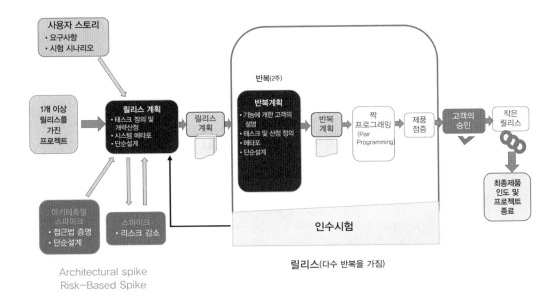

그림 11.4.3 **스파이크**(Spikes)

아키테츄얼 스파이크(Architectural Spike)

- 아키테츄얼 스파이크는 팀이 프로젝트의 일을 위해 사용하기를 희망하여 접근하는 것을 확인 함으로서 '개념 증명(Proof of Concept)'에 대해 짧고, 시간박스 노력을 헌신 한다.
- 예) 연결에 대한 결정을 내리기 전에 기본 데이터베이스 기반 드라이버의 성능을 테스트하기 위해 1주일을 보낸다.

리스크 기반 스파이크(Risk-Based Spike)

- 리스크 기반 스파이크는 팀이 시간을 절약하기 위한 짧은 노력으로 팀이 별도로 조사하여 희망 사항을 줄이거나 없애고 프로젝트에 대한 문제점이나 위협을 줄인다.
- 프로젝트의 리스크 부분을 조사하기 위한 이 짧은 실험은 리스크 관리를 위한 핵심 도구이다.

리스크 기반(Risk-Based Spike)

예: 이산화탄소(CO_2) 배출량을 포착하기 위해 컨테이너 기반 조류 생산 유닛을 건설 중이라고 상상해 보자. 이 생산 장치는 저렴한 부품을 사용하여 수중 조명을 요구한다.

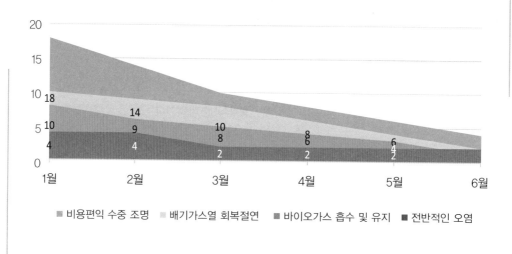

그림 11.4.4 **리스크 기반**(Risk-Based Spike)

Fast Failure

- 만일 증명/개념 노력이 성공적이지 않으면, 우리는 다른 접근법을 시도할 수 있다. 시도하는 접근법 중 어느 것도 성공하지 못하면 '빠른 실패'로 알려진 조건에 도달한다. 그것이 좋지 않을 지라도, 빠른 실패는 좋은 결과가 될 수 있다.

- 빠른 실패(Fast Failure)는 생존을 할 수 없는 프로젝트에 투자된 매몰 비용(Sunk Costs)을 크게 줄일 수 있다.

- 빠른 실패는 애자일에서 빈번하게 발생하는데 스프린트를 통한 제품 데모의 리뷰를 통해 피드백을 받아 성공과 빠른 실패가 나온다.

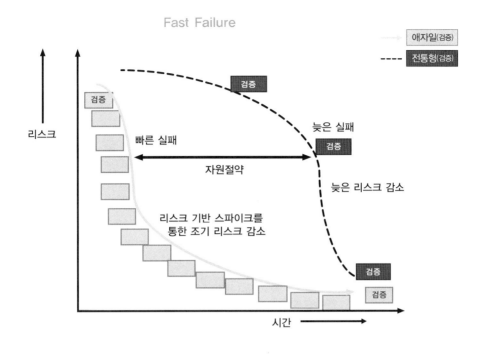

그림 11.4.5 **애자일의 빠른 실패**

애자일은 반복을 통한 피드백을 통해 빠른 실패를 경험한다. 개발자는 제품을 만들어 시연을 하는 과정에서 고객은 수정 사항을 요청하고 이에 시정 조치를 통해서 제품을 개선한다. 이에 수정 사항은 일부의 실패로 볼 수 있으나 잘못된 부분을 수정함으로써 큰 실패를 예방하고 시간의 흐름에 따라 검증된 제품을 제공할 수 있다. 반면에 워터폴은 크게 제품을 만들어 일정 기간이 지난 후에 제품을 제공하므로 늦은 실패로 볼 수 있다. 늦은 실패는 많이 완성된 제품에 대한 큰 수정이 수반되므로 변경 비용이 크게 발생하며 작업한 직원들의 동기를 감소시킬 수 있다. 반면 애자일은 짧은 주기의 피드백을 통해 큰 방향에서 제품이 옳은 방향으로 작업 되고 있음을 증명하며 이에 개발자들은 작업된 제품을 수시로 시연하고 피드백을 받음으로써 작업의 안정성에 대해서 동기 부여를 갖게 된다. 애자일의 빠른 실패는 용기가 필요하며 다른 실패를 인정하는 애자일 문화가 더 중요한 요소이다.

C. 개략적 계획(High-Level Planning-Visioning)

- 첫 번째 릴리스 계획을 시작하기 전에, 제품 기능 및 스토리를 식별하고 대략적인 크기를 포함하여 개략적 수준의 비전 프로세스를 완료할 필요가 있다.

- 친화도 추정, 티셔츠 크기, 스토리 맵 같은 도구를 사용하여 초기 개략적인 추정치를 생성하고 나서 프로젝트가 진행됨에 따라 점진적으로 정제하라.
- 계획은 제품 책임자, 스폰서, 인도 팀의 다른 핵심 구성원 및 기타 주요 이해관계자에 의해 만들어진다.

개략적 계획의 산출물(Outputs of High-Level Planning)

개략적 수준의 계획에서 시작하여 릴리스 계획 프로세스를 시작하기 전에 다음 요소가 필요하다.

- 비즈니스 가치 별로 업데이트 된 우선순위가 설정된 사용자 스토리 및 리스크 대응 조치의 백로그
- 각 사용자 스토리(T 셔츠 사이즈)에 대한 개략적인 수준의 상대 추정치
- 고객 가치에 초점을 맞춘 릴리스 목표(예: 산출물)
- 고객 요구사항 또는 팀의 속도에 따라 출시 예정 날짜

D. 릴리스 계획(Release Planning)

릴리스 계획은 반복을 다수 포함하며 반복은 반복 계획을 포함한다.

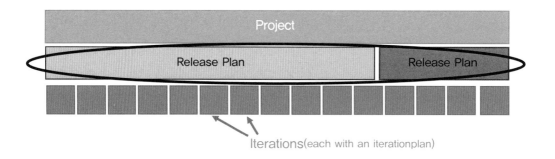

그림 11.4.6 **릴리스 계획**(Release Planning) **개요**

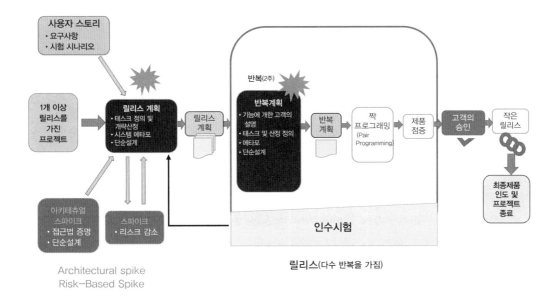

그림 11.4.7 **릴리스 계획(Release Planning) 및 반복계획 개요**

릴리스 계획은 새로운 릴리스가 시작되기 전에 회의 같은 것이 개최되기 전에 모든 이해관계자가 대표되는 회의에서 만들어진다. 목표는 다음 릴리스에서 어떤 스토리가 반복이 될지 결정하는 것이다.

릴리스 계획 동안에 이루어지는 일들은?

- 우선순위가 지정된 백로그를 평가하고 스토리 크기 조정을 검토하고 필요에 따라 크기를 조정하고 릴리스 별로 스토리를 정렬하고, 다음 릴리스 및 향후 릴리스에 포함될 스토리를 선택한다.
- 다음 릴리스의 초기 윤곽 또는 로드맵을 수정하고 필요에 따라 변경한다.
- 다음 릴리스에서 수행이 될 스토리를 하나의 반복 내에서 완료할 수 있을 만큼 작은 조각으로 분할한다.
- 스토리를 쪼갠 다음에, 어떻게 릴리스가 수행되고 얼마나 많은 반복이 필요한지 대략적인 개요로 맵핑을 한다.

릴리스 계획 회의가 끝날 때 챙겨야 할 것들은?

- 릴리스 목표에 대한 공유된 이해를 한다.

- 다음 릴리스에서 수행할 이야기 목록을 관리 가능한 덩어리로 분리한다.
- 스토리를 완성하기 위한 로드맵과 향후 릴리스에서 수행 작업에 대한 대략적인 개요를 작성한다.
- 마지막으로 얼마나 팀이 일을 할 수 있는지 계산하고, 팀의 초기 속도를 추산하고, 스토리를 분할한다.

릴리스에 대한 사용자 스토리의 선택은?

- 날짜 기반(Date Driven) 또는 기능 기반(Functionality Driven)
- 릴리스 계획: Must have, Should have, Could have

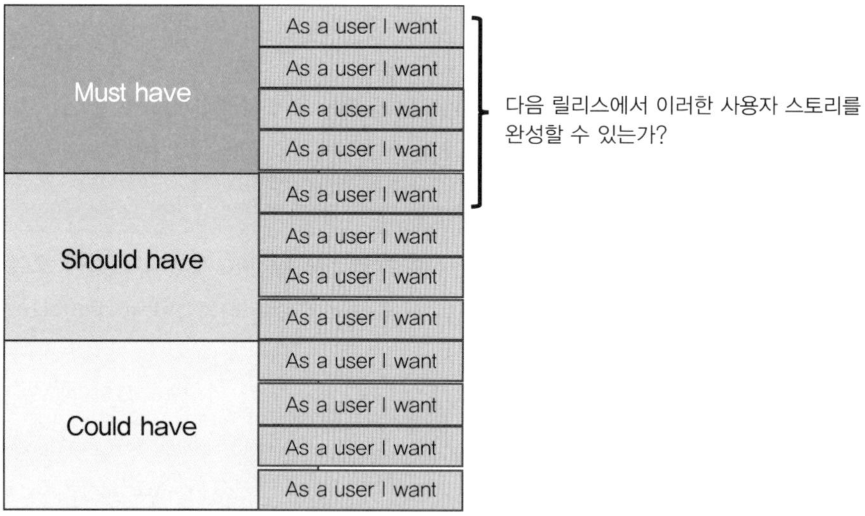

그림 11.4.8 **릴리스 계획(Release Planning) 우선순위**

우리가 얼마나 많은 일을 할 수 있는가?

- 주어진 반복에서 얼마나 많은 작업을 완료할 수 있을지 계획하기 위해, 애자일 팀은 일반적으로 이전 반복에 비해 나타냈던 속도 추이를 사용한다.
- 속도를 이해하려면 프로젝트의 속도 추이 차트를 사용한다.

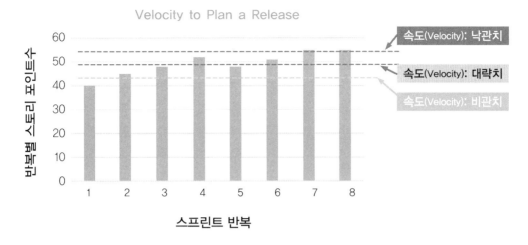

그림 11.4.9 **속도 분석**

속도 차트(Velocity Chart)를 이용하면 반복해서 평균적으로 얼마만큼의 작업을 할 수 있는지 예측이 가능하다. 예를 들어 그림처럼 7번, 8번째 55스토리 포인트를 작업했다면, 반복 9번째 에서도 역시 55포인트의 작업을 할 수 있을 거라고 예측이 가능할 것이다. 이러한 부분이 속도의 추세 분석을 하는 이유이다. 속도를 이용하면 팀의 역량을 감안한 작업의 양을 예상할 수 있고 계획할 수 있는 장점이 있다.

우리가 얼마나 많은 일을 할 수 있는가? 속도를 사용하여 릴리스를 계획을 한다.

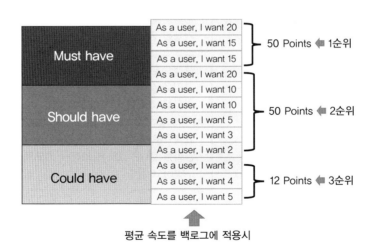

그림 11.4.10 **속도를 이용한 릴리스 계획**

속도를 이용한 릴리스 계획에서 만일 속도가 50이라면 작업의 우선순위로 Must Have 중에서 3개(20+15+15) 작업을 계획하고, 2번 째 반복에서 Must Have 20과 Should Have 전체 스토리 포인트 전부를 작업 계획할 수 있다. 그리고 나머지는 다음 반복에서 3순위 스토리를 작업할 수 있다. 속도를 알아야만 반복의 계획에 작업의 양을 예측 가능하고 우선 순위로 계획할 수 있다.

스토리 분할(Slicing the Stories)

릴리스 계획에서 주요 활동 중 하나는 스토리를 분할하는 것이다.

- 한 번의 반복 작업으로 완료하기에는 너무 큰 스토리를 분할하는 것을 의미한다.
- 원래 사용자 스토리가 복합형인지 복잡한지에 따라 스토리를 더 작은 덩어리로 분할하는 두 가지 방법이 있다.
- 복합형 스토리의 분할(Slicing Compound Stories)
- 복잡한 스토리의 분할(Slicing Complex Stories)

복합형 스토리의 분할(Slicing Compound Stories)

- 그 안에 다른 독립적인 스토리가 포함되어 있다.
- 다수 목표를 포함한다.

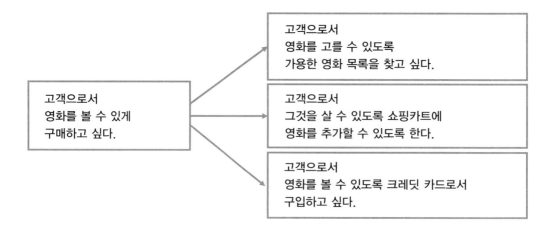

그림 11.4.11 **복합형 스토리의 분할**(Slicing Compound Stories)

복잡한 스토리의 분할(Slicing Complex Stories)

- 정말 크고 복잡한 이야기로 별도의 목표나 하위 스토리는 포함하지 않는다.
- 원래의 목표가 세그먼트로 나누어 질것이다.

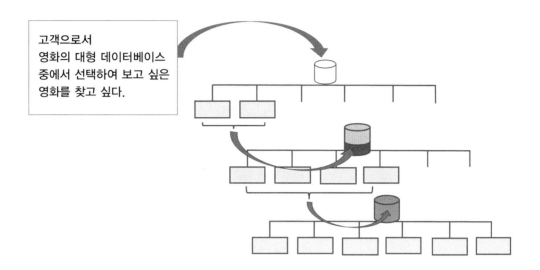

고객으로서
영화의 대형 데이터베이스
중에서 선택하여 보고 싶은
영화를 찾고 싶다.

그림 11.4.12 **복잡한 스토리의 분할**(Slicing Complex Stories)

복잡한 스토리는 분할해서 하위의 스토리로 만들고 그 하위의 스토리를 또 분할해서 좀 더 상세한 스토리로 만든다. 이러한 과정을 거쳐 구체적인 스토리가 만들어지면 개발자는 스토리를 확실히 이해하고 정확하게 개발할 수 있다.

E. 반복 계획(Iteration Planning)

- 반복 계획은 인도 팀, 제품 책임자 및 다른 이해관계자 또는 주제 전문가를 포함하는 회의에서 시작된다.
- 제품 책임자가 만든 새로 우선순위를 매겨진 백로그가 필요하고 인도 팀에서 매우 상세하게 운영한다.
- 반복 계획 중에 업데이트 될 목표가 설정되고 회의의 앞부분에 제품 책임자가 백로그 항목을 설명하고 팀원은 달성 가능한 것으로 생각되는 일련의 항목을 선택한다.
- 회의 후에 팀은 선택한 항목을 가장 작은 작업단위로 분할하고 반복 작업 목록을 작성하는 작업을 수행한다.

반복 계획 프로세스(Iteration Planning Process)

- Discuss: 백로그의 사용자 스토리에 대해 토론한다.
- Select: 반복을 위한 사용자 스토리 선택한다.
- Define: 인수기준을 정의하고 스토리에 대한 인수 테스트를 작성한다.
- Breakdown: 사용자 스토리를 태스크로 분류한다.
- Estimate: 태스크를 추정한다.

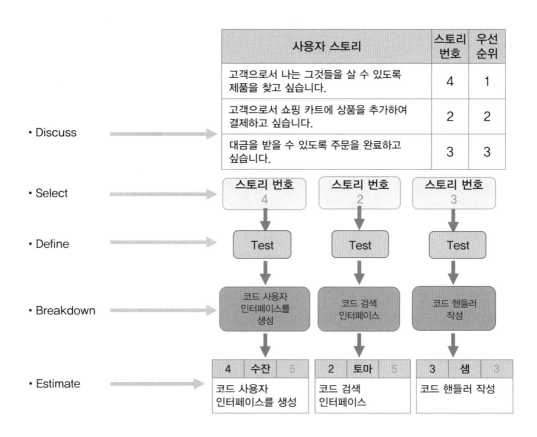

그림 11.4.13 **반복 계획 프로세스 이해**

Discuss: 백로그의 사용자 스토리에 대해 토론한다.

- 대화(Conversation): 고객과 스토리에 대한 팀의 이해를 조정한다.
- 확인(Confirmation): 스토리에 대한 고객의 인수기준을 식별한다.

Select: 반복을 위한 사용자 스토리를 선택한다.

- 반복을 위한 사용자 스토리를 선택하기 위해, 릴리스 계획과 동일한 프로세스를 따른다.
- 고객이 명시한 사용자 스토리 선택은 우선순위가 높으며, 반복 내에서 개발, 테스트 및 제공될 수 있다고 믿는다.
- 팀원은 프로젝트의 기술적인 세부사항에 대해 제품 책임자 또는 스크럼 마스터가 알지 못하는 정보에 접근할 수 있다.

Define: 인수기준을 정의하고 스토리에 대한 인수 시험을 작성한다.

- 각 사용자 스토리는 명확한 인수기준을 가져야 하며, 이러한 기준에 대한 공통된 이해를 확립하는 것은 반복 계획 회의의 중요한 부분이다.
- 인수기준은 3C의 '확인(Confirmation)' 부분이며, 고객이 각 스토리에 대해 '완료(Done)'를 어떻게 정의할지 명시적인 기술서이다.

예) 사용자 스토리: 고객으로서 영화를 살 수 있도록 신용카드로 장바구니를 결제하고 싶다.

표 11.4.1 **사용자 스토리 인수기준 테스트 예**

Criteria	Required	Trial 1
Visa, Master Card 및 American Express로 시험	Pass	Pass
Diners Club 로 시험	Pass	Fail
3자리 숫자가 누락된 잘못된 카드 번호로 시험	Fail	Fail
만료된 카드로 시험	Fail	Fail
카드 한도를 초과하는 구매 금액을 사용하여 시험	Fail	Fail

Breakdown: 사용자 스토리를 태스크로 분류한다.

태스크 산정: 팀에서는 스토리에 대해 논의하고 각 파트별로 분류한 후 태스크를 추정하는데 일반적으로 실제 시간(Real Time)으로 만든다.

그림 11.4.14 **사용자 스토리 카드 구성의 예**

Estimate: 태스크를 추정한다.

예) 프로젝트 알파는 주 8시간 및 주 5일을 가정하여 이상적인 날짜에 추정되며, 팀의 5명 각자는 매주 평균 30시간의 프로젝트 가용시간을 확보한다. 스프린트 반복 주기는 2주(10일) 기준이다. 다음 10일 동안 반복하여 제공할 수 있는 이상적인 작업량은 얼마나 되는가?

- 5명 × 주당 30시간=150시간(팀 자원가용성)
- 주당 150시간 × 2주(10일 반복의 경우)=300시간(한번 스프린트 자원가용성)
- 300/8시간(하루 기준)=37.5(개발자의 이상적인 작업가치)
- 팀은 37.5일의 이상적인 일 이상의 작업을 완료하기로 약속해서는 안 된다.

반복 계획 프로세스에서 이상적인 작업량 분석에 대한 부분을 이해하여야 한다. 최대 가능 작업량과 이상적인 작업량은 구분이 되어야 한다. 최대 작업량은 말 그대로 최고로 작업할 수 있는 작업량이지만 실제는 현실적인 부분을 감안하여 이상적인 작업량을 분석해야 한다. 그래야만 현실적인 계획과 실적이 만들어질 수 있다. 스프린트를 통해 팀 평균 최대 작업량과 팀 평균 이상적인 작업량을 분석하여 다음 반복 시 올바른 계획량이 만들어질 수 있도록 하여야 한다.

반복 계획 프로세스 이해-이상적인 작업량 분석

이상적인 작업량 분석

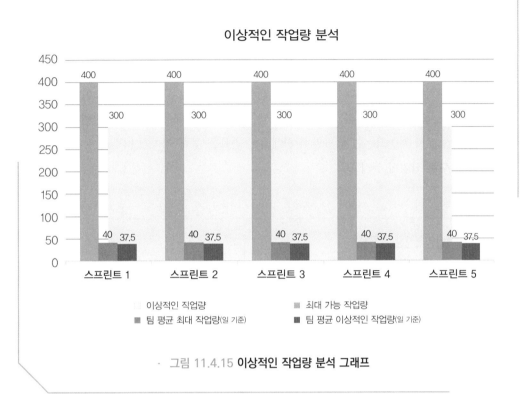

· 그림 11.4.15 **이상적인 작업량 분석 그래프**

실제 결과를 사용하여 추정치를 세분화한다.

- 애자일 프로젝트가 진행됨에 따라, 반복은 실제 진행 상황을 보여주는 확실한 증거를 제공한다. 완료된 반복 속도에 대한 분석을 하여 실제 진행 상황을 더 잘 판단하고 프로젝트의 나머지를 추정할 수 있다.

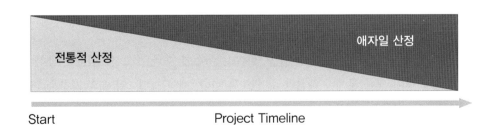

그림 11.4.16 **프로젝트 산정-전통형과 애자일**

애자일 산정은 전통적 산정과 비교하여 초기에 산정의 노력을 적게 하고 시간이 가면서 반복적으로 산정을 하는 방식이다. 애자일 방식은 고객의 요구사항을 늘 반영하여 작업을 하기 때문에 수시로 작업에 대한 산정이 이루어지며 프로젝트가 종료시까지 지속적인 특징이 있다. 반면에 전통적 방식 산정은 Plan-Driven 기반으로 계획을 중시하며 계획 단계에서 산정의 정확도를 높이려고 하는 노력을 많이 한다. 프로젝트는 고유하기 때문에 불확실성이 많아 시간이 가면서 점진적 구체화 특성이 있기 때문에 산정의 정확성은 우리가 생각한 만큼 정확하지 않을 수도 있다. 요즘처럼 급변하는 시장 상황에서는 고객의 요구사항이 수시로 변하기 때문에 애자일 방식을 많이 사용하는데 애자일 방식에서는 반복을 통한 가치기반의 반복 계획에서 작업의 양이 수시로 산정이 된다.

예제) 비용산정 방법

반복 당 주어진 조건에서 3명이 시간당 단가가 다를 경우 팀 예산을 산정해 보자.
기준: 하루 8시간 작업기준 및 반복 당 10일 기준으로 총 10번의 반복 작업 수행, 수잔(시간당 단가 $ 50), 주리(시간당 단가 $ 70), 사이먼(시간당 단가 $90)

표 11.4.2 **비용산정 방법**

팀원	시간 당 단가 ($)	하루기준(8시간)	10일 기준 ($)	10회 기준 ($)	전체금액 ($)
수잔	50	400	4,000	40,000	168,000
주리	70	560	5,600	56,000	
사이먼	90	720	7,200	72,000	
	1회 스프린트			10회 스프린트	

F. 일일 스탠드 업(Daily Stand-Up)

모두 합의된 범위와 반복 목표에 초점을 맞추고, 이슈에 대한 경고시스템을 제공하여 팀의 진척이 방해를 받기 전에 문제를 해결할 수 있도록 한다. 매일 스탠드업 회의 시간은 15분으로 제한하고 3개의 질문이 존재한다.

- 지난 회의 이후로 무슨 일을 하였는가?
- 당신은 오늘 무엇을 끝낼 계획인가?
- 진행에 문제나 장애가 있는가?

- 애자일 적응형 계획(Adaptive Planning)은 가치 창출을 극대화하여 비즈니스 가치를 창출한다. 재계획 접근을 계획하는 것을 적응형 계획이라고 하며 3가지 테마를 포함한다.

  - 3가지 테마

  - 애자일 기획 컨셉

  - 사이즈와 산정의 도구들

- 애자일 계획은 선행 노력의 정도가 적지만, 프로젝트 전체 기간 동안 수행된다. 애자일 계획의 노력은 프로젝트의 수명주기 전반에 걸쳐 배분된다.

- 애자일 반복계획에서 점진적 구체화(Progressive Elaboration)는 새로운 정보가 나오면 더 많은 세부 사항을 추가하는 과정을 의미한다.

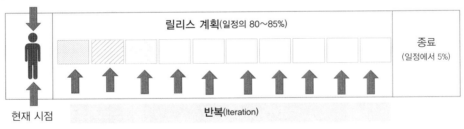

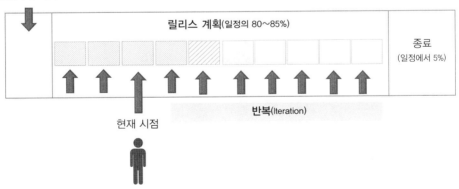

- 애자일에서 가치기반 분석(Value-Based Analysis)은 작업 항목의 비즈니스 가치를 평가하고 우선순위를 정한 다음에, 그것에 따라 계획하는 프로세스를 포함한다.

- 가장 가치가 높은 항목을 먼저 인도하도록 작업의 우선순위 지정을 알아본다.

- 가치기반 분할(Value-Based Decomposition)은 가치기반 분석 프로세스의 연속이며 팀은 이해관계자, 그룹, 분할 그리고 요구사항으로부터 요구사항 순위를 지정한다. 마지막으로 우선순위 요구사항을 개발 프로세스로 가져감의 내용을 이해한다.

- 시간 상자(Time Box)는 정의가 된 일련의 활동 또는 작업이 수행되는 짧고 고정된 기간이다. 시간 상자는 애자일 팀이 고정된 원가 및 시간 프레임 내에서 우선순위가 가장 우수한 최고 품질의 제품을 달성할 수 있도록 범위를 조정할 수 있도록 지원한다.

- 요구사항 분할(Decomposing Requirements)은 에픽(EPIC)부터 분할하여 상세화 된다.

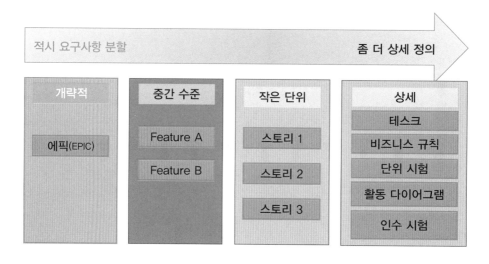

요구사항이 적시에 분할 개요

- 사용자 스토리(User Stories)의 3C를 이해한다. 사용자 스토리는 3C(카드, 대화 및 확인)로 알려진 세 가지 요소로 구성된다.

  - Cards(카드): 단순히 계획 목적의 요구사항을 나타내는 형식이다.

  - Conversation(대화): 고객과 개발 팀 간의 아이디어, 의견 및 정보를 구두로 교환한다. 실용적인 예제의 형태를 취할 문서를 보완해야 한다.

  - Confirmation(확인): 스토리가 올바르게 구현되었다는 고객의 확인이며 '확인'은 점증된 제품이 고객의 인수시험을 통과하고 합의된 '완료의 정의(DoD)'를 충족함을 의미한다.

- 백로그 정제(Refining the Backlog)는 백로그를 업데이트하고 정확하게 우선순위를 지정하는 프로세스로 '백로그 정제(Refining or Grooming)'라고 한다.

- 크기와 산정을 위한 도구에는 다양한 기법이 존재한다.

  - 친화도추정은 그룹 항목을 더 작은 범주 또는 모음으로 하는 기법이다.

  - T-Shirts Sizing은 프로젝트의 초기 단계에서 제품 기능 및 사용자 스토리에 대한 초기 개략적(Coarse-Grained) 추정을 수행하는 데 사용되는 개략적 수준의 추정 도구이다.

  - 광대역 델파이(Wideband Delphi)는 전문가 패널이 익명으로 추정을 제출하여 참가자 중 누구도 누가 예상을 했는지 알 수 없는 그룹 추정 기법이다.

  - 계획 포커(Planning Poker)는 협업 게임이며 더 빠른 게임을 제공하도록 설계되었다. 반복, 적응, 협업 및 익명으로 대부분의 편차를 최소화한다. 피보나치(Fibonacci) 순서를 기반으로 숫자를 나타내는 카드를 사용한다.

- 제품 로드 맵(Product Roadmap)은 제품 릴리스 및 각 릴리스에 포함될 주요 구성 요소를 시각적으로 묘사한 것이다.

- 아키텍츄얼 스파이크(Architectural Spike)는 팀이 프로젝트의 일을 위해 사용하기를 희망하는 접근하는 것을 확인을 함으로서 '개념 증명(Proof of Concept)'에 대해 짧고, 시간박스 노력을 헌신 시킨다. 리스크 기반 스파이크(Risk-Based Spike)는 팀이 시간을 절약하기 위한 짧은 노력으로 팀이 별도로 조사하여 희망 사항을 줄이거나 없애고 프로젝트에 대한 문제점이나 위협을 줄인다. 프로젝트의 리스크 부분을 조사하기 위한 이 짧은 실험은 리스크 관리를 위한 핵심 도구이다.

- 릴리스 계획은 새로운 릴리스가 시작되기 전에 회의 같은 것이 개최되기 전에 모든 이해관계자가 대표되는 회의에서 만들어진다. 목표는 다음 릴리스에서 어떤 스토리가 반복이 될지 결정하는 것이다. 반복 계획(Release and Iteration Planning)은 인도 팀, 제품 책임자 및 다른 이해관계자 또는 주제 전문가를 포함하는 회의에서 시작된다. 제품 책임자가 만든 새로 우선순위를 매겨진 백로그가 필요하고 인도 팀에서 매우 상세하게 운영한다. 반복 계획 프로세스(Iteration Planning Process)는 다음과 같다.

- Discuss: 백로그의 사용자 스토리에 대해 토론한다.

- Select: 반복을 위한 사용자 스토리를 선택한다.

- Define: 인수기준을 정의하고 스토리에 대한 인수 테스트를 작성한다.

- Breakdown: 사용자 스토리를 태스크로 분류한다.

- Estimate: 태스크를 추정한다.

Q: 프로젝트 전통형 방법과 애자일 방식 중 계획의 노력이 더 많이 소요되는 것은 어느 것
인가?

A: 전통형 프로젝트는 예측형 생애 주기이므로 초기 계획 노력이 많이 들어간다. 따
라서 당연히 전통형이 애자일 방식보다 계획에 노력과 시간이 많이 투자가 될 것
으로 생각할 수 있다.

애자일 계획은 선행 노력의 정도가 적지만, 프로젝트 전체 기간 동안 수행이 된다.
따라서 애자일 역시 누적 계획 노력으로 따지면 예측형만큼 많다. 일방적으로 전
통형이 애자일 방식보다 계획에 대한 노력 수준이 높다고 말하긴 어렵다. 때로는
애자일 방식이 반복이 많은 프로젝트 경우에는 더 계획의 노력이 많은 프로젝트
도 있다.

Q: Barry Boehm의 "충분한 전면 계획을 세우지 않을 경우의 리스크를 보여 준다."의 의
미는 무엇인가?

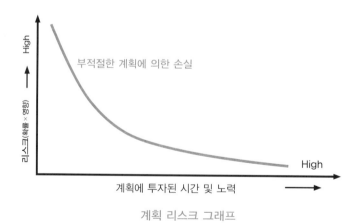

계획 리스크 그래프

A: 계획 리스크 그래프에서 부적절한 계획에 의한 손실은 계획에 투자된 시간 및 노력에 좌우된다. 계획에 투자된 시간 및 노력이 적으면 리스크(확률 X 영향)가 크고 계획에 투자된 시간 및 노력이 크면 리스크(확률 X 영향)가 적어진다.

Boehm에 따르면 충분히 사전 계획을 수립해야 하지만 납품 지연 및 취약한 프로젝트 계획의 리스크를 최소화하기 위해 과도한 계획을 피해야 한다.

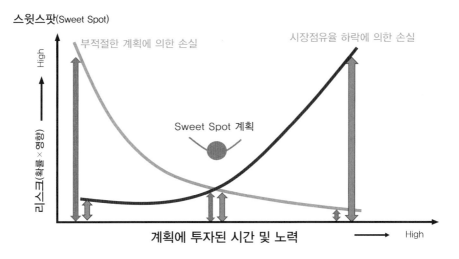

선행계획을 너무 많이 하는 경우 필연적인 리스크

일반적으로 리스크는 낮은 수준에서 시작되지만, 사전 계획에 더 많은 시간과 노력이 투입될수록 매우 상세한 리스크 생성은 가능하지만, 불안정한 계획이 만들어진다. Sweet Spot을 지키는 것이 중요하다.

Q: 애자일 발견(Agile Discovery)의 의미는 무엇인가?

A: 애자일 발견의 개념은 애자일 프로젝트 계획의 진화와 상세화를 가리키는 포괄적인 용어로, 프로젝트 계획에 대한 선행적이고 전통적인 접근 방식과는 대조된다.

애자일 발견의 기본 내용으로는 다음과 같다.

- 예측형 계획 및 설계에 비하면 애자일은 비상계획 및 설계이며, 수행해야 하는 최선의 접근 방식에 대한 합의를 모으기 위한 재계획 활동들이다.
- 백로그 정제(그루밍)와 어떻게 수행할 것인지에 대한 부분이다.
- 확실한 작업에 비하면 애자일은 불확실한 작업을 산정이며 잘 이해되고 반복 가능한 프로젝트에 비하면 애자일은 신제품 개발의 특징을 보유한다.

Q: 연동기획(Rolling Wave Planning)의 의미는 무엇인가?

A: 프로젝트에 대한 더 많은 정보를 얻을 수 있게 되면서 여러 시점에서 전략 계획을 수립하는 PMI의 용어이다. 선행 계획을 세우려고 노력하지 않을 것인 게임 계획으로 약간 계획을 세우고 계획을 여러 번 재검토하고 업데이트하는 것이 더 낫다는 것을 인정하는 것이다. 프로젝트를 진행하면서 새로운 정보를 계획에 반영하기 위해 연동기획 접근법을 구현한다.

Q: 개략적인 요구사항(Coarse-Granted Requirements)의 의미는 무엇인가?

A: 애자일 방법은 초기에 요구사항을 '개략적인 허용' 상태로 유지를 한 다음에 계획 프로세스를 계속 진행하면서 점진적으로 수정하는 것이다.

제품이 특정 부분으로 과다개발에 의해 편향되지 않도록 전반적인 설계를 균형 있게 유지가 가능하다. 최종 책임 있는 순간까지 구현 세부 사항에 대한 결정을 지연시키며 새로운 정보나 늦게 바뀌는 변경요구의 결과로 나중에 변경될 필요가 있는 것들을 개발하기 위해 서두르지 않는다는 것을 의미한다.

Q: 가치기반 분할(Value-Based Decomposition) 순서는 어떻게 되는가?

A: 전형적인 애자일 프로젝트는 다음 순서를 거친다.

1단계: 제품 상자 비전 디자인

2단계: 기능 워크샵

3단계: 특성 리스트 추천

4단계: 반복적인 개발 사이클

1단계: 제품 상자(Product Box) 비전 디자인

시스템에 대한 은유인 상상의 '제품 상자' 디자인을 한다.

2단계: 기능 워크샵

프로젝트 비전이 시스템의 잠재적 기능으로 나누어지는 일련의 기능 워크샵을 개최한다.

3단계: 기능 리스트 추천

우선순위가 지정된 백로그를 확보하기 위해 비즈니스 가치와 리스크를 기반으로 우선순위가 결정된다.

4단계: 반복적인 개발 사이클

선택된 기능에 대해 계획-개발-평가-배움의 주기를 반복하여 신규 기능을 점증적으로 인도한다.

Q: 시간 상자에서 파킨슨 법칙과 학생증후군의 의미는 무엇인가?

A: 파킨슨 법칙: 일이 정해진 시간까지 시간으로 소모하는 경향을 이야기한다.

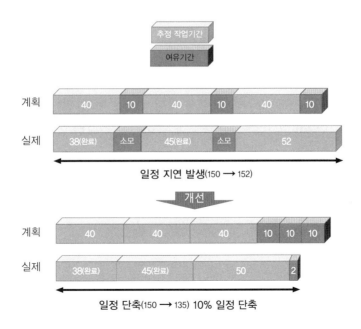

작업을 상기 그림처럼 40+10(버퍼), 40+10(버퍼), 40+10(버퍼) 계획하고 작업을 수행하였을 경우, 만일 실제로 38일에 완료되었다 하더라도 완료되었다고 보고하지 않고 버퍼 포함 12일을 소모하는 경향이 있다. 그 이유는 초기에 그렇게 약속을 했기 때문에 단축을 했다면 왜 계획을 총 50일로 책정했냐고 비난을 받을 수 있기 때문이다. 또 다른 이유는 만일 38일에 완료되었다고 보고가 되면 다음 단계에서는 유사 작업의 기간을 40일 이내로 계획할 수 있기 때문에 불확실성을 감안한 부분이 없어질 수 있어 리스크를 감수하고 싶지 않기 때문이다. 이런 이유로 버퍼를 다 소모하다가 마지막 단계에서 리스크가 발생하거나 작업이 지연되어 52일이 소요된다면 계획일정 자체도 준수를 못하게 된다. 이런 부분을 개선하기 위해 버퍼를 뒤에 배치한다. 이를 프로젝트 버퍼라고 부른다. 이렇게 하고 실제 완료일에 버퍼를 조금씩 보완을 해주면 똑같이 일하는 실제 시간이 같다고 하더라도 버퍼를 낭비 없이 사용을 하였기에 프로젝트는 일정보다 더 빨리 완료가 된다. 이 부분은 조직의 환경, 팀원들의 신뢰 등과 관계 된다. 이런 부분을 Critical Chain이라고 이스라엘 물리학자 엘드골드렛 박사가 책(The Goal)을 통해 발표하였다.

학생 증후군(Student Syndrome)은 사람들에게 마감 시간이 주어지면, 그들은 거의 마감시간까지 기다렸다가, 일을 시작하는 경향이다.
학생 증후군(Student Syndrome)은 우리가 흔히 시험공부 할 때 겪는 부분으로 대부분 이 용어를 인지하고 있다. 프로젝트에서 이것이 중요한 것은 이 증후군 때문에 일정 지연이 발생될 수 있는 것이다. 추정 작업시간 대비 초기에 실제 작업시간의 양이 적기 때문에 중반 이후에 열심히 작업을 하더라도 결국 프로젝트 작업을 완료 못할 수 있다.

12
Chapter

애자일 활동 촉진하기

· 시간 상자의 개념을 확실하게 이해한다.

· 애자일 작업 수행 시 다수 작업(Multi-Tasking)의 단점을 이해한다.

· 5가지 핵심 애자일 활동특징을 이해한다.

· 제품 백로그 정제내용을 이해한다.

· 회고미팅에서 사용될 수 있는 다양한 기법을 이해한다.

1 경량으로 유지

애자일 방법은 무거운 방법론보다는 가벼운 방식을 채용한다. Low-Tech, High-Touch를 선호한다.

공유 공간과 오스모틱 의사소통을 강조하다.

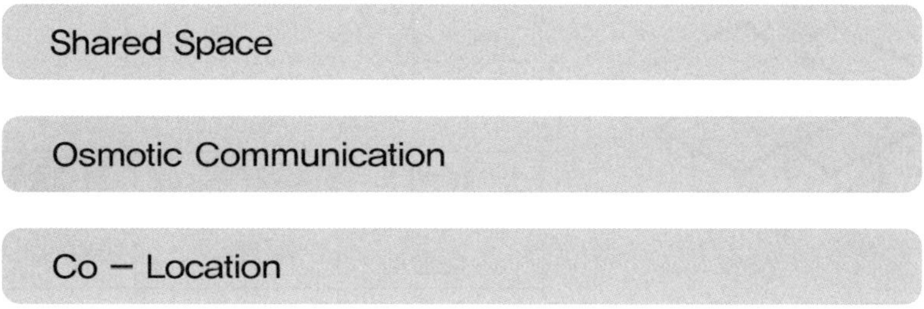

| Shared Space |
| Osmotic Communication |
| Co — Location |

그림 12.1.1 **애자일 방식의 경량 유지 핵심사항**

애자일 회의는 가치가 높은 업무를 선호한다.

고객이 원하는 가치를 전달하기 위해 최대한 효율적인 업무를 지향한다.

2 시간 상자(Time Box)

시간 상자(타임 박스)는 반복 가능한 시간 단위이다.

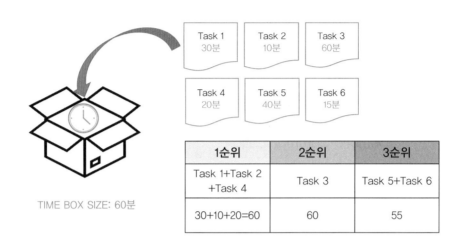

그림 12.2.1 **시간 상자 개요**

그림처럼 시간 상자를 이용하여 작업의 우선순위를 결정할 수 있다. 만일 시간 상자가 60분이라면 Task 1+Task 2+Task 4순으로 우선 작업을 하는 것이 바람직하다.

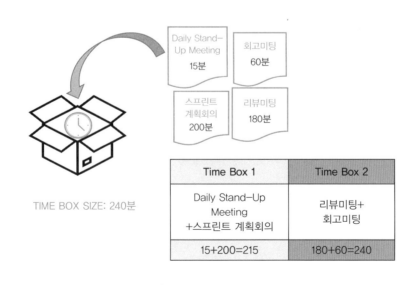

그림 12.2.2 **시간 상자 개요: 미팅 부분**

그림처럼 시간 상자를 이용하여 회의 우선순위를 결정할 수 있다. 만일 시간 상자가 240분이라면 일일 미팅과 스프린트 계획 미팅을 1순위로 하는 것이 바람직하다.

시간 상자(타임박스)의 실제적인 실무 활용(스프린트)

Plan

10 Sprints with 50ea per Sprint = 500ea

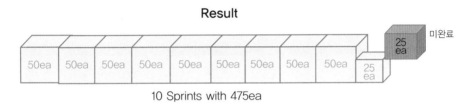

Result

10 Sprints with 475ea

그림 12.2.3 **시간 상자 계획 대비 실적 비교**

상기처럼 계획대비 실적이 나왔다면 다음에 계획을 수립할 때 스토리의 수를 조정할 필요가 있다. 총 10번의 반복으로는 작업이 완료되지 않았다. 11번의 반복이 필요 해졌다. 이에 스프린트당 평균 스토리 포인트의 수를 일부 줄이면 이상적으로 반복을 마칠 수 있다.

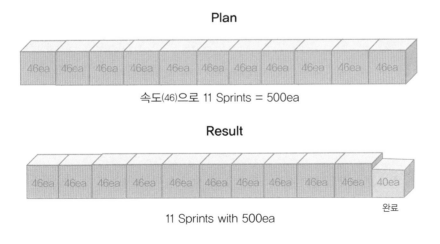

Plan

속도(46)으로 11 Sprints = 500ea

Result

11 Sprints with 500ea

그림 12.2.4 **시간 상자 계획 수정 개요**

시간 상자와 속도(Velocity)를 적절히 검토하여 가장 이상적인 반복계획을 만드는 것이 중요하다.

3 다수 작업(Multi-Tasking)

복수 이상 작성은 프로젝트 작업 수행 시 가능하다. 다수의 작업을 동시에 수행하는 것은 효율성이 있는 것인가? Multi-Tasking은 작업 전환의 문제와 업무 종료 및 시작의 반복에 따른 시간 사이에 발생하는 비효율적인 시간이 소모된다. 따라서 동시 및 다수 작업은 일의 비효율성을 가져올 수 있다. 애자일 작업 촉진하기에 있어 적절한 속도(Velocity) 조정과 더불어 다수 작업에 대한 개선 인식이 중요하다.

노력 분배율과 작업수의 관계를 알아보고 개선의 필요성을 이해하고 개선을 실시하면 된다.

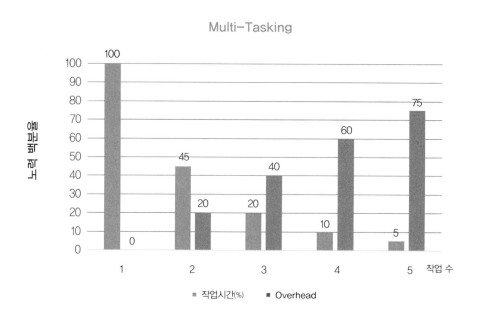

그림 12.3.1 **다수 작업의 노력 백분율과 작업 수 관계**

만일 2개의 작업을 수행한다고 가정하면 작업당 시간이 각각 30분이 소요된다고 산정이 되었지만, 실제 작업에서는 전환시간 때문에 작업당 30분을 투입하지 못하고 24분밖에 시간 투자를 못하게 되어 각 작업을 완료할 수 없게 된다. 다수작업을 진행할수록 Overhead는 더 늘어난다.

그림 12.3.2 **다수 작업의 Overhead 시간**

이래 그래프처럼 작업수가 늘어날수록 Overhead가 많아진다.

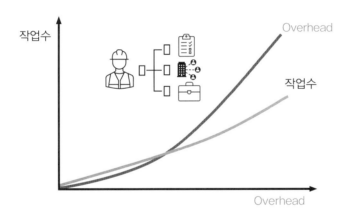

그림 12.3.3 **다수 작업의 Overhead 시간 그래프**

애자일 활동 촉진에서는 다수 동시 작업을 억제하고 쉬운 도구를 사용하면서 가시성을 높이는 방식을 추천한다.

4 애자일 활동의 실행

애자일 활동의 실행에는 5가지의 핵심 활동이 있다. 스크럼의 경우 Product Backlog부터 시작한다.

백로그정체	스프린트 기획	일일미팅	스프린트 리뷰	회고
Refine	Plan	Stand-Up	Demo	Improve

그림 12.4.1 **애자일 활동의 실행 5가지 핵심 활동 개요**

애자일 활동의 실행 5가지 핵심 활동은 백로그를 정제하고 나서 스프린트 계획을 통해 스프린트 백로그를 만들어 작업을 결정하고 수시로 일일 미팅을 통해 개발자들의 작업 현황을 체크하면서 스프린트 리뷰를 통해 작업된 제품을 시연하고 리뷰 시 받았던 피드백을 기반으로 회고 미팅을 통해 지속적인 개선을 도모한다.

A. 제품 백로그의 생성

제품 백로그는 제품 책임자가 고객의 요구사항(또는 자체 요구사항)을 기반으로 요구사항의 우선순위 목록이다. 스프레드 시트나 카드형태로 작성이 가능하다. 애자일 프로젝트의 전체 범위이며 프로젝트의 시작이다.

B. 제품 백로그 정제

- 제품 백로그를 전달받아서 제품 백로그를 작은 단위로 분할한다.
- 개발 팀은 작업(Task)를 정의한다.
- 개발 팀은 작업기간을 산정한다.

D-E-E-P by Mike Cohn

표 12.4.1 **애자일 활동의 실행 5가지 핵심 활동 개요**

DEEP	내 용
Detailed	적당하게 상세하여야 한다. 너무 상세하면 안된다. 개략적인 유저스토리가 이해되면 된다.
Estimated	Planning Poker를 통해 산정할 수 있다. 산정완료 후 Product Owner가 백로그의 우선순위를 정할 수 있다.
Emergent	계속 추가되고, 제거되고, 변경될 수 있다.
Prioritized	가장 높은 가치가 우선순위가 된다.

C. 스프린트 기획

개발 팀이 제품 백로그부터 스프린트 백로그를 생성하는 회의이다. 기간을 산정하여 스토리 포인트의 양을 산정하고 각자 작업(Task)에 대해 역할을 할당한다. 작업에 대해 기간 산정 작업이 합의에 의해 정해지므로 스프린트 기획에 다소 시간이 소요된다.

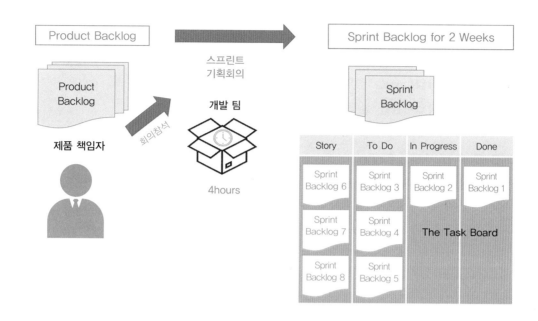

그림 12.4.2 **스프린트 기획 개요**

D. 일일 스탠드 업

3가지 질문

- 어제 한일은 무엇인가?
- 오늘 해야 하는 일은 무엇인가?
- 방해요소 및 이슈는?

Tip for Daily Stand-Up Meeting(15분 회의 원칙)

- 예) 09:30~09:45AM
- Stand-Up Meeting
- Circle
- Task Board 사용

주의사항
- 지식 공유 시간이 아니다.
- 기술적인 회의가 아니다.

E. 스프린트 리뷰

제품책임자가 스프린트 데모 드라이브-WHY?

- 결과물의 상태를 직접 느끼게 한다.
- PO와 고객과의 긴밀한 관계유지가 도움이 된다.
- PO와 고객과 같은 비전을 공유하고 있음을 확인한다.
- 개발자의 데모 방향이 잘못되면 조정한다.

그림 12.4.3 **스프린트 리뷰 개요**

F. 스프린트 회고

- 스프린트 리뷰 시 발생한 피드백을 기반으로 개선방향을 설정한다.
- 회고 미팅 시 사용될 수 있는 기법 등은 다음과 같다.
  - 4L: Liked, Learned, Lacked, Longed for
  - KPT(Keep - Problem - Try)
  - Starfish-5가지 구분 영역

스프린트의 지속적 유지

고객의 요구사항 변경에 따라 스프린트마다 우선순위는 변경이 될 수도 있다.

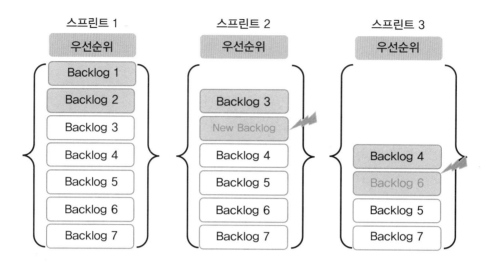

그림 12.4.4 **스프린트 백로그의 우선화**

백로그는 스프린트 1에서 작업이 되고 스프린트 2에서는 백로그 3번, 4번이 수행이 가능하나 신규 백로그가 추가되고 백로그3 + 신규 백로그가 작업이 된다. 스프린트 3에서 백로그 4번과 6번으로 변경될 수 있다. 이렇게 애자일에서는 고객의 요구사항이 수시로 변경이 가능하다.

- 시간 상자(타임 박스)는 반복 가능한 시간 단위 개념을 확실하게 한다.
  정해진 시간에 완료할 수 있는 우선순위를 정하여 작업의 효율성을 기한다.

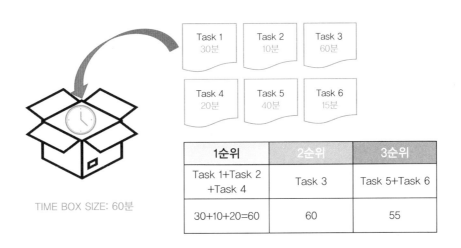

1순위	2순위	3순위
Task 1+Task 2 +Task 4	Task 3	Task 5+Task 6
30+10+20=60	60	55

TIME BOX SIZE: 60분

- 애자일 작업 수행 시 다수 작업(Multi-Tasking)은 Overhead를 만들어 낸다. 따라서 실제
  작업 시 비효율성을 가져온다.

12Minute is Overhead Time

다수 작업을 진행할수록 Overhead는 늘어난다. 예상은 작업 1, 2를 각각 30분 예측했
지만 실제 작업시에는 작업 1을 정리하고 작업 2를 준비하는 등 시작이 소요된다. 그래서
실제 작업은 48분밖에 수행할 수 없어 작업을 마무리 못하는 경우가 발생한다.

- 5가지 핵심 애자일 활동은 다음과 같다.

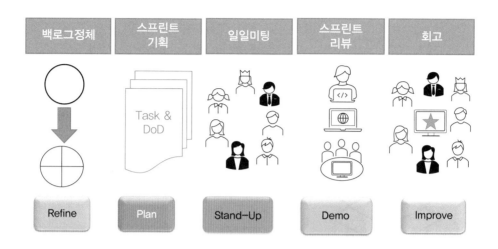

백로그를 정제하고 스프린트 계획을 통해 분할하여 스프린트 백로그를 생성한다. 매일 작업 상황을 일일 스탠드업 미팅을 통해 공유하면서 스프린트 리뷰를 통해 데모를 실시한다. 데모는 작업된 MVP, MBI를 고객에게 실시한다. 리뷰를 마치고 회고를 통해 데이터 수집(리뷰결과)을 하고 분석을 하고 다음에 무엇을 어떻게 할지 결정하는 개선 활동을 결정한다.

- 제품 백로그 정제는 백로그를 가다듬는 활동이다. Backlog Grooming의 원칙아래 백로그 추가, 제거 및 갱신이 이루어진다. 백로그 정제(Backlog Refinement)는 적당하게 상세해야 하고 우선순위를 정하는 활동이며 가치순위가 높은 것이 우선순위가 된다. 정제는 계속 추가되고, 제거되고 변경될 수 있다.

- 회고미팅에서 사용될 수 있는 다양한 기법으로는 Continue - Stop - Start 방식이 있다. 3가지 분류로 스프린트 리뷰 결과를 기반으로 지속할 기능, 중단할 기능, 새로 시작해야 하는 기능을 식별한다.

또 다른 기법으로는 4L: Liked, Learned, Lacked, Longed for이 있다.

- ✔ 좋았던 것(Liked)
- ✔ 배운 것(Learned)
- ✔ 부족했던 것(Lacked)
- ✔ 바라는 것(Longed for)

4가지로 분류하여 회고하는 방식이다. 부족했던 부분과 바라는 것을 집중 개선하는 것이 중요하다.

가장 많이 사용하는 기법이 Starfish로 5가지로 범주로 분류하여 개선을 하는 방식이다.

스프린트 리뷰를 기반으로 기능을 줄일 것, 더 늘리는 것, 신규 개발하는 것, 그대로 유지하는 것, 삭제하는 것으로 분류하여 개선을 한다.

Q: 애자일 활동의 지속적 유지에서 Talker, Sitter의 의미가 무엇이고 애자일 역할별로 애자일 이벤트(스프린트 계획 회의, 스프린트 리뷰 미팅, 회고 미팅, 일일 미팅)별 Talker, Sitter는 어떻게 되는가?

A: 애자일 활동의 지속적 유지에서 애자일 이벤트별 주관(Talker)이 있고 지원하는 역할(Sitter)이 있다. 대부분 애자일 개발 팀이 주관(Talker)이지만 역할별로 공동주관이 있다. 다음은 역할별로 이벤트별 Talker(주관역할), Sitter(지원 역할)의 현황을 나타낸다.

Role	Sprint Planning Meeting	Sprint Review Meeting	Retrospective Meeting	Daily Stand-Up Meeting
고객	Sitter	Talker	Sitter	Sitter
Product Owner	Talker Sitter	Talker	Sitter	Talker Sitter
Scrum Master	Talker Sitter	Sitter	Talker	Talker
Development Team	Talker	Talker	Talker	Talker

Q: 애자일 방식에서 스프린트 장애는 왜 발생하는가?

A: 애자일 방식의 스프린트 장애는 스프린트 계획 시 해당 작업에 대한 산정이 잘못되었을 경우 발생한다. 또한, 회사에서 갑자기 애자일 팀원들을 호출하여 다른 프로젝트로 긴급 투입했을 경우 발생할 수 있다. 작업을 진행하면서 극복할 수 없는 장애물이 발생하면 스프린트는 방해를 받게 된다. 특히, 자원 관련으로 팀원들의 역량이 부족하여 대응력이 부족하면 스프린트 장애는 발생한다.

Q: 스프린트 리뷰 시 데모를 하면 무엇이 좋아지는가?

A: 고객 또는 제품 책임자가 결과물의 상태를 직접 느끼게 한다. PO와 고객과의 긴밀한 관계유지가 도움이 된다. PO와 고객과 같은 비전을 공유하고 있음을 확인할 수 있고 개발자의 데모 방향이 잘못되면 조정이 가능하다.

Q: 제품 백로그 정제에서 Mike Cohn의 DEEP는 무엇인가?

A: DEEP의 약자는 다음과 같다.

DEEP	내 용
Detailed	· 적당하게 상세하여야 한다. 너무 상세하면 안 된다. · 개략적인 유저스토리가 이해되면 된다.
Estimated	· Planning Poker를 통해 산정할 수 있다. · 산정완료 후 Product Owner가 백로그의 우선순위를 정할 수 있다.
Emergent	· 계속 추가되고, 제거되고, 변경될 수 있다.
Prioritized	· 가장 높은 가치가 우선순위가 된다.

Q: 스프린트 회고는 어떤 분위기로 수행되는 게 좋은가?

A: 워터폴의 교훈사항(Lessons Learned)처럼 잘된 부분, 개선할 부분을 기록하는 부분은 유사할 수 있다. 그러나 애자일 스프린트 회고는 스프린트 리뷰에서 나왔던 제품 책임자 또는 고객의 피드백을 기반으로 어떤 소프트웨어 기능을 개선할 것인지에 대한 부분이 초점이다. 회고는 피드백에 결과를 수집하고, 분석하고, 아이디어를 생성해서 다음에 무엇을 할 건지를 결정하는 회의이기 때문에 창의력과 오픈 마인드가 필수적이다. 따라서, 회고시 분위기가 개방적이고 자율적인 분위기를 만드는 게 중요하다. 이러한 역할은 스크럼 마스터가 잘 팀원들을 조정하고 동기부여도 만들고 분위기를 띄우는 것이 회고 미팅 결과를 더 생산적으로 만들 수 있다.

Q: 애자일에서 유명한 애자일 활동의 Talker와 Sitter와 관련하여 돼지와 닭의 이야기를 아는가?

A: 어느 날 닭과 돼지가 길을 걷고 있었다. 닭이 돼지에게 물어본다. "돼지야! 우리 함께 식당을 열어볼까?" 이에 돼지는 "글쎄? 그럼 식당 이름을 무엇이라고 부르는 게 좋을까?" 닭은 '햄 그리고 달걀'이 좋겠다고 답변한다.

이 답변에 돼지는 당황을 하면서 이렇게 얘기한다. "난 싫어. 나는 모든 것을 헌신을 해야 되지만 넌 단지 알을 낳아서 주기만 하면 되니까!"

이야기 내용은 '돼지는 목숨이 걸려 있는 자기의 살을 잘라야 되지만 닭은 꼭 그렇지 않다.' 이다.

비유적으로 애자일 문화와 관련하여 조직에서 작업을 할 때 어떤 사람은 헌신을 하면서 작업을 하지만 어떤 사람은 단순한 일을 하고 던져주는 역할을 할 수도 있는 것이다. 그래서 애자일에서는 모두가 헌신할 수 있는 문화를 만드는 게 성공의 지름길이다. 이게 바로 애자일 활동의 지속적 유지를 만드는 부분과 관련이 있다.

Chapter

13

문제 발견 및 해결

(Problem Detection and Resolution)

- 문제 발견 및 해결의 4가지 테마(Four Themes)를 이해한다.

- 변경비용에 대한 애자일과 전통적인 방법의 차이를 이해한다.

- 기술채무(Technical Debt)의 속성을 이해한다.

- 실패 모드(Failure Modes)의 5가지를 이해한다.

- 칸반 보드의 리드 타임과 사이클 시간의 차이가 무엇인지를 이해한다.

- 리드 타임 및 사이클 타임(Lead Time and Cycle Time)을 이해한다.

- 문제 발견(Detecting Problems)의 기법 등을 이해한다.

- 차이의 원인(Causes of Variation)의 종류를 알아본다.

- 리스크 조정된 백로그(The Risk Adjusted Backlog)를 이해한다.

- 위협과 이슈의 관리(Managing Threats and Issues)를 이해한다.

1 개요

문제 발견 및 해결에는 4가지 중요한 테마가 있다.

- 문제를 이해(Understanding Problems)한다.
- 문제를 감지(Detecting Problems)한다.
- 위협 및 이슈를 관리(Managing Threats and Issues)한다.
- 문제를 해결(Solving Problems)한다.

애자일 방식은 프로젝트의 높은 변화율과 불확실성, 복잡성에서 비롯되는 이슈들을 해결할 필요성에서 탄생되었다. 애자일 방식에는 예측방식에서 문제가 되는 이슈를 처리할 다양한 도구와 기법이 포함되어 있다.

2 문제 이해하기

A. 프로젝트에 영향을 미치는 문제

프로젝트에 영향을 미치는 문제를 이해하려면 프로젝트 작업 시 문제점이 발견되었을 때 영향을 인식하여야 한다.

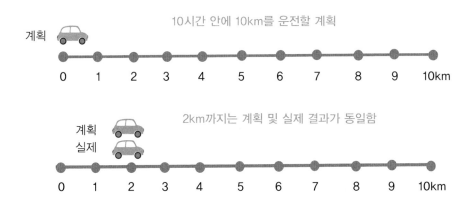

그림 13.2.1 **프로젝트에 영향을 주는 문제 이해하기 1**

10시간 안에 10km 운전하는 프로젝트를 수행하는 경우의 간단한 시나리오로 이해하여 보기로 한다.

그림 13.2.2 프로젝트에 영향을 주는 문제 이해하기 2

문제 해결을 위해서는 작업은 두 시간 정도 걸리고 두단계 뒤로 이동해야 한다.

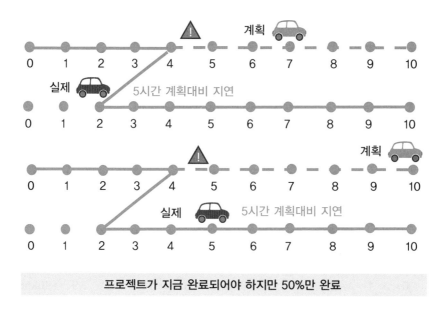

그림 13.2.3 프로젝트에 영향을 주는 문제 이해하기 3

B. 문제 이해하기-변경비용(The Cost of Change)

문제를 처리하는데 있어서 미루는 것이 그렇게 비용이 많이 드는 이유는 변경비용의 곡선 때문이다.

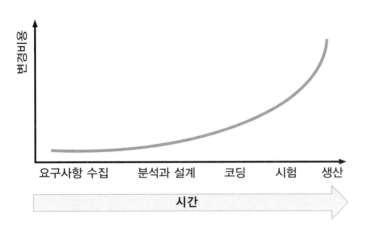

그림 13.2.4 **프로젝트 변경비용**

변경비용에 대한 애자일과 전통적인 방법의 차이는?

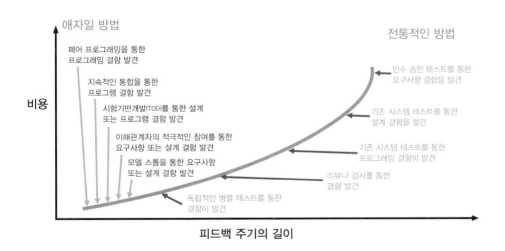

그림 13.2.5 **변경비용에 대한 애자일과 전통적인 방법의 차이**

변경비용에 대한 애자일과 전통적인 방법의 차이에서 전반적으로 애자일 방식이 전통적 방식보다 고객의 피드백 주기의 길이가 짧다.

C. 기술채무(Technical Debt)

- 기술적 부채는 변경 곡선의 부풀려진 비용이다.
- 제품이 제조되는 동안 정기적인 정화, 유지 보수 및 표준화를 수행하지 않아 발생된 작업의 밀린 일이다.
- 미래에 작업을 더 쉽게 하기 위해 수행해야 하는 밀린 작업이지만, 기능을 제공하려는 노력 때문에 잘 수행이 되지 않는다.
- 개발비용과 변경에 따른 비용이 증가되는데, 그 이유는 그 동안 표준화 작업과 정화 작업을 지연했기 때문이다.
- SW 프로젝트에서 기술적 부채에 대한 해결책은 리펙터링(Refactoring)이다.
- 리펙터링(Refactoring)은 향후 작업하기 쉽게 하기 위해 코드를 단순화하고 표준화를 하는데 시간을 들이는 과정이다.

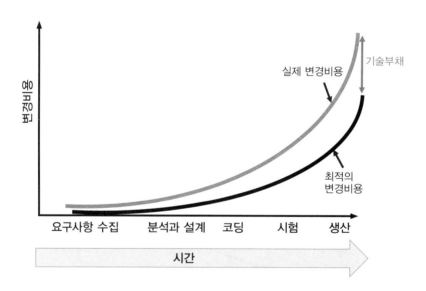

그림 13.2.6 **기술 부채**

5S—Software Development

- 순서대로 설정(Set in Order)한다.
- 정렬하다(Sort).

- 깨끗하게 하다(Shine).
- 표준화를 하다(Standardize).
- 유지하다(Sustain).

D. 안전하고 개방적인 환경 조성(Create a Safe and Open Environment)

안전하고 개방적인 환경을 조성하는 것은 사람들의 감정을 보호하는 것과 마찬가지로 치명적인 지연을 방지하는 것이다.

E. 프로젝트 실패와 성공 모드

Cockburn의 57가지 실패 모드

- 우리는 실수를 만든다.
- 우리는 보수적으로 실패하는 것을 선호한다.
- 우리는 연구보다는 발명하는 것을 선호한다.
- 우리는 습관의 동물이다.
- 우리는 일관성이 없다.

문제는 종종 예방할 수 있는 이유로 발생한다. 문제의 원인이 되는 인적 요인을 이해하는 것은 우리가 문제를 최소화하고 더 효과적으로 처리하는 데 도움을 줄 수 있다. Cockburn의 실패 모드는 우리가 실패할 운명이라는 것을 의미하는가? 성공모드를 찾아야 된다.

성공 모드
- 우리는 주위를 잘 둘러본다.
- 우리는 배울 수 있다.
- 우리는 유연성이 있다.
- 우리는 우리의 일에 자부심을 가지고 있다.

Cockburn은 실패 모드를 극복하기 위한 10가지 전략을 고안했다.
① 규율을 관용과 균형이 있게 조정한다.
② 구체적이고 가시적인 것으로 시작한다.

③ 복사하여 변경한다.

④ 보고 경청한다.

⑤ 집중력과 의사소통을 모두 지원한다.

⑥ 작업 할당과 담당자를 연결하라.

⑦ 최고의 인재를 확보하라.

⑧ 기쁨을 보존하는 보상을 사용하라.

⑨ 보상을 결합한다.

⑩ 피드백을 받는다.

3 문제 발견하기(Detecting Problems)

- 문제와 결함을 찾는 데 초점을 맞춘다.
- 사이클 시간, 추세 분석 및 통제 한계와 같은 진단 도구는 문제가 발생하기 전에 잠재적인 문제들에 초점을 맞출 수 있거나, 문제가 발생하자마자 식별하는데 도움을 준다.
- 일일 스탠드업 회의는 문제를 식별하기 위한 중요한 메커니즘이다.

A. 리드 타임 및 사이클 타임(Lead Time and Cycle Time)

- 리드타임(Lead Time)은 문제를 식별하고 진단하는 데 사용할 수 있는 진단 도구로 전체 과정을 거치는 데 걸리는 시간을 측정한다.
- 사이클 타임(Cycle Time)은 프로세스의 일부를 통과하는 데 걸리는 시간을 측정하는 리드 타임의 하위 집합이다.
- 신규 시스템의 리드 타임은 복수의 사이클 시간 요소를 가질 가능성이 있다.
- 사이클 타임은 WIP(Work In Progress)와 처리량의 함수로, 다음 공식을 이용하여 계산할 수 있다.

$$\text{사이클 타임(Cycle Time)} = \text{WIP} / \text{Throughput}$$

- 상기 방정식의 또 다른 변수는 팀이 한 번의 반복으로 할 수 있는 작업의 양과 같이 주어진 시간 내에 시스템을 통해 처리할 수 있는 작업의 양이다.

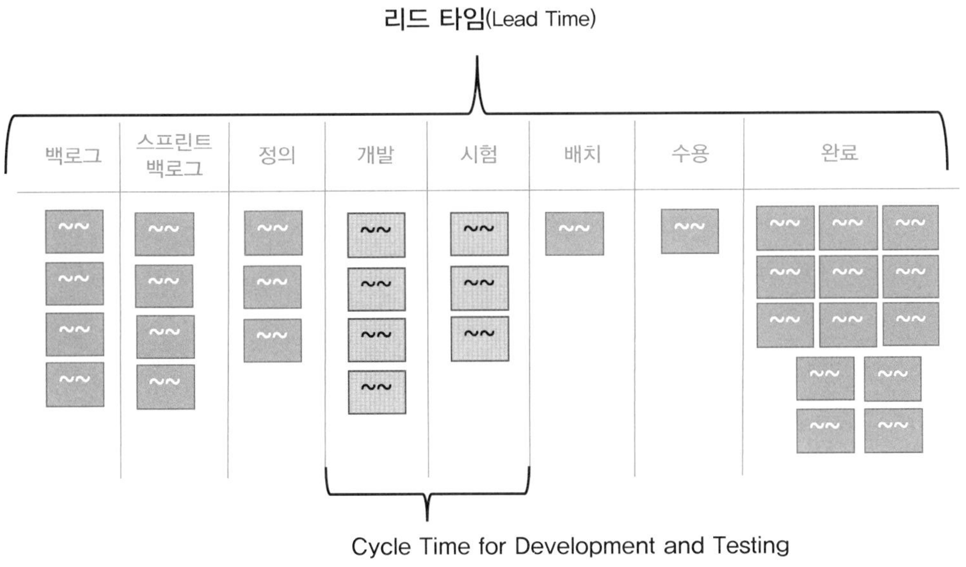

그림 13.3.1 **칸반 보드의 리드 타임과 사이클 시간의 차이**

프로젝트 사이클 타임(Project Cycle Time)

프로젝트 사이클 타임은 전체 프로젝트가 처음부터 끝까지 걸리는 기간

처리량(Throughput) 및 생산성(Productivity)

- 처리량(Throughput)은 팀이 한 기간 내에 완료할 수 있는 평균 작업량(또는 평균 완료 시간)
- 생산성(Productivity)은 프로젝트 기간을 기술하는 비율이지만, 간단히 말하면 프로젝트 기간은 프로젝트 전체에 대한 사이클 타임

사이클 타임(Lead Time and Cycle Time)

- 하루에 25대의 자전거를 생산하고, 일반적으로 주어진 시간에 100대의 자전거를 작업하는 자전거 공장을 생각한다면 자전거를 만드는 데 걸리는 평균 시간은 얼마인가? 사이클 타임, WIP 및 처리량은?

Throughput = 25 bikes(일 기준)

Cycle Time = WIP / Throughput = 100대 / 25 = 4일

조립 공정을 개선하면 사이클 시간을 3일로 단축하고 WIP는 진행 중인 자전거 90대로 단축할 수 있다. 처리량 개선의 비율은?

- Throughput=WIP/Cycle Time
- 90/3=30 bikes(일 기준)
- 구 처리량(Old throughput)=25 bikes(일 기준)
- 구/신 처리량 차이=(30−25=5)
- (구/신 처리량 차이)/(구 처리량)=5/25=0.2, or 20%
- 증가된 처리량(Throughput)=(25 to 30bikes per Day)=20% 증가

B. 결함(Defects)

- 결함주기 시간(Defect Cycle Time)은 결함을 도입한 시점과 수정된 시점 사이의 기간이다.
- 결함주기 시간의 길이는 결함이 지속되면 어떻게 얼마나 변경 그래프의 비용이 상승할지를 나타낸다.
- 프로젝트 팀에서는 결함의 수정 비용을 최소화하기 위해 평균 결함의 주기 시간을 적극적으로 추적하고, 결함의 신속한 해결을 위한 목표를 설정한다.

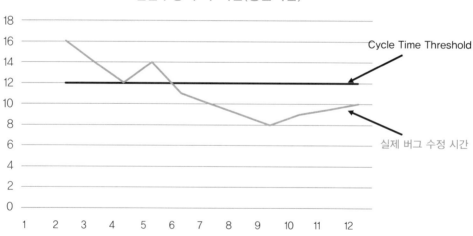

그림 13.3.2 **칸반 보드의 리드 타임과 사이클 시간의 차이**

결함률(Defect Rates)

프로젝트의 결함율은 '반송된 50개의 성공적인 특성당 하나의 결함 특성'과 같이 발견된 결함의 빈도를 측정한다.

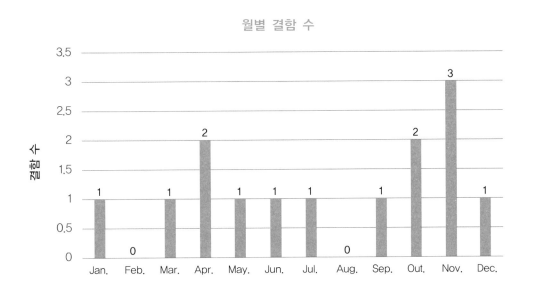

그림 13.3.3 **월별 결함 수 히스토그램**

결함률(불량률)을 사용하여 공정이 얼마나 잘 작동하는지 파악할 수 있다.

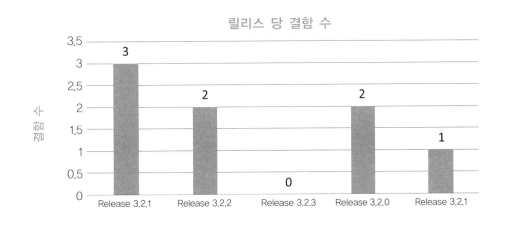

그림 13.3.4 **릴리스 당 결함 수 히스토그램**

C. 차이분석(Variance Analysis)

차이는 사물이 서로 얼마나 멀리 떨어져 있는지 또는 얼마나 서로 다른지를 나타내는 표시이다.

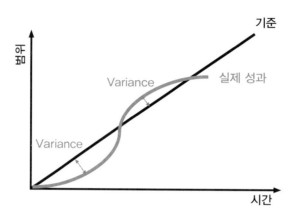

그림 13.3.5 **차이분석 그래프**

차이의 원인(Causes of Variation)

품질 전문가 W. Edwards Deming은 공통 원인 변동(Common Cause Variation)과 특수 원인 차이(Special Cause Variation)에 따른 차이로 분류한다.

- 공통원인 차이(Common Cause Variation): 작업 수행 시 일별 평균 차이점을 참조(예: 목표 5ea/실제 4ea = 80% 달성)
- 특수원인 차이(Special Cause Variation): 특수 요인 또는 새로운 요인에 의해 발생하는 큰 차이

교육 비행 성과(Training Flight Performance)

- 차이를 수용하겠는가? 아니면 조치를 취하겠는가?
- 프로젝트에서 공통원인 차이를 수용할 수 있다.
- 특수 원인 차이 경우에 조사 또는 조치 필요하다.
- 우리는 프로젝트를 미세하게 관리하는 것을 피하고 진정한 병목 현상과 장애물을 제거하는 데 초점을 맞추고 싶다.
- 매일 회의에서는 해결해야 할 특별한 문제가 있는지 확인하기 위해 외부 지표와 작업에 장애가 있는 팀의 보고서를 살펴보는 데 초점을 맞추고 있다.

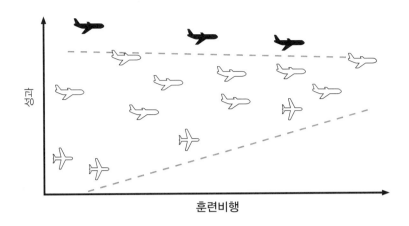

그림 13.3.6 교육 비행 성과–공통원인/특수원인 차이

교육 비행 성과를 살펴보면 일반적으로 훈련 비행을 많이 하면 성과가 높아진다. 예측할 수 있는 공통 원인으로 성과가 높아진다. 하지만 훈련 비행을 적게 하여도 특수 원인에 의해 성과가 높아지는 상황이 나올 수도 있다.

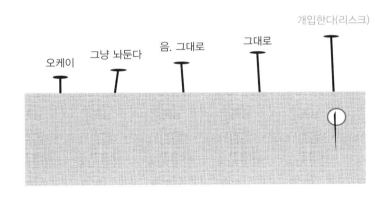

그림 13.3.7 공통원인/특수원인 차이

특수 원인이 발생하면 개입하여 확인하여야 한다.

D. 추세분석(Trend Analysis)

추세 분석은 문제가 발생하기 전에 미래의 문제에 대한 통찰력을 제공하기 때문에 문제를 감지하는 데 특히 중요한 도구이다.

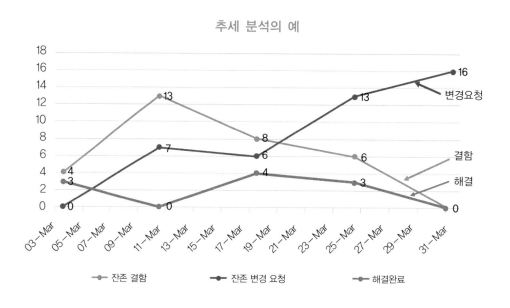

그림 13.3.8 **추세분석의 예**

E. 통제 한계(Control Limits)

- 통제한계는 제조 공정 관리에서 나온 개념으로, 공정에서 허용 가능한 변동을 결정하는 데 통계적으로 계산된 상한과 하한을 사용한다.
- 애자일 맥락에서 통제 한계는 허용오차 수준과 경고 사인을 포함하는 훨씬 포괄적 해석을 가지고 있는데 그런 한계는 문제가 발생하기 전에 진단하거나 내부에서 작동하기 위한 지침을 제공하는 데 도움이 될 수 있다.
- 릴리스 날짜까지 합의된 작업을 완료할 수 있는 가능성이 어느 정도인지 측정하기 위한 속도를 감시한다.

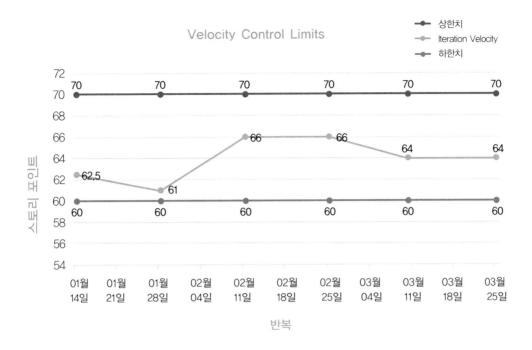

그림 13.3.9 **통제한계의 예**

4 위협과 이슈의 관리 (Managing Threats and Issues)

- 애자일에서는 리스크가 안티가치(Anti-Value)이며, 리스크 관리는 가치 주도적 제공에 매우 중요하다.
- 프로젝트 위협의 심각성을 평가하고 전체 프로젝트 리스크 프로필을 감시가 필요하며 이러한 관행은 문제 탐지 및 해결 도메인에 포함된다.
- 3가지 도구를 검토하여 팀이 위협 및 이슈를 관리하는 방법에 대한 핵심을 파악한다.
  - 리스크 조정된 백로그(The Risk Adjusted Backlog)
  - 리스크 심각성(Risk Severity)
  - 리스크 번다운 그래프(Risk Burn-Down Graphs)

A. 리스크 조정된 백로그(The Risk Adjusted Backlog)

- 각 반복을 계획할 때, 애자일 팀은 최고 가치 기능을 제공하고 프로젝트에 남아 있는 가장 큰 리스크를 완화하기 위해 균형을 맞추려고 한다.
- 백로그는 실제적인 작업 묶음으로 나누어 프로젝트에 관련된 비즈니스 특징의 목록처럼 시작할 수 있지만, 일단 리스크 대응 활동을 추가하고 우선순위를 정하면(실제적인 반 가치에 근거하여) '리스크 조정 백로그'가 될 수 있다.

백로그를 사용하여 기능 및 위험 대응의 우선순위를 지정

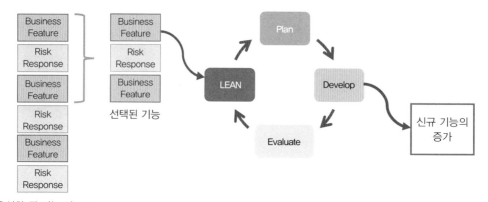

그림 13.4.1 **리스크 조정된 백로그**

- 특징을 이야기로 분해하다.
- 스토리를 발전시키고 기능을 시현한다.
- 비즈니스 피드백을 받고 회고 실시한다.

리스크 조정된 백로그 생성

비즈니스 가치에 따라 우선순위가 정해진 기능(특성)

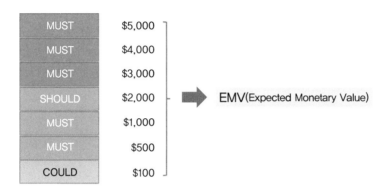

그림 13.4.2 **리스크 조정된 백로그 우선순위**

기능과 리스크 대응 행동을 반영한 리스크 조정 백로그

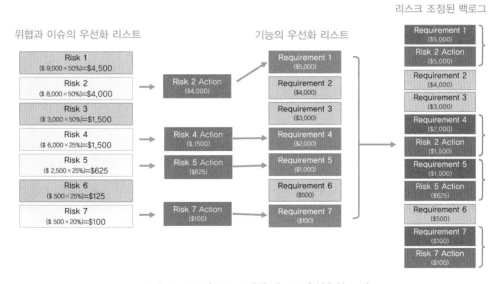

그림 13.4.3 **리스크 조정된 백로그 우선순위 조정**

리스크 조정된 백로그를 통해 우선순위를 조정할 수 있다.

B. 리스크 심각성(Risk Severity)

Risk Severity = Risk Probability x Risk Impact

ID	Short Risk Name	Impact	Probability	Severity
1		3	2	6
2		2	2	4
3		3	2	6
4		2	2	4
5		2	1	2
6		2	1	2
7		2	2	4
8		1	2	2
9		3	1	3
10		0	0	0
			합계	33

그림 13.4.4 **리스크 관리대장의 예**

Progress of Risks

순	리스크 내용	January			February			March			April		
ID	Short Risk Name	Imp	Prob	Sev	Imp	Prob	Sev	Imp	Prob	Sev	Imp	Prob	Sev
1		3	2	6	3	0	0	3	0	0	3	0	0
2		2	2	4	2	0	0	2	0	0	2	0	0
3		3	2	6	3	1	3	3	0	0	3	0	0
4		2	2	4	2	3	6	2	2	4	2	0	0
5		2	1	2	2	1	2	2	0	0	2	0	0
6		2	1	2	2	2	4	2	1	2	2	1	2
7		2	2	4	2	3	6	2	2	4	2	0	0
8		1	2	2	1	1	1	1	2	2	1	0	0
9		3	1	3	3	1	3	3	3	9	3	1	3
10		0	0	0	0	0	0	2	2	4	2	1	2
				33			25			25			7

그림 13.4.5 **리스크 관리대장의 주기적 업데이트 예**

C. 리스크 번다운 그래프(Risk Burn-Down Graphs)

- 리스크 번다운 그래프는 누적 프로젝트 리스크 심각도의 누적 그래프이다.
- 프로젝트의 누적 심각도 프로파일을 보여주기 위해 각 리스크의 심각도 점수를 다른 리스크 위에 하나씩 표시한다.
- 프로젝트의 전반적인 리스크 상태 및 추세를 보다 쉽게 해석할 수 있다.

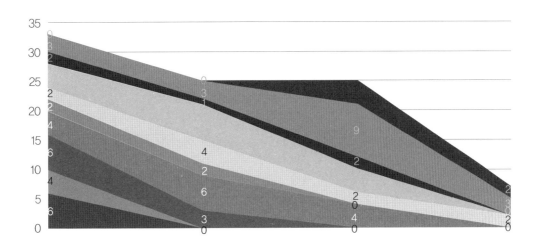

그림 13.4.6 **리스크 번다운 그래프**(Risk Burn-Down Graphs) **예**

5 문제 해결(Solving Problems)

A. 지속적인 개선으로 문제 해결(Problem Solving as Continuous Improvement)

우리의 프로젝트는 여전히 문제에 부딪힐 수밖에 없다. 그러므로 우리는 그것들을 어떻게 해결해야 하는지 이해할 필요가 있다.

- 지속적인 개선으로 문제 해결을 한다.
- 팀 참여가 필수적이다.
- 일부 문제는 해결할 수 없다.

애자일은 각 반복이 끝날 때마다 수행되는 반복 검토(리뷰) 및 회고에서 잠재적 문제를 식별하기 위한 노력을 집중해야 한다. 애자일은 반복하는 동안 임시 문제 해결의 필요성을 최소화하고 프로젝트가 끝나기 전까지 교훈사항이 너무 중요하다고 여긴다. 팀 기반의 '문제 해결' 노력은 사실 지속적인 개선 과정의 일부분이다.

B. 팀 참여(Engage the Team)

애자일은 위협 및 문제를 식별, 진단 및 해결하는 데 팀을 참여시킨다. 팀 참여의 이점은 다음과 같다.

- 팀에게 해결책을 요구함으로써 그 제안에 대한 합의를 이끌어낸다.
- 팀을 참여시키면 보다 광범위한 지식기반에 접근할 수 있다.
- 팀 솔루션은 실용적이다. 상담을 하면 사람들은 좋은 아이디어를 창출하기 위해 열심히 일한다.
- 도움을 요청하는 것은 약점이 아니라 자신감을 보여준다.
- 다른 사람의 아이디어를 찾는 바람직한 행동을 모형화 한다.

팀 참여에 대한 고려 사항 및 주의 사항은 다음과 같다.

- 가장 도움이 될 수 있는 곳에 팀을 참여시킨다.
- 실제 문제를 해결한다.
- 팀 응집력이 필요하다.
- 팀 또는 프로젝트 변경 후를 잘 살핀다.
- 팀이 끝까지 따르는 것을 확신한다.

해결될 수 없는 문제도 존재한다.

- 어떤 문제들은 해결될 수 없다. 가장 좋은 방법은 그것들을 받아들이고 우리가 할 수 있는 가치를 인도하는 쪽으로 움직이는 것이다.
- 문제를 언제 풀어야 하는지 알아야 하고, 나쁜 일이 있은 후에 돈을 낭비해서는 안 된다.
- 우리가 직면하는 모든 문제들을 해결하려고 노력하지만 때때로 가장 현명한 일은 단지 상황을 벗어나 프로젝트에 대한 우리의 기대를 다시 설정하는 것이다.

C. 애자일 프로젝트 문제 해결 개요

애자일 문제점과 가능한 문제 해결 방법은 다음과 같다.

표 13.5.1 **애자일 문제점과 가능한 문제 해결 방법**

문제점	가능한 문제 해결 방법
팀의 불분명한 목적 및 사명	애자일 헌장 개발
불분명한 요구사항	제품 로드맵 구축
부정확한 산정치	스토리 세분화/애자일 모델링
작업진척	일일 스탠드 업 미팅
기술 부채	리팩토링, 애자일 모델링, 자동화된 코드품질 분석
결함	페어작업, 제품의 공동소유권
업무지연	스토리 생성
제품의 지나친 복잡성	단순성
업무 부하	팀 수용능력을 초과하지 않게 계획
불가능한 이해관계자 요구	섬김형 리더십으로 대처
예상 또는 예측하지 못한 지연	칸반보드 활용
교차기능팀이 아닌 사일로 팀	자율구성팀
업무 쇄도	페어링
시작단계의 실패	제품 책임자에게 팀의 핵심일원이 되어줄 것을 요청

Chapter 13 요점정리

- 문제 발견 및 해결의 4가지 테마(Four Themes)는 다음과 같다.

  - 문제를 이해(Understanding Problems)한다.

  - 문제를 감지(Detecting Problems)한다.

  - 위협 및 이슈를 관리(Managing Threats and Issues)한다.

  - 문제를 해결(Solving Problems)한다.

- 변경비용에 대한 애자일과 전통적인 방법의 차이는 다음과 같다.

  애자일 방식은 피드백 주기를 짧게 하여 피드백을 받으므로 변경을 위한 비용이 전통형에 비해 적게 소요된다. 적극적인 이해관계자 참여가 발생하기 때문에 애자일은 피드백이 빨라지고 지속적인 통합을 통해 결함을 빨리 발견하여 개선한다.

- 기술 채무(Technical Debt)는 변경 곡선의 부풀려진 비용으로 제품이 제조되는 동안 정기적인 정화, 유지 보수 및 표준화를 수행하지 않아 발생된 작업의 밀린 일이다. 개발비용과 변경에 따른 비용이 증가되는데, 그 이유는 그 동안 표준화 작업과 정화 작업을 지연했기 때문이다. SW 프로젝트에서 기술적 부채에 대한 해결책은 리펙터링(Refactoring)이다. 리펙터링은 향후 작업하기 쉽게 하기 위해 코드를 단순화하고 표준화를 하는데 시간을 들이는 과정이다.

  기술부채는 작업 후반에 발생하기 쉬우므로 변경비용에 큰 부담을 준다. 따라서 수시로 리펙터링(Refactoring)을 하여 건전화를 만들어야 한다.

- 5가지 실패모드(Agile Software Development: The Cooperative Game by Cockburn)는 다음과 같다.

  - 우리는 실수를 만든다.

  - 우리는 보수적으로 실패하는 것을 선호한다.

  - 우리는 연구보다는 발명하는 것을 선호한다.

  - 우리는 습관의 동물이다.

  - 우리는 일관성이 없다.

문제는 종종 예방할 수 있는 이유로 발생한다. 문제의 원인이 되는 인적 요인을 이해하는 것은 우리가 문제를 최소화하고 더 효과적으로 처리하는 데 도움을 줄 수 있다.

- 리드타임(Lead Time)은 문제를 식별하고 진단하는 데 사용할 수 있는 진단 도구로 전체 과정을 거치는 데 걸리는 시간을 측정한다. 사이클 타임(Cycle Time)은 프로세스의 일부를 통과하는데 걸리는 시간을 측정하는 리드 타임의 하위 집합이다.

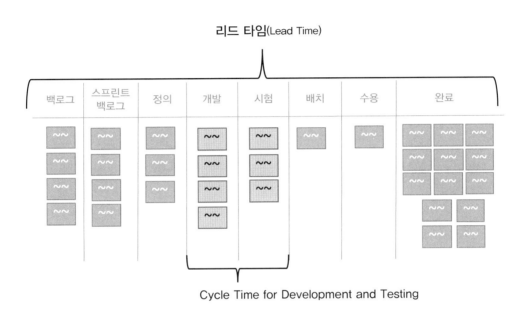

Cycle Time for Development and Testing

- 문제 발견(Detecting Problems)의 기법에는 리드 타임 및 사이클 타임(Lead Time and Cycle Time) 분석을 통한 효율성을 파악하고 개선을 한다. 결함을 발견하고 관리하고 개선한다. 예를 들어 결함수정 평균시간, 월별 결함 수, 릴리스당 결함수를 모니터링 할 수 있다.

- 차이의 원인(Causes of Variation)과 관련하여 품질 전문가 W. Edwards Deming은 공통원인 변동(Common Cause Variation)과 특수원인 차이(Special Cause Variation)에 따른 차이를 분류하였다. 공통원인 차이(Common Cause Variation)는 예를 들어 작업 수행 시 일별 평균 차이가 발생하는 경우이다(예: 목표 5ea/실제 4ea=80% 달성). 반면 특수원인 차이(Special Cause Variation)는 특수 요인 또는 새로운 요인에 의해 발생하는 큰 차이이다.

- 리스크 조정된 백로그(The Risk Adjusted Backlog)는 리스크 대응 활동을 추가하고 우선순위를 정하면(실제적인 반 가치에 근거하여) '리스크 조정 백로그'가 만들어진다.

- 위협과 이슈의 관리(Managing Threats and Issues)에서 애자일에서는 리스크가 안티가치(Anti-Value)이며, 리스크 관리는 가치 주도적 제공에 매우 중요하다. 어떤 이슈들은 해결

될 수 없다. 가장 좋은 방법은 그것들을 받아들이고 우리가 할 수 있는 가치를 인도하는 쪽으로 움직이는 것이다. 이슈를 언제 풀어야 하는지 알아야 하고, 나쁜 일이 있은 후에 돈을 낭비해서는 안 된다. 우리가 직면하는 모든 이슈들을 해결하려고 노력하지만 때때로 가장 현명한 일은 단지 상황을 벗어나 프로젝트에 대한 우리의 기대를 다시 설정하는 것이다.

Q & A

Q: 프로젝트에서 하루에 25대의 자전거를 생산하고, 일반적으로 주어진 시간에 100대의 자전거를 작업하는 자전거 공장을 생각한다면 자전거를 만드는 데 걸리는 평균 시간은 얼마인가? 사이클 타임, WIP 및 처리량은?

A: Throughput = 25 bikes(일 기준)

Cycle Time = WIP / Throughput = 100대/25 = 4일

Q: 문제 해결(Solving Problems)에서 팀 참여의 이점은 무엇인가?

A: 애자일은 위협 및 문제를 식별, 진단 및 해결하는 데 팀의 참여시킨다. 팀 참여의 이점은 다음과 같다.

- 팀에게 해결책을 요구함으로써 그 제안에 대한 합의를 이끌어낸다.
- 팀을 참여시키면 보다 광범위한 지식기반에 접근할 수 있다.
- 팀 솔루션은 실용적이다. 상담을 하면 사람들은 좋은 아이디어를 창출하기 위해 열심히 일한다.
- 도움을 요청하는 것은 약점이 아니라 자신감을 보여준다.
- 다른 사람의 아이디어를 찾는 바람직한 행동을 모형화를 한다.

애자일 기본정석

14

Chapter

애자일 작업 보고하기

학습목적

· 얘자일 작업보고의 투명성을 이해한다.

· 대표적인 작업보고 양식을 이해한다.

· 번 차트 생성 방법을 이해한다.

· 번 차트의 작업 보고에서 문제점을 찾아낸다.

· 작업보고시 도전사항 처리 방법을 알아본다.

· 가상 팀 작업 환경을 이해한다.

① 애자일 투명성 유지하기

애자일 보고는 간단하고 가시화를 추구한다. 애자일 정보는 제품 백로그와 스프린트 백로그가 어떻게 진행되는지 간단하게 보여주어야 한다.

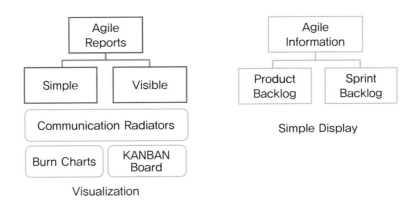

그림 14.1.1 **애자일 가시화 및 단순화를 통한 투명성**

2 의사 소통 진행하기

애자일 의사소통은 한 장의 보고서를 추구하고 되도록이면 문서보다는 작동하는 Software를 보여주는 것을 추구한다. 회고를 통한 지속적인 개선과 프로젝트 성과를 정보 라디에이터를 통해 가시적으로 보여준다.

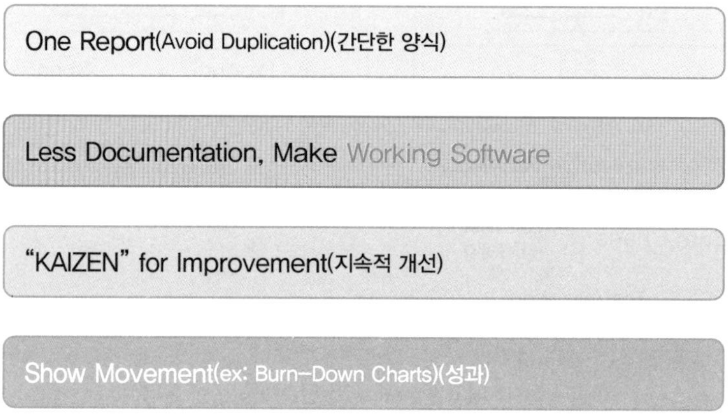

One Report(Avoid Duplication)(간단한 양식)

Less Documentation, Make Working Software

"KAIZEN" for Improvement(지속적 개선)

Show Movement(ex: Burn-Down Charts)(성과)

그림 14.2.1 애자일의 의사소통

3 ▶ 작업보드 생성하기

Task board를 만들어 스프린트 백로그의 진행 사항을 표시한다. 각 프로젝트 특징에 맞게 보드 내용은 변경할 수 있다. 예를 들어 TO DO, BUILD, TEST, COMPLETE.

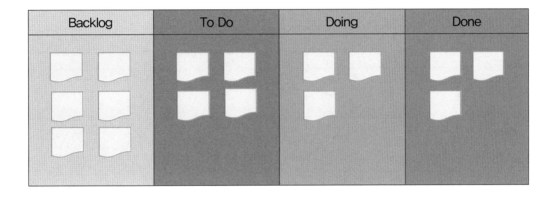

그림 14.3.1 **애자일 칸반**

4 작업보드 이해하기

Task board에서 backlog는 제품책임자의 주관으로 비즈니스 가치기반으로 백로그 우선순위를 정한다. Doing은 Work in progress로 병목(Bottle neck)을 회피하기 위해 Multi-tasking을 하면 안 된다. 제품이 완료되면 비즈니스 가치가 발생하므로 편익에 긍정적인 효과를 가져온다.

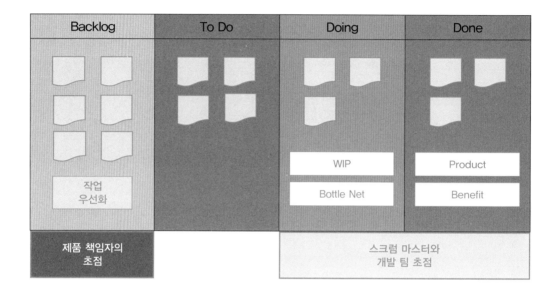

그림 14.4.1 **애자일 칸반**

애자일 칸반에서 제품 책임자는 백로그 우선순위 지정에 책임이 있으며 개발 팀은 제품 작업의 주체이다. Work in Progress의 조정에 주의를 기울여서 작업에 병목(Bottle neck)이 발생하지 않도록 하여야 한다. 스크럼 마스터는 개발자들이 백로그를 완성하여 승인을 받아 고객에 인계하여 편익을 발생하도록 촉진하여야 한다.

5 작업보드 크기 만들기

작업보드(Task board)는 가급적 2주 단위 작업을 관리하는 게 유리하다. 만일 스프린트 주기별로 관리를 한다면 굉장히 많은 작업이 보드안에 존재하므로 전자식 작업 도구를 사용하는 게 좋다.

기본적으로 작업보드는 작업을 밀어내는 방법으로, 백로그가 보드안에 들어가면 우측으로 이동하게 된다. 이동하는 부분을 날짜별로 관리하는 것이 애자일의 한 방식이다. 일일 스탠드업 미팅 시 작업보드 현황을 관리한다.

A. Scrum Board & KANBAN Board -KANBAN Board(Pull Base)

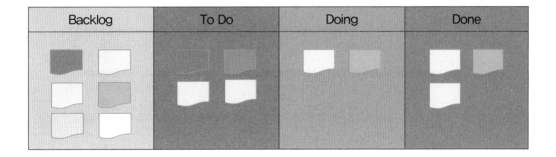

그림 14.5.1 **KANBAN Board**(Pull Base)

B. Scrum Board(By Sprint-2 Weeks Based)

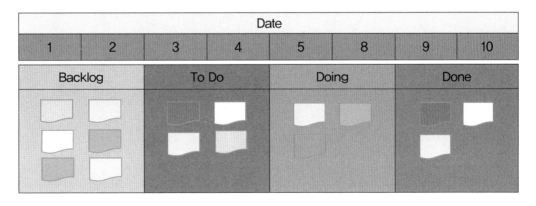

그림 14.5.2 **Scrum Board**(By Sprint-2 Weeks Based)

C. 파라독스 이해하기

우리가 작업을 진행할 때, 예상보다 일이 진척이 안될 때 파라독스 이론을 예로 든다. 분명히 일이 다른 작업보다 빨리 완료될 것 같은데 따라잡지 못하는 경우 이 이론을 재미있게 예로 든다. 파라독스 이론은 이론상 뒤에서 출발한 토끼가 앞에 있는 거북이를 절대 추월할 수 없다는 이론이다. 토끼가 전진한 만큼 거북이는 늘 앞에서 조금이리도 전진해서 결코 토끼가 거북이를 추월 할 수 없다는 것이다. 실제로는 아니지만 이론상으로 언급되는 것이다.

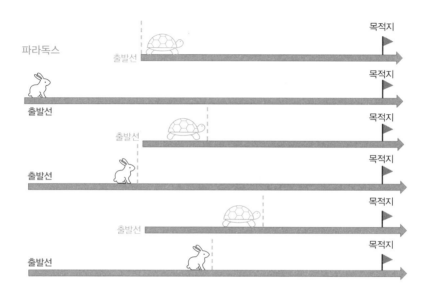

그림 14.5.3 **파라독스 개요**

6 번다운 차트

그림 14.6.1은 한 예를 보여준다. 우리가 야외 샤워기를 사용할 때 물이 나오는 세기를 세게 하면 물줄기가 세기 때문에 한 번 사용시 탱크의 물이 3분이면 소모될 것이다. 반면에 물줄기를 약하게 하면 5분 동안 샤워를 할 수 있을 것이다. 속도차이에 따른 번다운 차트를 보면 속도를 빨리 하면 빨리 끝난다. 스토리 포인트 양을 어떤 팀은 역량이 좋아 일을 많이 처리하면 기간 경과에 따라 조기에 완료될 수 있다.

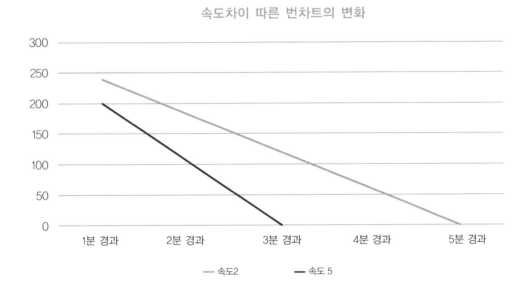

그림 14.6.1 **속도차이에 따른 번다운 차트**

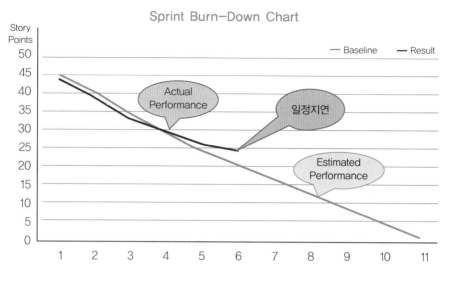

그림 14.6.2 **스프린트 번다운 차트 성과 해석**

상기 그림을 보면 프로젝트 성과는 기준 대비 실적으로 보면 현재 일정 지연을 보여준다. 번다운 차트에서는 실적이 기준선 밑에 있는 것이 성과가 좋다. 그 이유는 누적으로 작업의 잔량이 적게 남아 있음을 보여주기 때문이다.

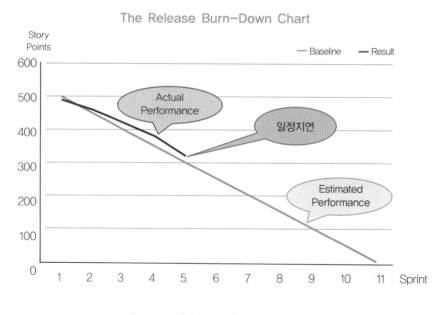

그림 14.6.3 **릴리스 번다운 차트 성과 해석**

릴리스 번다운 차트는 스프린트 번다운 차트와 다르다. X축이 스프린트 번다운 차트인 경우 날짜가 되지만, 릴리스 번다운 차트는 반복(스프린트)의 수이다. 즉 2주간의 실적이 반복 당 누적되어 표시된다.

7 번다운 차트 갱신

스프린트 번다운 차트(Sprint Burn-Down Chart) 갱신

실제 엑셀을 이용하여 데이터를 넣고 스프린트 번다운 차트와 스프린트 번다운을 생성하고 수기로 업데이트 할 수 있다. 아래 그림들은 프로젝트 중반의 실적을 업데이트한 현황이다.

표 14.7.1 **스프린트 번 차트 데이터 입력**

Day	1	2	3	4	5	6	7	8	9	10
목표	5	5	5	5	5	5	5	5	5	5
실적	6	6	6	3	2					

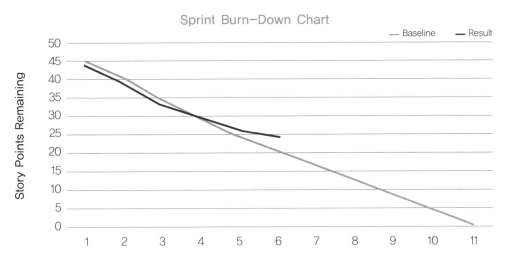

그림 14.7.1 **스프린트 번다운 차트 갱신 예**

릴리스 번다운 차트(Release Burn-Down Chart) 갱신

표 14.7.2 릴리스 번 차트 데이터 입력

Sprint	1	2	3	4	5	6	7	8	9	10
목표	50	50	50	50	50	50	50	50	50	50
실적	60	35	40	50	55					

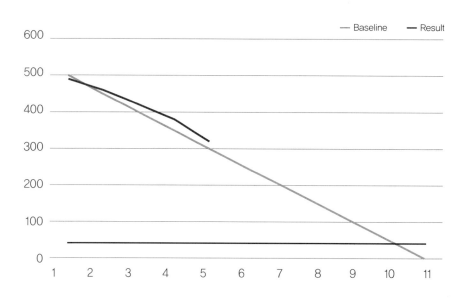

그림 14.7.2 릴리스 번다운 차트 갱신 예

8 문제 발견

릴리스 번다운 차트(Release Burn-Down Chart) 유형 1

표 14.8.1 **릴리스 차트 데이터 입력 1**

Sprint	1	2	3	4	5	6	7	8	9	10
목표	450	400	350	300	250	200	150	100	50	0
실적	440	380	320	280	240	190	140	90	40	0

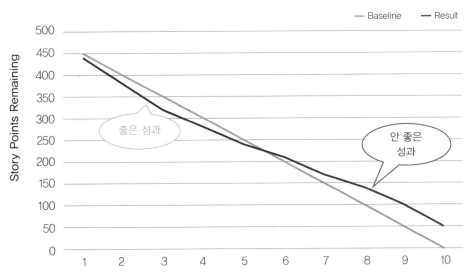

그림 14.8.1 **릴리스 번다운 차트 성과 문제 해석 1**

그림을 보면 성과가 반복 5까지는 좋았지만 6부터 성과가 안 좋아져서 반복 10단계에서도 전체적으로 성과가 안 좋다. 일정지연으로 아마도 반복 1~2회가 추가될 수가 있다.

릴리스 번다운 차트(Release Burn-Down Chart) 유형 2

표 14.8.2 릴리스 차트 데이터 입력 2

Sprint	1	2	3	4	5	6	7	8	9	10
목표	450	400	350	300	250	200	150	100	50	0
실적	460	420	380	320	275	230	160	125	70	25

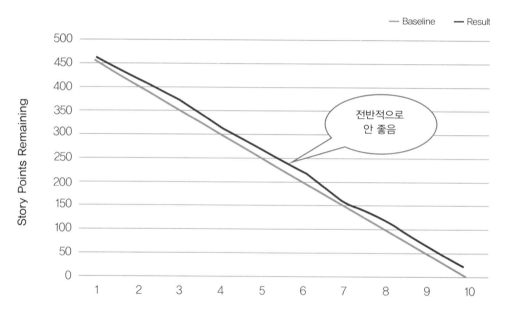

그림 14.8.2 릴리스 번다운 차트 성과 문제 해석 2

그림을 보면 초기부터 반복 10까지 성과가 좋은 적이 없다. 아마도 팀역량이 부족하기 때문에 Velocity를 좀 낮게 조절할 필요가 있다. 약 5% 정도만 적게 반복 당 스토리 포인트 총 수를 조정하면 무난하게 조정된 기준선(5% 같이 조정)에 맞출 수 있을 것이다.

릴리스 번다운 차트(Release Burn-Down Chart) 유형 3

표 14.8.3 릴리스 차트 데이터 입력 3

Sprint	1	2	3	4	5	6	7	8	9	10
목표	450	400	350	300	250	200	150	100	50	0
실적	440	370	290	210	150	115	90	70	40	0

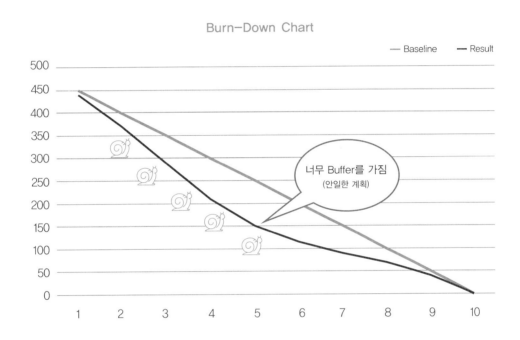

그림 14.8.3 **릴리스 번다운 차트 성과 문제 해석 3**

그림을 보면 팀이 작업을 여유 있게 잘 한 것처럼 보이지만 너무 편안하게 속도(Velocity)를 잡았다고 볼 수 있다. 충분히 더 많이 작업을 할 수 있는 데도 계획을 낮게 잡아서 작업을 좀 진행하다가 나중에 아주 여유 있게 작업 속도를 조정한 것처럼 보인다. 이런 경우는 다음에 속도를 좀 높게 올릴 필요가 있다.

릴리스 번다운 차트(Release Burn-Down Chart) 유형 4

표 14.8.4 **릴리스 차트 데이터 입력 4**

Sprint	1	2	3	4	5	6	7	8	9	10
Velocity	450	400	350	300	250	200	150	100	50	0
실적	500	500	500	500	350	350	350	150	0	

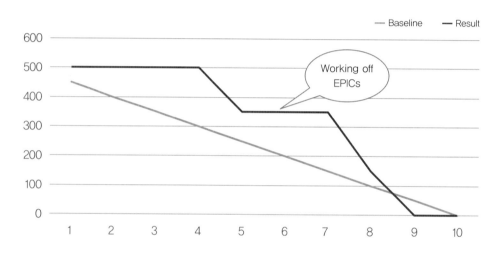

그림 14.8.4 **릴리스 번다운 차트 성과 문제 해석 4**

그림을 보면 반복 4까지는 성과가 없다가 반복 5에 많이 성과가 나오고, 또 한참 있다가 반복 8에서 작업 결과가 발생한다. 이런 경우는 혹시 EPIC 단위로 작업을 하지 않았나 검토하여야 한다. 제품 백로그 단위로 작업이 되어야 하는데 너무 큰 단위로 작업을 하여 시간이 많이 경과 되어 작업이 완료되었다. 따라서 작업 크기를 검토하여야 한다.

릴리스 번다운 차트(Release Burn-Down Chart) 유형 5

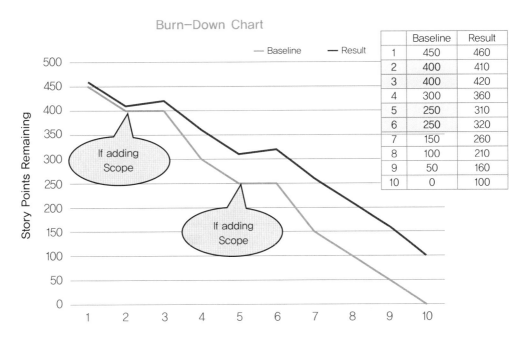

그림 14.8.5 **릴리스 번다운 차트 성과 문제 해석 5**

프로젝트를 진행하다 보면 범위가 갑자기 추가가 된다. 이런 경우 번차트에서도 이 부분을 반영하여야 한다. 기준선이 수평으로 움직인 것은 그 부분에서 범위가 추가된 것을 의미한다. 표에서도 Baseline이 2에서 3부분과, 5에서 6부분이 같은 것은 그 부분에서 범위가 추가된 것을 보여준다. 그림에서도 범위가 추가된 부분에서 급격하게 곡선이 꺾인다.

릴리스 번다운 차트(Release Burn-Down Chart) 유형 6

표 14.8.5 **릴리스 차트 데이터 입력 6**

Sprint	1	2	3	4	5	6	7	8	9	10
Velocity	450	400	350	300	250	200	150	100	50	0
실적	500	500	500	500	350	350	350	150	0	

그림 14.8.6 **릴리스 번다운 차트 성과 문제 해석 6**

상기 그림은 좀 특이한 유형의 그림으로 흔히 행글라이더 형상이라고 한다. 마치 하늘을 날다가 한참 후에 지상에 도착하는 것처럼 한참 동안 작업의 진척성과가 나타나지 않다가 종료 시간이 되어서 갑자기 많은 작업이 완료되는 현상이다. 이것 역시 작업 단위가 너무 크게 책정이 된 현상으로 볼 수 있어 EPIC 단위로 작업을 한 것인지 검토하고 추후 개선을 하여야 한다.

9 도전 사항의 처리

번다운 확장을 피하는 방법은 다른 방식(번업 차트)으로 대응이 가능하다.

표 14.9.1 번업 차트 데이터 입력

Sprint	1	2	3	4	5	6	7	8	9	10
Baseline	50	100	150	200	250	300	350	400	450	500
실적	45	110	140	220	250	310	330	380	460	500

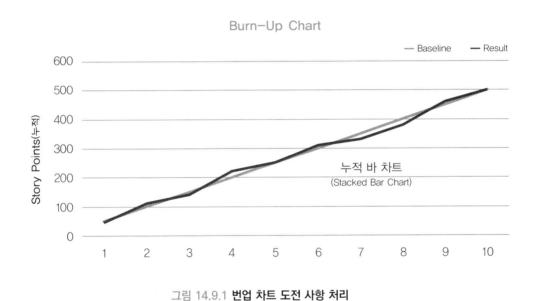

그림 14.9.1 번업 차트 도전 사항 처리

번업 차트를 이용하면 번차트보다 범위 추가에 대한 대응을 가시적으로 더 잘 관리할 수 있다. 번업 차트는 작업 완료가 누적되는 것을 나타내 번다운 차트와는 반대 유형의 그림을 보여준다.

상기 그림에서는 누적 실적을 보면 초기에서 중반까지 어느 정도 잘 관리되었다가 중반 이후 실적이 꺾었다가 후반에 다시 회복한 모습을 보여준다.

배분 작업 장소(가상 팀)에서 일하기

가상 환경에서도 프로젝트는 변함없이 이루어져야 한다. 이해관계자 간 작업의 진행 상황은 효과적으로 공유되어야 한다. 애자일의 협업 도구는 이 부분을 지원한다. 누가 정보 상황판(방열판)을 운영하는가? 바로 스크럼 마스터이다. 정보 상황판은 투명하게 작업진척 내용을 공유한다.

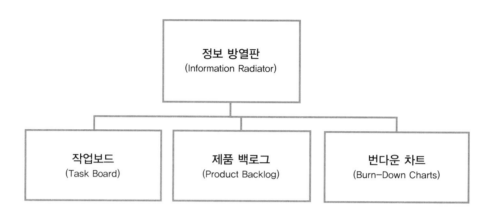

그림 14.9.2 **정보 방열판 개요**

가상 팀에서는 Co-Location이 쉽지 않다. 그래서 작업 현황을 합리적인 도구를 이용해서 공유하는 것이 좋다. 다른 장소에서 각자 작업보드를 이용하여 작업 진행현황을 공유하고 번 차트를 업데이트해서 성과를 공유하여야 한다. 가상팀이라면 정보 상황판을 이용하여 가상보드를 만들고 자동화된 번 차트를 생성하면서 관리하여 프로젝트를 진행한다.

가상 팀의 작업은? 각자 떨어진 장소에서 작업현황을 공유하여야 한다.

- 애자일 작업보고는 애자일 성과보고와 애자일 정보 공유측면으로 접근하여야 한다. 애자일 성과 보고는 간단하고 가시적이어야 한다. 정보 상황판(예 칸반보드, 번 차트 등)을 사용하여 가시성을 높여야 한다. 애자일 정보 공유는 만들고자 하는 작업을 제품 백로그 및 스프린트 백로그를 통해 의사소통하고 작업을 수행한다.

  전통 프로젝트 경우는 프로젝트가 시작되면 마치 잠수함을 타는 것과 같이 별도 잠수하여 작업을 하였다가 잠수함의 공기가 필요하면 지상에 나와 고객을 만나 보고를 하듯이 상당한 기간의 공백이 고객과 존재한다. 그러나 애자일 경우에는 항상 일일 작업의 성과를 투명하게 공유하고 일일 작업 내용을 항시 진척 관리를 하면서 프로젝트를 투명하게 유지한다. 전통 프로젝트와는 달리 수시로 고객의 피드백을 받으므로 의사소통이 매우 원활하게 진행된다. 따라서 애자일 작업 보고는 가시적이고 투명하게 유지 관리된다.

- 대표적인 작업보고는 간단한 양식을 사용하고 실제 작동하는 소프트웨어를 만드는 데에 초점을 가진다. 또한 지속적인 개선을 통해 고객을 만족시킨다. x번 차트처럼 성과를 지속적으로 보여주는 것이 대표적인 애자일 작업 보고 양식이다. 대표적인 보고 양식에는 칸반보드, 번다운 차트, 번업 차트 등이 있다.

- 번 차트 생성 방법은 간단하다. 엑셀 시트를 이용하여 목표 누적과 실제 작업을 입력하여 선 차트를 구성하면 된다. X축이 날짜, Y축이 스토리 포인트 누적수로 만들면 가 되면 스프린트 번 차트를 만든다. 만일 X축을 스프린트 반복수로 구성하면 릴리스 번 차트가 구성된다.

- 번 차트의 작업 보고에서 문제점은 번 차트의 기준선 대비 차이식별을 통해 찾아낼 수 있다.

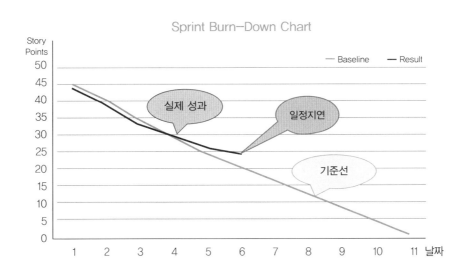

상기 스프린트 번 차트를 살펴보면 기준선 대비 실제성과가 위에 있으므로 일정이 지연되고 있다. 번다운 차트 경우는 목표에서 실제성과를 차감하여 나타내므로 기준선보다 밑에 있어야 성과가 좋다.

The Release Burn-Down Chart

릴리스 번다운 차트 경우도 역시 반복 3번째부터 성과가 좋지 않다. 일정 지연이 일부 발생하고 있지만 반복 5가 반복 4때보다 일부 개선되었다. 이렇게 스프린트 또는 릴리스 번다운 차트를 사용하면 작업 진척의 관리가 투명하게 되어 리스크 관리 측면에서 유리하다.

- 작업보고시 도전사항은 늘 발생한다. 특히 도중에 범위 증가는 심각한 사항이다. 계약이 변경되면서 범위가 정상적으로 증가되었다 하더라도 그동안의 지속적인 진척관리에 영향을 미친다. 이런 부분은 번업 차트를 이용하여 관리가 가능하다.

상기 번업 차트를 보면 2번의 범위 증가가 발생하였다. 번업 차트는 스토리 포인트 수를 증가시켜 이런 부분을 반영할 수 있다.

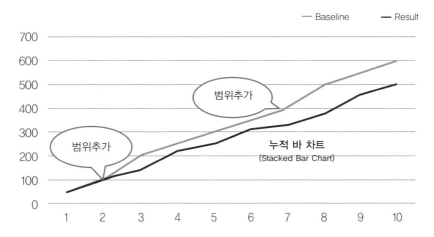

Burn-Up Chart

- 가상 팀 작업 환경에서 준비해야 하는 것은 무엇일까? 애자일에서는 의사소통이 중요하다. 정보 상황판은 작업의 진척상황 공유를 가능하게 한다.

  작업보드(예: 칸반보드), 번업 차트 등이 잘 이용될 수 있다. 스크럼 마스터는 정보 상황판 (Information Radiator)이 잘 업데이트가 될 수 있도록 팀원들을 동기 부여하고 전체적인 관리를 하여야 한다.

Q & A

Q: 작업 진척 관리에서 Zeno Paradox의 의미는 무엇인가?

A: Zeno Paradox는 재미있는 역설적 이론이다.

토끼와 거북이가 목적지를 목표로 경주를 한다. 토끼는 원래 빠르기 때문에 출발선 뒤에 있고 거북이는 좀 앞에서 출발한다. 같이 출발을 하고 토끼가 어느 정도 거리를 가면 그 거리만큼 거북이도 걸어가게 된다. 또 그 출발점에서 토끼가 출발하면 거북이는 그 동안 또 얼마만큼 앞으로 간다.

토끼가 간 만큼 거북이는 늘 앞에서 가기 때문에 토끼가 거북이를 절대 추월할 수 없다는 것이 파라독스 이론이다. 실제로는 이게 현실적으로 맞지 않지만 이론적으로는 설명되는 부분이기에 작업성과를 이야기할 때 회자가 된다.

Q: 애자일 방식에서 범위가 증가하면 번업 차트로만 대응이 가능한 것인가?

A: 번다운 차트도 범위증가에 대응은 가능하다. 번업 차트가 가시적으로 좀 더 보기 좋게 범위증가 누적부분을 잘 가시적으로 보여줄 수 있어 좀 더 효과적이다.

즉, 번다운 차트도 범위 증가에 대한 부분을 대응은 할 수 있으나 누적 형태의 부분이 잘 표현이 되지 않기 때문에 번업 차트보다는 효과적이지 못하다. 번업 차트는 범위 추가와 실적이 잘 구분이 되어 있기 때문에 효과적으로 작업 실적을 관리할 수 있다.

Q: 효과적인 작업보드(Task Board)관리는 어떻게 하는게 좋은가?

A: 소규모 프로젝트에서는 작업 보드를 벽에 설치하여 백로그를 붙이면서 관리하는 것도 좋은 방법이다. 사람들의 동선이 가장 많은 곳에 작업 보드를 설치하여 관리하는 게 효과적이다. 일일 미팅 시 작업 보드를 보면서 회의를 하는 것도 효과적인 방법이다. 그러나 프로젝트의 규모가 커지고 백로그 수가 많이 증가되면 작업보드를 관리하는 것 자체가 더 복잡해질 수가 있다. 그래서 팀 별로 쪼개서 작은 단위로 분할하여 관리하는 게 좋으며 현실적으로 작업 보드를 벽에 붙여서 관리하는 것보다 전자식으로 관리하는 것도 좋은 방법일 수 있다. 특히 가상 팀에서는 이러한 부분이 더 좋을 것이다. 여러가지 소프트웨어가 있지만 대표적으로 작업 보드를 관리하는 소프트웨어는 Jira, Trello. Notion등이 존재하고 있다. 그 외에 작업보드 도구들이 많이 나와 있으니 팀원들이 적절한 도구를 구입하여 사용하면 된다.

애자일 기본정석

15

지속적인 개선
(Continuous Improvement)

학습목적

· 지속적인 개선(Continuous Improvement)의 의미를 이해한다.

· 개선과 관련하여 카이젠(KAIZEN)을 이해한다.

· 시스템적 사고(System Thinking)를 이해한다.

· 가치흐름 매핑(Value Stream Mapping)을 이해한다.

· 지속적인 개선-제품(Continuous Improvement-Product)을 이해한다.

· 회고 프로세스와 편익을 이해한다.

· 팀 자체 평가(Team Self-Assessments) 모델을 적용한다.

1 개요(Overview)

대부분의 전통적인 프로젝트는 끝날 때 배운 대부분의 교훈을 담고 있다. 교훈을 획득하는 목적은 조직이 유사한 비즈니스 또는 기술 영역을 가진 미래 프로젝트 또는 유사한 팀 역할을 가진 프로젝트에 이를 적용할 수 있도록 하기 위함이다. 현재 진행 중인 프로젝트에, 그리고 가능한 한 빨리 학습의 이점을 적용해야 한다. 애자일 프로젝트는 방법론의 일부로 계획에 대한 지속적인 개선 활동을 계획한다. 교훈사항에 대한 애자일 접근은 의도적이고 빈번하며, 팀이 습관화되고 정상적인 작업 방식의 일부가 될 때까지 적응과 개선을 정기적으로 고려하도록 하는데 도움이 된다. 실행 가능한 상태에서 각 반복에서 학습된 교훈을 수집한다.

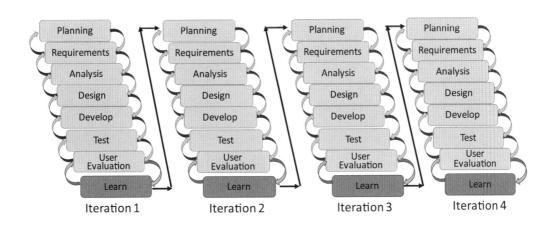

그림 15.1.1 **반복완료의 끝에서 Learn**

A. 카이젠(KAIZEN)

카이젠(KAIZEN)은 '더 좋은 쪽으로 바뀐다.'는 뜻의 일본어 카이젠(KAIZEN)으로 계속적인 개선을 위한 과정이다. 카이젠 접근 방식은 지속적인 개선을 위한 애자일 방법의 기본이다. 카이젠은 팀을 격려하는데 초점을 맞추고 있다. 카이젠 접근 방식은 서양에서 흔히 볼 수 있는 하향식 경영주도의 리엔지니어링 이니셔티브와는 전혀 다른 사고방식에 바탕을 두고 있다. W. Edwards Deming이 개발한 Plan-Do-Check-Act(PDCA) 사이클을 따르고 애자일을 위한 Plan-Development-Evaluate-Learning 사이클을 반영한다.

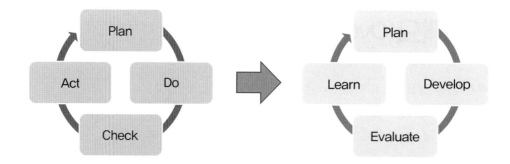

그림 15.1.2 **PDCA Cycle versus Agile Cycle**

애자일 방식은 기능을 이야기로 분할하고 스토리를 개발하여 특성을 시연한다. 그리고 비즈니스 피드백을 받고 회고를 개최하여 지속적인 개선 활동을 한다.

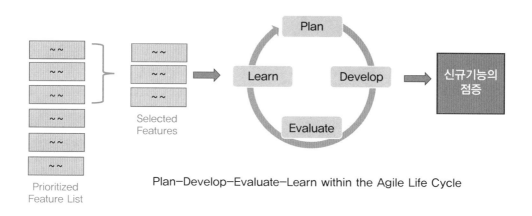

그림 15.1.3 **Plan-Develop-Evaluate-Learn within the Agile Life Cycle**

B. 개선의 다층 수준(Multiple Levels of Improvement)

애자일은 지속적인 개선 노력이 양파처럼 층층이 쌓여 있다.

- 페어 프로그래밍(Pair Programming)
- 일일 스탠드업 미팅(Daily Stand-Up Meeting)
- 리뷰(Review)

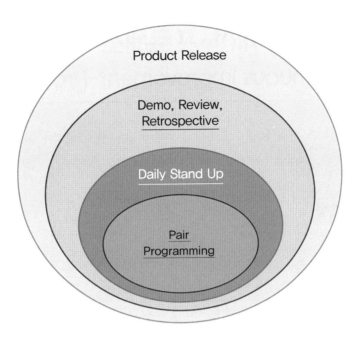

그림 15.1.4 Agile Multiple Levels of Improvement

2 지속적인 개선-프로세스 (Continuous Improvement-Process)

애자일 방식은 실행을 위해 어떻게 프로세스 조정 작업을 할 것인지와 최적의 사례를 확실하게 이해하여야 한다. 프로세스 조정이 지속적인 개선의 시작이다.

A. 프로세스 조정

프로세스 조정은 애자일 방식을 프로젝트 환경에 더 잘 맞게 조정하는 것을 말하며 애자일 프로젝트에 프로세스를 조정하려면 사용 중인 프로젝트 환경에 더 잘 맞도록 방법론을 수정한다. 어떤 방법론들은 꽤 맞춤화가 되어 있지만, 어떤 방법론들은 그렇지 않다. 방법론 간에는 편익과 리스크가 있다. 조정이 적절한지에 대한 질문을 고려할 때, 먼저 모든 프로젝트가 다르다는 것을 인식해야 한다.

대부분 프로젝트에서는 다른 문제들을 해결하고, 다른 도전들에 직면하고, 다른 사람들을 활용하고, 다른 문화와 규범을 가진 다른 조직 들에서 운영이 된다.

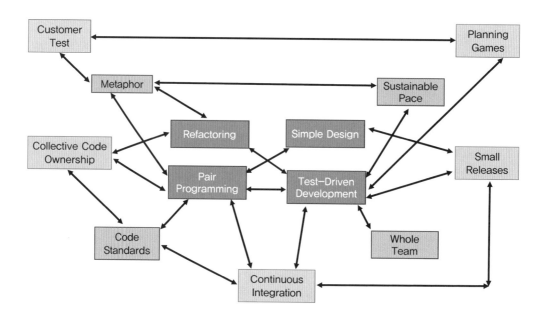

그림 15.2.1 Relationship between XP Practices

프로세스 조정의 리스크를 완화 방법은?

균형은 프로세스 조정에 수반되는 리스크를 완화하는 데 있다. 애자일에 경험이 부족한 사람들이 방법을 수정할 때 실패의 리스크가 클 것이다. 조정은 애자일 전문가들이 수행하여야 한다.

Hybrid Models(하이브리드 모델)

우리의 프로세스를 맞춤화 하는 한 가지 접근방법은 다른 모델의 요소를 사용하는 것이다. 다른 방법론에서 프로세스를 함께 분할하여 하이브리드 모델을 만든다. 하이브리드는 단순히 두 가지 다른 종류의 것들을 조합한 것이다. 하이브리드 애자일 모델은 두 가지 애자일 방법, 즉 애자일 방법론과 전통적인 접근 방식의 조합일 수 있다. 애자일-애자일과 애자일-전통형 하이브리드 모델의 예는 다음과 같다.

- Agile-Agile Hybrid: Scrum-XP
- Agile-Traditional Hybrids

Agile-Agile Hybrid: Scrum-XP

하이브리드 하나는 Scrum과 XP를 같은 프로젝트에서 사용하는 것이다. 두 가지 접근 방식은 각각 프로젝트의 다른 측면에 초점을 맞추고 있기 때문에 상당히 보완적이다. XP는 훌륭한 기술적 지침을 제공하지만 프로젝트 거버넌스 지침의 방식에는 많은 것을 제공하지 않는다. Scrum은 프로젝트 거버넌스 모델을 제공하지만, 그 작업을 어떻게 할 것인가에 대해서는 많은 것을 제공하지 않는다.

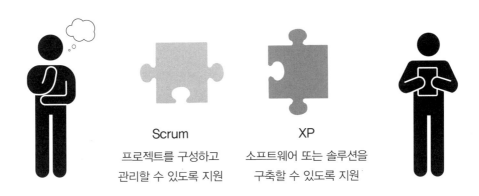

Scrum
프로젝트를 구성하고
관리할 수 있도록 지원

XP
소프트웨어 또는 솔루션을
구축할 수 있도록 지원

그림 15.2.2 **Relationship between Scrum and XP**

Agile-Traditional Hybrids

때로는 프로젝트의 특정 부분이 애자일 접근 방식과 전통적인 접근 방식에 가장 적합하다. 애자일을 활용하여 검증하고, 반복하여 최적의 솔루션을 찾고, 리스크를 제거하고, 팀을 보다 존중하고, 보람 있는 방식으로 참여시킨다.

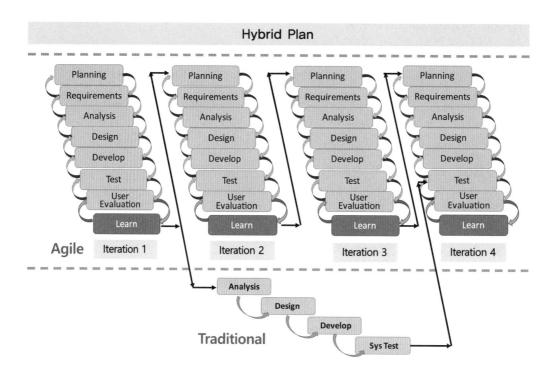

그림 15.2.3 Relationship-Agile-Traditional Hybrids

B. 시스템적 사고(System Thinking)

팀이 프로세스 변경을 고려하고 있을 때, 프로젝트의 시스템 레벨 환경을 이해하는 것이 도움이 되며 이러한 유형의 분석을 시스템 사고라고 부른다. 시스템적 사고 접근법의 한 부분은 프로젝트 요구사항과 기술적 접근의 두 가지 영역에서 프로젝트의 복잡성(불확실성 수준) 측면에서 프로젝트를 분류하는 것을 포함한다.

시스템 사고의 원칙

소프트웨어 프로젝트는 요구사항 주변의 복잡성 수준과 프로젝트에 사용되는 기술의 복잡성으로 특징지어진다. 애자일 최적영역은 복잡성의 수준에 따라 적정한 기술수준의 불확실성과 적절한 요구사항의 확정수준에 적용된다.

C. 프로세스 분석(Process Analysis)

- 프로세스 분석은 프로세스 조정(Tailoring) 및 시스템 사고와 밀접하게 관련되어 있다.
- 프로세스 분석에는 팀의 애자일 방법으로 문제를 검토하고 진단하는 작업이 포함되며, 이런 분석은 우리가 프로세스를 조정할지에 대한 결정을 내리는데 도움을 줄 수 있다.
- 모든 유형의 프로젝트, 모든 기술 및 모든 팀 규모에 대한 최적의 방법론을 생성할 수 없다.
- 방법론은 사람들이 준수하고 사용하는데 동의하는 일련의 관습과 정책이라는 점에서 스트레이트 재킷과 같다.
- 방법론이 유물과 관행에 무거울수록 더 안전하다는 공통적이지만 잘못된 믿음이 있다. 모든 방법이 윤색되는 경향이 있다. 많은 방법론들이 시도되지 않는다.
- 한 번만 사용하는 방법론은 시도하지 않은 방법보다 조금 낫지만, 여전히 성공의 비법이 아니다.

프로세스 성공 기준은?

- 프로젝트 결과물을 정식 인도한다.
- 리더십을 유지하고 프로젝트 팀원들이 같은 방식으로 다시 작업할 수 있고 접근 방식이 효과적이고 재미있다는 것을 발견한다.

방법론이 성공 기준을 알려주는 7가지 원칙 by Cockburn

- 대화형 대면 의사소통은 정보 교환을 위한 가장 저렴하고 빠른 채널이다.
- 과도한 방법론은 비용이 많이 든다.
- 큰 팀은 더 무거운 방법론을 필요로 한다.
- 중요도가 높은 프로젝트에 더 큰 행사가 적합하다.
- 피드백과 의사소통이 증가하면 중간 산출물에 대한 필요가 감소한다.
- 교육, 기술 및 프로세스, 형식 및 문서화의 이해가 필요하다.
- 효율성은 비 병목 활동에서 소모될 수 있다.

지속적인 개선은 프로젝트 접근 방식과 제품을 향상시키기 위한 지속적인 과정이다. 이해관계자 의사소통이 하는 것과 같은 방식으로 프로젝트 전체에서 계속된다. 지속적인 개선은 우리가 항상 할 일이다. 그것은 항상 지속적이고 애자일 방법을 움직이는 반복적인 수명 주기의 일부이기 때문에 목적지라고 하기보다는 여행에 가깝다. 지속적인 개선은 다음 두 가지 수준에서 이루어진다.

- 지속적인 프로세스 개선
- 지속적인 제품 개선

애자일 주기는 계획, 개발, 평가 및 학습의 연속적인 주기를 채택하며 이 주기는 문제 해결과 지속적인 개선을 위한 데밍(Demming)의 '계획, 실행, 점검, 행동' 주기와 매우 유사하다.

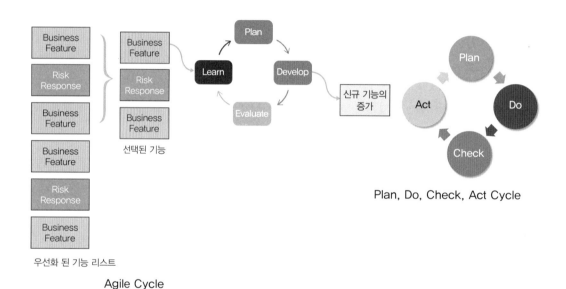

그림 15.2.4 **애자일 사이클**

D. 가치흐름 매핑(Value Stream Mapping)

가치흐름 매핑(Value Stream Mapping)은 애자일 방법으로 채택된 린(LEAN) 제조 기법이다. 이 기법의 목적은 공정을 완료하는 데 필요한 정보나 자료의 흐름을 최적화하는 것이다. 가치를 창출하는 데 걸리는 시간을 단축하고 낭비되거나 불필요한 작업을 제거한다.

가치흐름 매핑(Value Stream Mapping)의 중요 용어

- 총 사이클 시간(Total Cycle Time): 부가가치 시간과 비부가가치 시간의 합
- 부가가치 시간(Value-Added Time): 프로세스에 가치가 추가되는 사이클 시간
- 비부가가치 시간(Non-Value- Added Time): 제거하거나 감소시키고자 하는 지연, 낭비, 제약을 발견할 주기 속의 시간
- 프로세스 사이클 효율성(Process Cycle Efficiency): 가치 시간을 총 사이클 시간으로 나눈 값

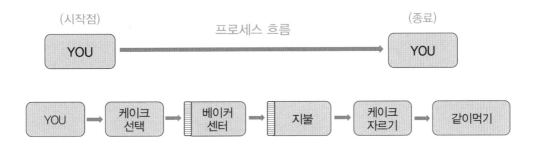

그림 15.2.5 **가치흐름 매핑의 예**

가치 스트림 맵 지원 그룹 및 대체 흐름의 예는 다음과 같다.

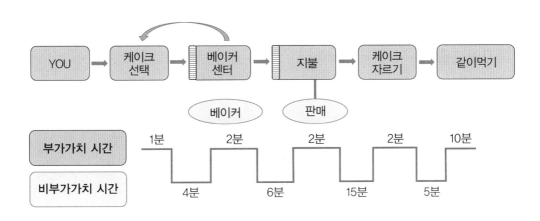

그림 15.2.6 **가치흐름 매핑의 부가가치 시간 예**

가치흐름 맵-계산 및 분석

부가가치 시간, 비부가가치 시간, 총 사이클 및 프로세스 사이클 효율성은 얼마인가?

- 부가가치 시간 = 17분(1 + 2 + 2 + 2 + 10분)
- 비부가가치 시간 = 30분(4 + 6 + 15 + 5분)
- 총 사이클 시간 = 17+30 = 47분
- 프로세스 사이클 효율성 = 17분 / 47분 = 36%

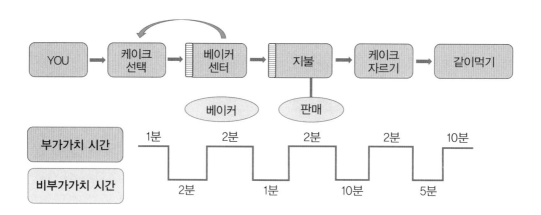

그림 15.2.7 **가치흐름 매핑의 프로세스 개선의 예**

가치흐름 맵-계산 및 분석

가치흐름 맵-프로세스 개선 시 부가가치 시간, 비부가가치 시간, 총 사이클 및 프로세스 사이클 효율성은 얼마인가?

- 부가가치 시간 = 17분(1+2+2+2+10분)
- 비부가가치 시간 = 18분(2+1+10+5분)
- 총 사이클 시간 = 17 + 18 = 35분
- 프로세스 사이클 효율성 = 17분 / 35분 = 49%

생활속의 프로세스 효율성 분석은 다음과 같다.

프로세스 사이클 효율성

5분 동안 세차를 사용하기 위해 10분 동안 줄을 서서 기다리는 프로세스 사이클 효율성을 계산하라.

- 부가가치 시간 = 10분
- 비부가가치 시간 = 5분
- 총 사이클 시간 = 10 + 5 = 15분
- 프로세스 사이클 효율성 = 5분 / 15분 = 33%

토요일 아침, 톰(TOM)과 그의 어린 아들 팀(TIM)은 함께 컵케이크를 만든다. 톰(TOM)은 컵케이크를 좋아하지 않지만, 아들과 함께 30분을 만드는 데 걸리는 시간을 중요하게 여긴다. 팀((TIM)은 컵케이크를 만드는 것은 귀찮은 일이라고 생각하지만, 컵케이크를 먹으면서 보내는 5분을 정말 소중하게 생각한다. Tom과 Tim의 프로세스 주기 효율성은?

- Total Cycle Time = 30 + 5 = 35 minutes
- For Tom of Process Cycle Efficiency = 30 / 35 = 86%
- For Tim of Process Cycle Efficiency = 5 / 35 = 14%

상기 내용처럼 가치 있는 시간이라는 것은 관점에 따라 다를 수도 있다. 부가가치 있는 일의 정의를 통해 가치 프로세스를 정의하고, 비부가가치 또는 낭비 프로세스를 찾아 개선하는 것이 중요하다.

E. Project Pre-Mortems

프로젝트 프리모템은 프로젝트에서 발생할 수 있는 실패 지점을 사전에 식별하여, 그러한 위험을 방지하거나 최소화하는 것을 목적으로 하는 팀 연습이다. "미래를 기억하라"의 비관적인 버전으로 사전 사색. 협업 게임이다.

Steps for Pre-Mortem

 ① 실패를 상상해 보라.

 ② 실패 이유를 생성한다.

 ③ 목록 통합을 한다.

 ④ 계획을 다시 본다.

3 지속적인 개선-제품 (Continuous Improvement-Product)

팀의 연습과 프로세스가 반복적이고 지속적으로 개선되는 것처럼, 진화하는 제품도 마찬가지다. 반복적이고 점진적인 개발은 지속적인 개선의 한 형태로서, 고객 피드백은 최종 솔루션으로 이끈다.

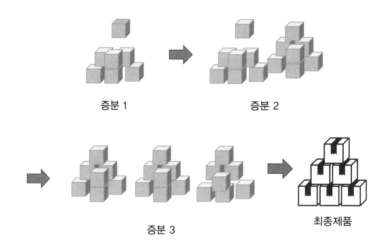

그림 15.3.1 **지속적인 점증 개요**

- 팀이 작은 증가분을 만들고 피드백을 받으면, 제품은 비즈니스 요구사항으로 진화한다.
- 비즈니스 요구사항이 원래 명시된 요구사항과 상당히 다를 수 있는데, 이는 생성 과정이 더 나은 옵션을 밝히기 때문이다.
- 작은 단위로 개발, 검토, 개선 방법에 대한 논의를 하고 몇 가지 사항을 향상시키는 이 사이클에 의해, 제품이나 서비스는 연속적인 개선 과정을 통해 점진적으로 구축된다.
- 프로세스를 지속적으로 개선하므로, 진화하는 제품을 지속적으로 개선한다.
- 소량으로 만들고 피드백을 받는 제품은 진정한 비즈니스 요구사항으로 진화한다.

제품을 개발하는 과정에서 제품은 진화할 수 있다. 전통형 프로젝트와 애자일 프로젝트는 접근 방식이 다르다. 아래 그림은 전통형 프로젝트와 애자일 프로젝트 특징을 그린 것이다. 첫번째 그림은 전통형 프로젝트 접근이다. 아래 그림은 애자일 접근 방식이다. 전통형 프로젝트 방식 경우 자동차를 제작한다고 보면 점증적으로 부품들의 점증적 조립을 통해 최종적으로 완제품이 이루어진다. 아래 그림은 애자일 방식을 표현한 것인데 초기에 타는 것을 개발하다가 킥보드, 자전거, 전기 오토바이, 전기 자동차로 진화한다. 시장 환경에 대응하기 위해 제품의 개선이 이루어질 수 있다.

그림 15.3.2 **개발 방식 차이에 따른 제품의 진화**

애자일 방법들과 린(LEAN)들은 과학적 방법이라고 불리는 접근법에 기반을 한다. 과학적 방법은 사물을 조사하고 새로운 지식을 배우거나 이전의 지식을 수정하는 프로세스이다.

A. 과학적인 방법(The Scientific Method)

- 관찰하기
- 관찰을 설명하기 위한 가설을 생각한다.
- 가설을 시험하기 위한 실험을 수행한다.
- 우리가 수집한 데이터를 바탕으로 우리의 가설을 확인하거나, 적용하거나, 거부한다.

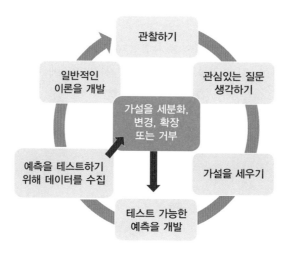

그림 15.3.3 **과학적인 방법**

애자일 검토는 몇 가지 기본적인 기본 원칙이나 지침을 따른다.

- 데이터 자체로 말해 두어라.
- 개인 존중을 한다.
- 분할 후 수렴한다.

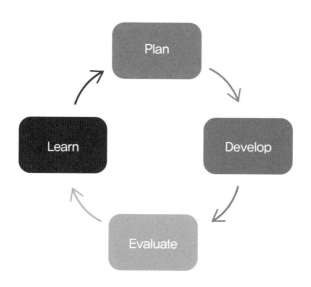

그림 15.3.4 **과학적인 방법: P–D–E–L**

B. 제품 피드백 Loops 및 학습사이클(Product Feedback Loops and Learning Cycles)

리뷰 또는 제품 피드백 루프는 다음과 같은 질문을 하는 학습사이클이다.

- 어떻게 하면 효율성을 높일 수 있을까?
- 어떻게 하면 품질을 향상시킬 수 있을까?
- 어떻게 다른 그룹들과 배운 교훈을 공유할 수 있을까?

C. 피드백 방법(Feedback Methods)

- 애자일 프로젝트 성공을 위해서는 프로토타입, 시뮬레이션 및 기능 시연과 같은 제품 피드백 방법이 매우 중요하다.
- IKIWISI(I will Know It When I See It)라는 용어는 프로세스에 대한 애자일 캐치프레이즈로서, 우리가 실질적인 방식으로 제품을 시연해야 고객의 진정한 요구사항이 나타날 것임을 상기한다.
- 제품 책임자에게 기능을 시연할 때 두 가지 용도에 부합한다.
- 우리는 요청된 것과 해석하고 구축한 것 사이의 차이점에 대해 배운다.
- 필요한 새 기능 또는 조정된 기능에 대해 알아본다(IKIWISI).

반복으로 요구사항 진화의 예

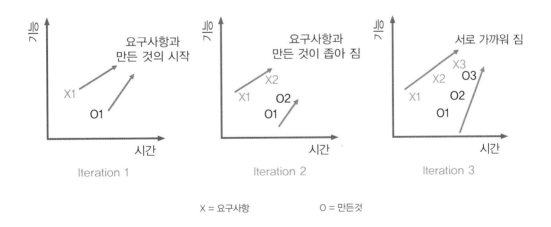

그림 15.3.5 **반복으로 요구사항 진화의 예**

D. 승인된 반복(Approved Iterations)

"승인된 반복"이라는 용어는 반복 검토 또는 스프린트 검토와 관련이 있다. 반복이 끝에, 팀은 이해관계자들과 검토 회의를 열어 반복에 만들어진 새로운 증분을 시연한다. 제품 책임자은 백로그에서 선택한 항목인 제품 증분에 대해 만족하는 경우, 제품 책임자는 해당 반복을 "승인"한다.

4 지속적인 개선-사람
(Continuous Improvement-People)

- 얼마나 애자일 팀이 자신을 평가하는가에 대한 핵심적 요인에 대해 알아보고, 회고 프로세스와 팀 자체 평가를 검토하여 개선을 위한 영역을 파악한다.
- 2가지 주제 중에서 애자일 회고전은 매우 중요. 왜냐하면 이것들의 역점은 모든 애자일 방법에서 공통적이며, 프로세스, 제품, 사람 등 세 가지 영역에서 모두 변화를 주도하는 주요 계기가 된다.

A. 회고(Retrospectives)

회고 또는 내면회의는 릴리스 후 또는 전체 프로젝트에서 개최될 수 있는 전문화된 회의이다. 모든 애자일 방법에 공통적인 회고는 애자일 프로젝트에 대한 주요 학습, 반영 및 재조정 이벤트이다. 회고는 반복 검토 후 각 반복이 끝날 때마다 개최된다. 회고는 개발 팀원들이 방법과 팀워크를 점검하고 개선할 수 있는 기회이다. 회고 동안, 다음과 같은 질문들을 고심한다.

- 무슨 일이 잘 되고 있는가?
- 개선이 필요한 영역은 무엇인가?
- 우리는 무엇을 다르게 해야 할까?

문제가 확인됨에 해결책을 브레인스토밍을 한 다음, 상황이 개선되었는지 여부를 논의하기 위해 다시 만나기 전에 한두 번 선택된 해결책을 시도하기로 약속한다.

회고의 편익

회고는 다음과 같은 유형의 개선을 포함하여 팀에 많은 이점을 제공한다.

- Improved Productivity: 학습된 교훈을 적용하고 재작업을 줄임으로써 팀은 더 생산적인 작업을 수행할 수 있다.
- Improved Capability: 회고는 희귀한 지식을 전파하는 장을 제공하며, 지식을 가진 사람이 증가함에 따라 지식에 관련된 업무를 수행할 수 있는 사람의 수도 증가한다.
- Improved Quality: 결함을 초래한 상황을 찾아 원인을 제거함으로써 프로젝트의 품질을 개선할 수 있다.
- Improved Capacity: 회고는 팀의 작업 역량을 향상시킬 수 있는 프로세스로 효율성 개선 방법을 찾는 데 초점을 맞춘다.

회고 프로세스(The Retrospectives Process)

회고 과정에는 5 단계가 포함이 된다.

- 오픈 단계(스테이지 준비)
- 문제 해결 단계(데이터 수집, 고찰생성, 무엇을 할지 결정)
- 종료 단계(회고 종료)

The Retrospectives Process

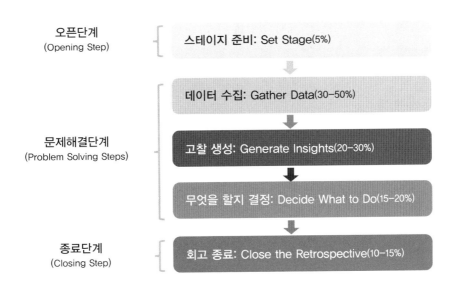

그림 15.4.1 회고 프로세스

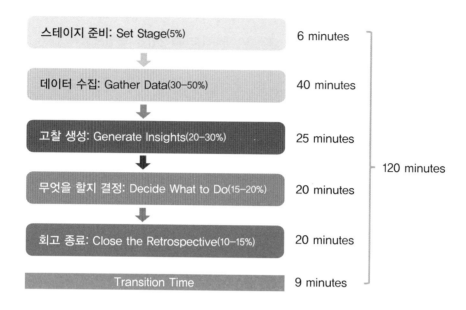

The Retrospectives Process with Typical Timings

스테이지 준비: Set Stage(5%)	6 minutes
데이터 수집: Gather Data(30~50%)	40 minutes
고찰 생성: Generate Insights(20~30%)	25 minutes
무엇을 할지 결정: Decide What to Do(15~20%)	20 minutes
회고 종료: Close the Retrospective(10~15%)	20 minutes
Transition Time	9 minutes

120 minutes

그림 15.4.2 **회고 프로세스–전형적 시간**

Step 1: Set the Stage

회고전이 시작될 때, 사람들이 일이 어떻게 진행되었는지 반성하는 일에 집중할 수 있도록 단계를 설정할 필요가 있다. 프로젝트에서 그렇게 잘 되지 않았을지도 모르는 것들에 대해 사람들이 편하게 말할 수 있는 분위기를 조성하는 것을 목표로 한다.

스테이지 준비 활동

- 체크 인(Check-In)
- 핵심 온/오프(Focus On/Focus Off)
- ESVP: (Explorer, Shopper, Vacationer, or Prisoner)
- 작업 합의(Working Agreements)
- Check-In: 사람들이 그들의 걱정을 접어두고 회고전에 집중할 수 있도록 돕기 위해 이 연습을 사용한다.
- Focus On/Focus Off: 우리는 생산적인 커뮤니케이션을 위한 사고방식을 확립하기 위해 이 활동을 사용한다.

Focus ON / Focus OFF

- Inquiry rather than Advocacy
- Dialogue rather than Debate
- Conversation rather than Argument
- Understanding rather than Defending

연습에 초점을 맞추거나 집중하는 과정에서 참가자를 화이트보드에 회부하여 참가자들에게 용어(예: 질의, 대화, 대화, 이해, 옹호, 토론, 논쟁, 옹호, 방어)가 무엇을 의미하는지 논의하도록 요청하여 예를 제공하도록 한다. 사람들에게 그들이 왼쪽 "Focus ON"란에 머물 의향이 있는지 물어본다. 이견이 있으면 오른쪽 칼럼으로 옮겨가는 문제에 대해 말하고 다시 합의를 위해 노력해야 한다.

ESVP

참가자들이 익명으로 선택 사항을 종이에 기록하는 것이다.

- **Explorers:** 탐험가들은 새로운 아이디어와 통찰력을 발견하기를 열망하며, 그들이 할 수 있는 모든 것을 배우고 싶어한다.
- **Shoppers:** 쇼핑객들은 이용할 수 있는 모든 정보를 살펴보고 한 가지 유용한 새로운 아이디어를 가지고 행복하게 집에 갈 것이다.
- **Vacationers:** 휴가객들은 회고전의 일에 관심이 없지만, 정규작업을 떠나게 되어 기뻐한다.
- **Prisoners:** 자신을 죄수들로 분류하는 사람들은 회고전에 억지로 참석하고 있고 오히려 다른 일을 하고 싶어할 것 같은 느낌이 든다.

ESVP는 익명의 결과가 수집되고 집단이 볼 수 있도록 집계되었다. 결과가 집계된 후, 우리는 아무도 그들의 답이 분석을 통해 다시 추적되는 것을 걱정하지 않도록 종이를 찢어서 버려야 한다. 그리고 나서 우리는 참가자들에게 그 점수에 대해 어떻게 생각하는지 그리고 그 점수가 회고전에 어떤 의미가 있는지 물어본다.

Working Agreements

참가자들이 작은 그룹을 형성하고 그들에게 작업할 다른 주제를 제공한다. 소 그룹들에게 회고전을 위해 그들이 보고자 하는 업무협약을 정의하고 설명해 줄 것을 요청한다. 다음에 전체 그룹과 함께 우리는 아이디어를 구체화하고 다듬는 데 시간을 보내며 작업할 단일 마스터 리스트를 구축한다.

Step 2: 데이터 수집(Gather Data)

수집 데이터 단계에서, 우리는 반복(또는 소급 자료의 초점에 따라 릴리스 또는 프로젝트) 중에 일어난 일에 대한 공유 그림을 만든다. 어떤 일이 일어났는지에 대한 공통된 비전이 없다면, 팀은 단순히 어떤 변화나 개선을 해야 하는지 추측할 것이고, 실제로 그것을 깨닫지 못한 채 다른 문제나 우려를 해결할 수 있을 것이다.

데이터 수집(Gather Data): 예 기법들

- 시간 표시 막대: 팀원이 반복 진행 상황을 추적하는 시간 표시 막대를 작성한다.
- 트리플 니켈: 팀은 5분 동안 5개의 아이디어를 모으거나 5개의 아이디어를 바탕으로 하는 5개의 그룹으로 분리한다. 팀은 5개의 그룹으로 나뉘어 집결하거나 건물을 짓는데 5분을 소비한다.

    5 번 아이디어에 5 번 기록

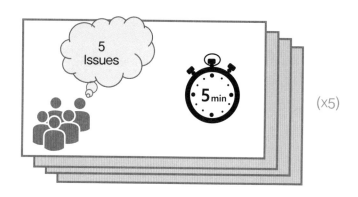

그림 15.4.3 **트리플 니켈 개요**

- 색상 코드 점: 반복 과정에서 에너지가 높고 낮았음을 식별한다.
- 미친, 슬픈, 기쁜 감정: 반복하는 동안 그들의 감정적 반응을 확인한다.
- 장점 찾기: 프로젝트 중에 무엇이 잘 되었는지 파악한다.
- 만족도 히스토그램: 특정 영역 또는 문제에 대해 얼마나 만족하는지를 보여주는 그래프를 만든다.
- 팀 레이더: 이전 프로세스 개선 목표에 대해 어떻게 수행했는지 평가한다.
- 좋아함: 반복 과정에서 발생한 이벤트에 대한 반응 비교한다.

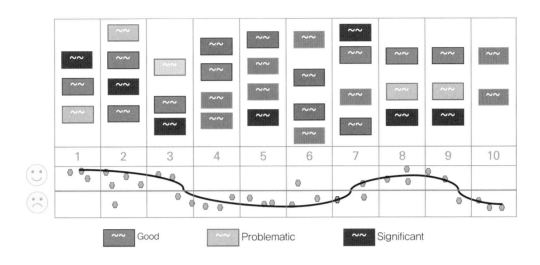

그림 15.4.4 **좋아함 Timeline: 예**

Step 3: 인사이트 생성(Generate Insights)

팀이 이전 단계에서 수집한 데이터를 평가하고 그로부터 의미 있는 통찰력을 얻을 수 있는 시간을 제공한다. 통찰력을 창출하는 단계의 목표는 팀원들이 그들의 발견과 토론의 의미를 이해하도록 돕는 것이다.

다양한 기법 소개

- Brainstorming
- Five Whys
- Fishbone
- Prioritize with Dots
- Identify Themes

Brainstorming

많은 수의 아이디어를 생성하고, 그 아이디어를 선별하여 프로세스에서 앞으로 나아갈 선택적 아이디어 목록으로 필터링 하는 것을 목표로 한다.

- Quiet Writing
- Round Robins
- Free-for-All

Five Whys

특정 문제와 관련된 원인과 결과의 관계를 파악하고 문제의 근본 원인을 파악합니다. 도요타에서 유래되었으며 린 접근법에 일상적으로 사용이 된다.

예) 5 WHY

Q1: Why did we get that system crash in the iteration demo?

A1: We tried to access sales data for a store with no sales.

Q2: Why does accessing a store with no sales cause a problem?

A2: The fetch routine returns a null value that is not handled by the system.

Q3: Why don't we catch null values and display a more meaningful error message?

A3: We do catch them where we know about them, but this was the first time we had seen it for sales.

Q4: Why aren't all query returns coded to handle nulls?

A4: I don't know, it has never been a priority.

Q5: Why is it not a priority, as it seems like it's really a weak link in the system?

A5: Agreed. We should add it to the module walk-through checklist.

Fishbone Analysis

피쉬본 다이어그램은 문제의 근본 원인 분석을 표시할 수 있는 방법을 제공하기 때문에 종종 5 WHY를 동반하는 시각적 도구이다. 일반적인 범주는?

- People, Procedure, Policies
- Systems, Supplies, Skills, Surroundings

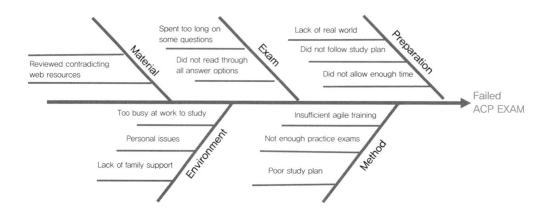

그림 15.4.5 Fishbone Analysis-Example

Step 4: 무엇을 할지 결정(Decide What to Do)

팀이 방금 완료한 반복에 대해 생각하는 것에서 다음 반복에 대해 생각하는 것으로 전환이 된다. 여기에는 그들이 무엇을 바꿀 것인지와 어떻게 다르게 행동할 것인지도 포함된다. 이 단계에서 팀은 가장 우선순위가 높은 작업 항목을 식별하고, 실험에 대한 세부 계획을 수립하며, 원하는 결과를 달성하기 위한 측정 가능한 목표를 설정한다. 팀이 실행 계획을 결정하는 데 사용할 수 있는 활동은 다음과 같다.

- Short Subjects
- SMART Goals
- Retrospective Planning Game
- Circle of Questions

Short Subjects

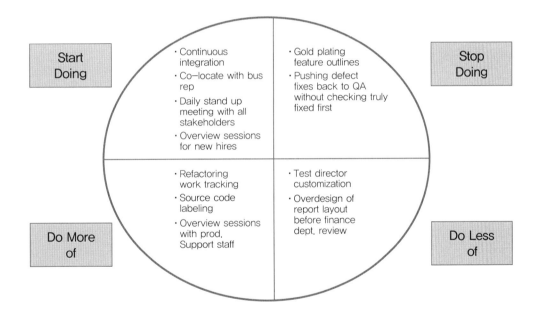

그림 15.4.6 Short Subjects의 예

SMART Goals

- Specific
- Measurable
- Attainable
- Relevant
- Timely

Step 5: 회고 종료(Close the Retrospective)

중요한 애자일 워크샵은 팀이 매일 열리는 스탠드업 회의에서 보고된 장애와 문제를 반영 및 관찰 후 식별된 항목과 함께 처리하고, 교훈과 조치가 여전히 프로젝트와 관련이 있는 동안 상황을 개선하기 위해 무언가를 할 수 있도록 한다.

- Plus/Delta
- Helped, Hindered, Hypothesis

Plus/Delta

화이트보드 또는 플립 차트의 T-diagram에서 무엇을 더 수행해야 하고 무엇을 변경해야 하는지에 대한 아이디어를 캡처하고 검증한다.

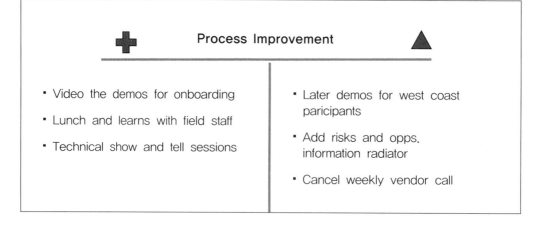

그림 15.4.7 **Plus/Delta의 예**

회고록 자체에 대한 피드백을 생성하는 데 도움이 되는 요소, 장애 요인, 미래 개선을 위한 아이디어에 대한 피드백을 제공하는 데 도움이 된다.

- 플립차트 3개를 준비한다.
- 그들에게 "Helped, Hindered, Hypothesis"이라는 제목을 준다.
- 팀에게 회고록 프로세스를 개선할 방안을 찾고 있으며, 팀원들이 무엇을 도와줬다고 생각하는지, 어떤 장애물이 있었는지, 어떤 아이디어(가설)를 가지고 있는지(가설) 피드백을 받고 싶다고 설명한다.
- 다음 팀원들은 자신의 아이디어를 스티커 메모에 기록하고 적절한 플립 차트에 게시한다.

B. 팀 자체 평가(Team Self-Assessments)

애자일 팀들은 그들이 얼마나 잘 하고 있는지 반성하고 그들이 개선할 수 있는 것들을 찾는 것이 일반적인 관행이로 이러한 목적을 위해 사용할 수 있는 도구는 팀 자체 평가다. 개인의 것이 아니라 팀의 효과성 평가에 초점을 맞춘다. 개선 방법에 대한 평가는 프로세스와 제품에만 국한된 것이 아니라, 프로젝트의 사람들 편에서도 이루어진다.

Shore's Team Self-Assessment Scoring Model

"제임스 쇼어(James Shore)"는 자체 평가 퀴즈와 XP연습에 초점을 맞춘 채 득점 모델을 제공하며, 팀들은 그들의 성과를 측정하는데 사용할 수 있다. 모델 범주는 다음과 같다.

- Thinking
- Collaborating
- Releasing
- Planning
- Developing

표 15.4.1 Shore's Team Self-Assessment Scoring Model의 예

Planning Questions	Yes	No	XP Practice
Do nearly all the team members understand what they are building, why they are building it, and what stakeholders consider success?	25	0	Vision
Does the team have a plan for achieving success?	4	0	Release Planning
Does the team regularly seek out new information and use it to improve its plan for success?	3	0	Release Planning
Does the team's plan incorporate the expertise of business people as well as programmers, and do nearly all involved agree the plan is achievable?	4	0	The Planning Game

모든 질문에 대한 답을 채점한 후에는 결과를 레이더(스파이더) 다이어그램에 표시합니다. 그런 다음 팀은 차트를 분석하여 개선을 사용할 수 있는 영역을 식별한다.

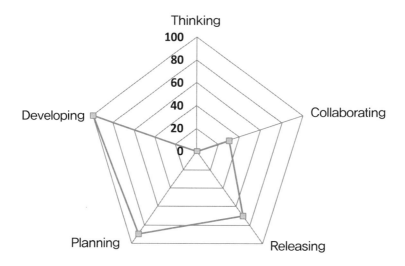

그림 15.4.8 Shore's team Self-Assessment Scoring Model의 예

Tabaka's Team Self-Assessment Model

고성과 팀을 평가하기 위한 또 다른 모델은 "Jean Tabaka"에서 제공하며, 이 모델은 다음 영역을 조사한다.

- 자체 구성: 팀이 명령-제어-하향식 조직에서 활동하는 것이 아니라 자체적인 조직화를 하고 있는가?
- 의사 결정 권한을 부여: 팀이 외부 기관의 지시를 받는 대신 자체 논의, 평가 및 의사 결정을 할 수 있는 권한이 있는가?
- 비전과 성공에 대한 믿음: 팀원들이 프로젝트의 비전과 목표를 이해하고 팀으로서 이러한 목표를 달성하기 위해 문제를 해결할 수 있다고 진정으로 믿고 있는가?
- 헌신적인 팀: 팀 구성원들은 어떤 대가를 치르더라도 개인의 성공에 전념하기 보다는 팀으로서 성공을 위해 헌신하고 있는가?
- 상호 신뢰: 그 팀은 두려움, 분노, 괴롭힘 없이 행동하는 능력을 향상시키기 위해 계속해서 노력할 자신감을 가지고 있는가?
- 참여 의사 결정: 팀은 권위주의 적인 의사 결정에 굴복하거나 다른 사람의 결정에 굴복하지 않고 참여적인 의사 결정에 관여하고 있는가?
- 합의 주도형: 팀 결정이 리더 중심적이 아니라, 합의 중심적인가? 팀원들이 자유롭게 의견을 나누고 최종 결정에 참여하는가?
- 건설적인 의견 차이: 팀은 결정을 둘러싼 다양한 대안과 영향을 통해 협상할 수 있으며 최상의 결과를 제공하는 결정을 내릴 수 있는가?

표 15.4.2 Tabaka's Team Self - Assessment Model의 예

	고성과 팀의 협업 기준		점수	평균	팀원 평가									
					1	2	3	4	5	6	7	8	9	10
1	그 팀은 명령과 통제, 하향식 조직에서 기능하는 것이 아니라 스스로 조직하고 있는가?	자체 구성	5.0	5.0	5	5	5	5						
2	팀은 외부 기관의 지시를 받지 않고 논의, 평가 및 의사 결정을 내릴 수 있는 권한을 가지고 있는가?	의사 결정을 내릴 수 있는 권한 부여:	4.5	4.5	5	4	5	4						
3	팀원은 프로젝트 비전과 목표를 이해하고 있으며, 팀으로서 이러한 목표를 달성하기 위해 문제를 해결할 수 있다고 진심으로 믿고 있는가?	비전과 성공에 대한 믿음	4.3	4.0	4	5	4	4						

4	팀원들은 어떤 대가를 치르더라도 개인의 성공에 전념하기보다는 팀으로서 성공하기 위해 헌신하고 있는가?	헌신적인 팀	4.8	5.0	5	5	4	5							
5	그 팀은 두려움, 분노 또는 괴롭힘 없이 행동할 수 있는 능력을 향상시키기 위해 지속적으로 노력할 자신이 있는가?	상호간 신뢰	3.5	3.5	4	4	3	3							
6	팀은 권위주의적 의사 결정에 굽히지 않고 참여적 의사 결정에 참여하고 있는가, 아니면 다른 사람들의 결정에 굴복하고 있는가?	참여적 의사 결정:	4.5	4.5	5	4	5	4							
7	팀 의사 결정은 리더 주도 방식이 아니라 합의 주도 방식인가? 팀원들이 자유롭게 의견을 나누고 최종 결정에 참여하는가?	합의 중심	2.3	2.0	3	2	2	2							
8	팀은 결정을 둘러싼 다양한 대안과 영향을 통해 협상하고 최상의 결과를 제공할 수 있는가?	건설적인 의견 불일치	4.8	5.0	5	5	4	5							
	Total Score	Total Score	4.2	4.2	4.5	4.3	4.0	4.0							

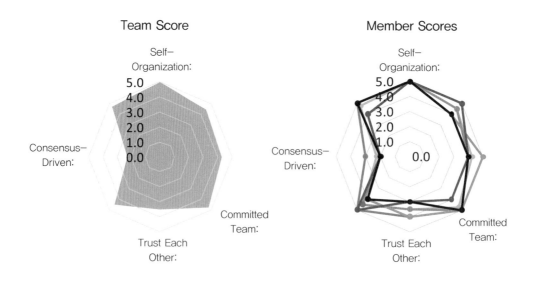

그림 15.4.9 Tabaka's Team Self – Assessment Model의 예

5 PMI's Code Ethics and Professional Conduct

Four Areas: All areas include mandatory and aspirational standards

- Responsibility
- Respect
- Fairness
- Honesty

Full Version: www.pmi.org

- 애자일 프로젝트는 방법론의 일부로 계획에 대한 지속적인 개선(Continuous Improvement)의 지속적인 개선 활동을 계획한다. 대표적으로 회고는 지속적인 개선 활동의 중요한 회의이다. 반복의 끝에서 행해지는 학습은 개선을 위한 중요한 이벤트이다. 반복의 끝에서 지속적으로 학습(Learn)이 이루어지기 때문에 지속적인 개선을 하는 것이 애자일 스프린트 특징으로 볼 수 있다. 교훈사항에 대한 애자일 접근은 의도적이고 빈번하며, 팀이 습관화되고 정상적인 작업 방식의 일부가 될 때까지 적응과 개선을 정기적으로 고려하도록 하는 데 도움이 된다.

- 카이젠(KAIZEN)은 "더 좋은 쪽으로 바뀐다."는 뜻의 일본어 카이젠(KAIZEN)으로 계속적인 개선을 위한 과정이다. 카이젠 접근 방식은 지속적인 개선을 위한 애자일 방법의 기본이다. 카이젠은 팀을 격려하는데 초점을 맞추고 있다.

- 카이젠 접근 방식은 서양에서 흔히 볼 수 있는 하향식 경영주도의 리엔지니어링 이니셔티브 와는 전혀 다른 사고방식에 바탕을 두고 있다.

- W. Edwards Deming이 개발한 Plan-Do-Check-Act(PDCA) 사이클을 따르고 애자일을 위한 Plan-Development-Evaluate-Learning 사이클을 반영한다.

- 시스템적 사고(System Thinking)는 팀이 프로세스 변경을 고려하고 있을 때, 프로젝트의 시스템 레벨 환경을 이해하는 것이 도움이 되며 이러한 유형의 분석을 시스템 사고라고 부른다. 시스템적 사고 접근법의 한 부분은 프로젝트 요구사항과 기술적 접근의 두 가지 영역에서 프로젝트의 복잡성(불확실성 수준) 측면에서 프로젝트를 분류하는 것을 포함한다. 소프트웨어 프로젝트는 요구사항 주변의 복잡성 수준과 프로젝트에 사용되는 기술의 복잡성으로 특징 지어진다.
  애자일 프로젝트는 시스템사고 분석에 따르면 적절한 복잡성과 적절한 기술의 불확실성을 가진 영역에서 가장 효과적이다.

- 가치흐름 매핑(Value Stream Mapping)은 애자일 방법으로 채택된 린 제조 기법이다. 이 기법의 목적은 공정을 완료하는 데 필요한 정보나 자료의 흐름을 최적화하는 것이다. 가치를 창출하는 데 걸리는 시간을 단축하고 낭비되거나 불필요한 작업을 제거한다. 가치흐름 매핑(Value Stream Mapping)의 중요 용어는 다음과 같다.

  - 총 사이클 시간(Total Cycle Time): 부가가치 시간과 비부가가치 시간의 합
  - 부가가치 시간(Value-Added Time): 프로세스에 가치가 추가되는 사이클 시간

- 비부가가치 시간(Non-Value-Added Time): 제거하거나 감소시키고자 하는 지연, 낭비, 제약을 발견할 주기 속의 시간
- 프로세스 사이클 효율성(Process Cycle Efficiency): 가치 시간을 총 사이클 시간으로 나눈 값

- 지속적인 개선-제품(Continuous Improvement-Product)관련하여 팀의 연습과 프로세스가 반복적이고 지속적으로 개선되는 것처럼, 진화하는 제품도 마찬가지다. 반복적이고 점진적인 개발은 지속적인 개선의 한 형태로서, 고객 피드백은 최종 솔루션으로 이끈다. 팀이 작은 증가분을 만들고 피드백을 받으면, 제품은 비즈니스 요구사항으로 진화한다. 과학적인 방법(The Scientific Method)이 사용될 수 있다. 아래와 같은 Cycle을 통해 제품이 개발되고 개선이 이루어진다.

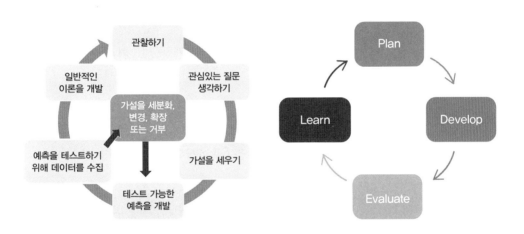

제품 개선에 있어 피드백은 매우 중요한 부분이다. 빈번한 피드백을 토해 요구사항과 실제 만든 것의 갭(Gap)이 좁아지고 반복을 진행하다 보면 일치할 수 있다. 반복으로 요구사항 진화는 다음과 같을 수 있다. 아래 그림을 보면 반복 1에서는 요구사항과 만든 것의 차이가 존재한다. 반복 2를 통해서 요구사항과 만든 것의 갭(Gap)이 줄어든다. 반복3에서는 요구사항과 만든 것의 갭(Gap)이 더 줄어든다. 이렇게 반복을 하다 보면 요구사항과 만든 것의 차이가 줄어든다. 최종적으로 반복을 통해서 요구사항과 만든 것이 일치하는 부분이 나타날 것이다. 반복을 통해 지속적인 개선을 통해 제품의 인수가 이뤄질 수 있다.

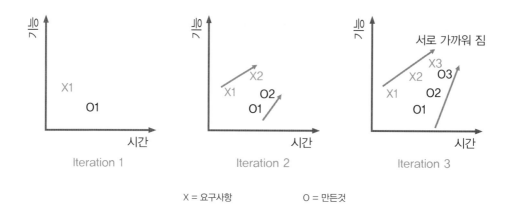

Iteration 1   Iteration 2   Iteration 3

X = 요구사항   O = 만든것

- 회고 또는 내면회의는 릴리스 후 또는 전체 프로젝트에서 개최될 수 있는 전문화된 회의로 모든 애자일 방법에 공통적인 회고는 애자일 프로젝트에 대한 주요 학습, 반영 및 재조정 이벤트이다. 회고는 반복 검토 후 각 반복이 끝날 때마다 개최된다. 회고는 다음 5단계를 거친다.

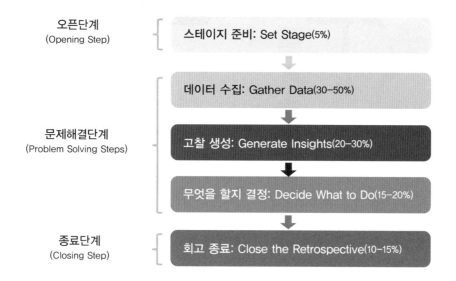

회고는 다음과 같은 유형의 개선을 포함하여 팀에 많은 이점을 제공한다.

- Improved Productivity: 학습된 교훈을 적용하고 재작업을 줄임으로써 팀은 더 생산적인 작업을 수행할 수 있다.

- Improved Capability: 회고는 희귀한 지식을 전파하는 장을 제공하며, 지식을 가진 사람이 증가함에 따라 지식에 관련된 업무를 수행할 수 있는 사람의 수도 증가한다.

- Improved Quality: 결함을 초래한 상황을 찾아 원인을 제거함으로써 프로젝트의 품질을 개선할 수 있다.

- Improved Capacity: 회고는 팀의 작업 역량을 향상시킬 수 있는 프로세스로 효율성 개선 방법을 찾는데 초점을 맞춘다.

- 팀 자체 평가(Team Self-Assessments) 모델은 애자일 팀들은 그들이 얼마나 잘 하고 있는지 반성하고 그들이 개선할 수 있는 것들을 찾는 것이 일반적인 관행으로 이러한 목적을 위해 사용할 수 있는 도구는 팀 자체 평가다. 개인의 것이 아니라 팀의 효과성 평가에 초점을 맞춘다. 개선 방법에 대한 평가는 프로세스와 제품에만 국한된 것이 아니라, 프로젝트의 사람들 편에서도 이루어진다. Shore's Team Self-Assessment Scoring Model은 Thinking, Collaborating, Releasing, Planning, Developing 범주로 평가가 이루어진다.

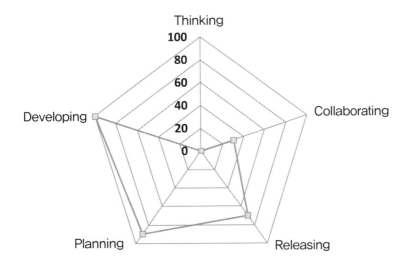

Tabaka's Team Self-Assessment Model은 다음과 같은 영역을 평가한다.

- 자체 구성: 팀이 명령-제어-하향식 조직에서 활동하는 것이 아니라 자체적인 조직화를 하고 있는가?

- 의사 결정 권한을 부여: 팀이 외부 기관의 지시를 받는 대신 자체 논의, 평가 및 의사 결정을 할 수 있는 권한이 있는가?

- 비전과 성공에 대한 믿음: 팀원들이 프로젝트의 비전과 목표를 이해하고 팀으로서 이러한 목표를 달성하기 위해 문제를 해결할 수 있다고 진정으로 믿고 있는가?

- 헌신적인 팀: 팀 구성원들은 어떤 대가를 치르더라도 개인의 성공에 전념하기 보다는 팀으로서 성공을 위해 헌신하고 있는가?

- 상호 신뢰: 그 팀은 두려움, 분노, 괴롭힘 없이 행동하는 능력을 향상시키기 위해 계속해서 노력할 자신감을 가지고 있는가?

- 참여 의사 결정: 팀은 권위주의적인 의사 결정에 굴복하거나 다른 사람의 결정에 굴복하지 않고 참여적인 의사 결정에 관여하고 있는가?

- 합의 주도형: 팀 결정이 리더 중심적이 아니라, 합의 중심적인가? 팀원들이 자유롭게 의견을 나누고 최종 결정에 참여하는가?

- 건설적인 의견 차이: 팀은 결정을 둘러싼 다양한 대안과 영향을 통해 협상할 수 있으며 최상의 결과를 제공하는 결정을 내릴 수 있는가?

Q & A

Q: 애자일 활동에서 가장 적극적인 지속적 개선 활동은 무엇인가?

A: 애자일에서 지속적인 개선 노력은 양파처럼 층층이 쌓여 있다. 가장 적극적인 활동은 같이 일하는 페어 프로그래밍이다. 항시 같이 일하면서 작업에 대한 개선을 하는 것으로 창의성 등 다양한 장점이 발생한다. 일일미팅과 주기적인 데모 및 회고도 지속적인 개선 이벤트이다.

Q: 스크럼과 XP방식의 가장 큰 구별은 어떻게 되는가?

A: Scrum은 프로젝트 거버넌스 모델을 제공하지만, 그 작업을 어떻게 할 것인가에 대해서는 많은 것을 제공하지 않는다. XP는 훌륭한 기술적 지침을 제공하지만 프로젝트 거버넌스 지침의 방식에는 많은 것을 제공하지 않는다.
두 가지 접근 방식은 각각 프로젝트의 다른 측면에 초점을 맞추고 있기 때문에 상당히 보완적이다.

Q: 지속적인 개선에서 Project Pre-Mortems은 무엇인가?

A: 프로젝트 프리모템은 프로젝트에서 발생할 수 있는 실패 지점을 사전에 식별하여, 그러한 위험을 방지하거나 최소화하는 것을 목적으로 하는 팀 연습이다. '미래를 기억하라'의 비관적인 버전으로서의 사전 사색. 협업 게임이다. Steps for Pre-Mortem는 다음과 같다.
① 실패를 상상해 보라
② 실패 이유 생성
③ 목록 통합
④ 계획 다시 보기

예: "이번 프로젝트는 실패하였습니다. 이번 프로젝트 실패로 인해 당사는 막대한 타격을 입었고 차기 프로젝트 수주가 어렵게 되었습니다. 프로젝트 실패로 인한 손실이 12억원이 발생하였고, 또한 추가적인 클레임이 발생 예정입니다. 이번 프로젝트의 실패 주요 원인은 일정이 2개월 지연됐고 품질 문제가 발생하여 수 차례 제품 테스트를 반복하였습니다. 그럼에도 불구하고 아직까지도 고객의 품질 수준을 맞추지 못하고 있습니다."

프로젝트 시작 킥오프 중 이벤트로 방에 불을 끄고 이런 내용을 낭독하여 팀원들에게 프로젝트 결과의 참담함을 각인을 시켜서 이번 프로젝트를 실패하지 않고 성공시켜야 한다는 마인드 셋을 구축한다. 일종의 연상게임이다.

Q: 지속적인 개선에서 회고미팅 중 가장 중요한 부분은 어느 것인가?

A: 회고 미팅은 크게 3단계, 작게는 5단계로 구분이 된다. 크게 3단계는 오픈 단계. 문제 해결 단계. 종료 단계이다. 문제 해결 단계는 3단계로 구분될 수 있는데 제품 데이터 수집, 고찰 생성, 무엇을 할지에 대한 결정 단계이다.

총 5단계를 기준으로 회고에서 가장 중요한 단계는 어느 것일까?

물론 모든 단계가 중요하지만 고찰 생성 단계가 가장 중요한 부분이다. 데이터 수집이 잘 이루어져야 고찰 생성이 잘 되지만, 개선을 위한 아이디어를 창출하는 단계이기 때문에 모두가 창의력을 가지고 좋은 인사이트를 생성하는 부분이 핵심이다. 인사이트가 제대로 생성되어야 무엇을 할 건지 결정이 되고 좋은 개선이 이루어진다. 고찰 생성단계에서 사용되는 중요 도구에는 Brainstorming, Five Whys, Fishbone, Prioritize with Dots, Identify Themes 등이 있다.

Q: 지속적인 개선에서 회고미팅 1단계에서 적용되는 ESVP는 무엇인가?

A: 회고 참가하는 사람들을 Check-In하는 것부터 시작한다. 이때 ESVP분석을 수행한다. 참가자들의 참가경향을 분석하는 것으로 적극적인 참가자를 선호하며 소극적인 참가자를 구별하여 참여하도록 조치를 취해야 좋은 회고미팅의 결과를 만들

수 있다. ESVP는 참가자들이 익명으로 선택 사항을 종이에 기록하는 것으로 다음과 같은 참가자 부류가 존재한다.

- Explorers: 탐험가들은 새로운 아이디어와 통찰력을 발견하기를 열망하며, 그들이 할 수 있는 모든 것을 배우고 싶어한다.
- Shoppers: 쇼핑객들은 이용할 수 있는 모든 정보를 살펴보고 한 가지 유용한 새로운 아이디어를 가지고 행복하게 집에 갈 것이다.
- Vacationers: 휴가객들은 회고전의 일에 관심이 없지만, 정규작업을 떠나게 되어 기뻐한다.
- Prisoners: 자신을 죄수들로 분류하는 사람들은 회고전에 억지로 참석하고 있고 오히려 다른 일을 하고 싶어할 것 같은 느낌이 든다.

상기 참가자 중 Explorers가 가장 좋은 참가자이고 기타 참가자는 소극적 참가자들이다. ESVP분석을 통해 상황에 적절하게 대처하여야 한다.

애자일 기본정석

16
Chapter

애자일 작업 개선하기

- 회고의 내용을 좀 더 상세하게 이해한다.

- Starfish Diagram 장점을 이해한다.

- Dunning-Kruger Effect를 이해한다.

- SMART 목표 개발을 이해한다.

- 이슈 제거 내용을 이해한다.

1 회고(Retrospectives) 도구 활용하기

애자일 회고는 리뷰 미팅 후 피드백을 분석하여 약 2시간 이상 개선에 초점을 맞춘 공식 협업 미팅이다. 팀원들이 동기 부여를 갖도록 리더는 분위기 조성을 잘 하여야 한다.

그림 16.1.1 **회고 개요**

① 스테이지 설정: 목표와 안건을 검토함으로써 세션의 토대를 마련한다. 체크인을 하고 작업약속을 수립하여 참여환경을 조성한다. 분위기를 편안하게 만든다.

② 자료 수집: 객관적이고 주관적인 정보를 검토하여 공유 사진을 만든다. 각자의 관점을 가지고 참석한다. 그룹이 여러 관점에서 반복을 볼 때 더 큰 통찰력을 갖게 될 것이다.

표 16.1.1 **PANCAKE LIST**

PANCAKE	Content
Puzzles	
Appreciations	
News	
Challenges	

Aspirations	
Knowledge	
Endorsements	

③ 인사이트 생성: 한 걸음 물러서서 팀이 만든 그림을 본다. 표면 아래를 파헤치기 위해 사람들이 함께 생각할 수 있도록 돕는 활동을 이용한다. 가장 중요한 단계로 'Real Learning'을 통해 개선점을 찾는다.

④ 할 일 결정: 팀의 통찰력에 우선순위를 두고 팀에 변화를 줄 몇 가지 개선 사항이나 실험을 선택한다. SMART GOAL에 맞추어 개선부분을 결정한다.

표 16.1.2 **SMART GOAL**

SMART	내용
Specific	
Measurable	
Attainable	
Relevant	
Time–Based	

⑤ 회고 종료: 팀이 계획과 약속을 어떻게 후속 조치할 것인지 요약한다. 팀원들에게 수고 많으셨다고 인사하고 회고를 마무리한다. 참석자들의 기대사항 점검한다.

그림 16.1.2 **회고 종료 개요**

2 회고(Retrospectives)의 이해 및 운영

애자일 회고는 팀에 따라 반영, 조정 및 조정되어야 한다.

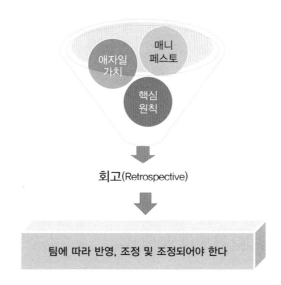

그림 16.2.1 **회고 조정**

Dunning-Kruger Effect

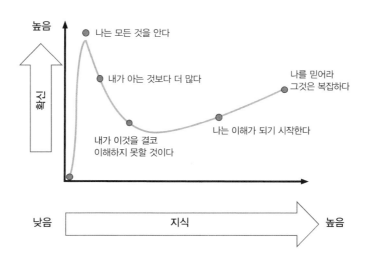

그림 16.2.2 **Dunning-Kruger Effect**

Dunning-Kruger Effect는 회고시 또는 일상 생활에서 지식을 대충 얻고 많이 아는 것처럼 과신하는 사람을 발견하게 되는데 좀 더 지식을 얻다 보면 그런 부분을 인지하고 확실하게 완벽한 지식을 얻은 경우에 자신을 믿을 수 있게 타인에게 이야기 할 수 있다는 것이다. 따라서 이런 이론을 통해 우리가 좀 더 지식에 대해 겸손해질 필요가 있다는 것을 알아야 한다. 늘 자기계발을 통해 연구하는 자세가 필요하다.

Retrospective Game

① 팀원들에게 동그랗게 앉도록 초대한다.

② 왼쪽에 있는 사람에게 질문한다. 예를 들어, 당신의 관점에서 다음 Sprint에서 우리가 도전해야 할 가장 높은 우선순위는 무엇이며 그 이유는 무엇인가?

③ 팀 구성원은 자신의 관점에서 자신이 알고 있는 최고의 지식과 능력에 대해 답한다.

④ 그런 다음 해당 팀 구성원이 질문자가 되어 왼쪽에 있는 사람에게서 이전 토론을 확장하거나 새로운 토론을 시작하는 질문을 한다.

⑤ 새로운 응답자가 답변을 한 다음 질문을 하면 팀 구성원들이 질문 및 답변 프로세스에 참여하여 다음 단계에 대한 합의에 도달한다.

Playing Games—The Futurespective

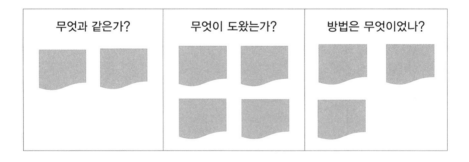

그림 16.2.3 **The Futurespective** 개요

3 이슈 제거

A. 말은 많고 행동이 부족하다.

- 팀이 문제 해결에 초점을 맞춘다.
- 스크럼 마스터는 개선에 초점을 맞춘다.

B. 반대에 대한 토론이 필요하다.

- 만일 팀이 문제 해결에만 초점을 맞춘다면 토론을 제한한다.

C. 리더가 모든 행동조치를 실행한다.

- 회고는 개선에 초점을 가진 공식 미팅이며 이때 리더의 역할은 팀원들을 촉진하고 동기 부여 하는데 있다. 약 2시간 동안 미팅을 하며 스프린트 리뷰(Review) 회의 이후에 바로 시작하는 게 좋다. 순서는 다음과 같다.

  ① 스테이지를 설정. 목표와 안건을 검토함으로써 세션의 토대를 마련한다. 체크인을 하고 작업약속을 수립하여 참여환경을 조성한다.

  ② 자료 수집: 객관적이고 주관적인 정보를 검토하여 공유 사진을 만든다. 각자의 관점을 가지고 참석한다. 그룹이 여러 관점에서 반복을 볼 때 더 큰 통찰력을 갖게 될 것이다.

  ③ 인사이트 생성: 한 걸음 물러서서 팀이 만든 그림을 본다. 표면 아래를 파헤치기 위해 사람들이 함께 생각할 수 있도록 돕는 활동을 이용한다.

  ④ 할 일 결정: 팀의 통찰력에 우선순위를 두고 팀에 변화를 줄 몇 가지 개선 사항이나 실험을 선택한다.

  ⑤ 회고 종료: 팀이 계획과 약속을 어떻게 후속 조치할 것인지 요약한다. 팀원들에게 수고 많으셨다고 인사하고 회고를 마무리한다.

- 회고의 자료수집 기법 중 PANCAKE LIST는 무엇인가?

PANCAKE	Content
Puzzles	
Appreciations	
News	
Challenges	
Aspirations	
Knowledge	
Endorsements	

PANCAKE LIST를 통해 다양한 종류의 자료를 수집한다.

- Starfish Diagram는 회고 미팅 시 개선을 초점을 맞추면서 스프린트 리뷰의 결과를 기반으로 다음 반복에서 해야 할 부분을 정리하는데 사용된다. 장점은 다음과 같다.

  • 매일 작업 이벤트를 식별한다.

- 잘하고 있는 부분과 그렇지 않은 부분의 분류가 가능하다.

- 개선 또는 변경할 부분을 그룹화 하여 결정이 가능하다.

Starfish Diagram	Content
Keep Doing	Softer than the More of and Less of
More of	Bring More Value in Thing(ex: More Coordination with DevOps)
Less of	Fix Something(Not Stopping Something)
Stop Doing	Not Helpful or Value
Start Doing	New Things to Try

- Dunning-Kruger Effect는 무엇을 의미하는가?

  애자일 회고를 할 때 참가자 중 일부는 조금 알면서도 모든 걸 잘 아는 것 같이 확신을 가지고 표현을 할 수 있을 것이다.

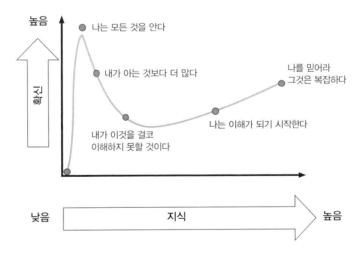

지식이 조금씩 쌓이면서 나의 부족함을 인지하고 지식이 완벽하게 쌓여야만 "나를 믿어라 그러나 복잡하다."라고 이야기할 수 있다. 이런 현상을 Dunning-Kruger Effect이라 한다.

- SMART 목표 작성은 다음과 같다.

SMART	내용
Specific	구체적이어야 한다.
Measurable	진척사항이 측정되어야 한다.
Achievable	성취가 되어야 한다.
Relevant	행동조치가 관련이 있어야 한다.
Timeboxed	2주 스프린트 주기

- 이슈 제거는 논쟁을 줄이고 합의를 이끄는 것이다. 이슈 제거는 회고 미팅 시 다음과 같은 절차로 이루어진다.

  ① 팀원들에게 동그랗게 앉도록 초대한다.

  ② 왼쪽에 있는 사람에게 질문한다. 예를 들어, 당신의 관점에서 다음 Sprint에서 우리가 도전해야 할 가장 높은 우선순위는 무엇이며 그 이유는 무엇인가?

  ③ 팀 구성원은 자신의 관점에서 자신이 알고 있는 최고의 지식과 능력에 대해 답한다.

  ④ 그런 다음 해당 팀 구성원이 질문자가 되어 왼쪽에 있는 사람에게서 이전 토론을 확장하거나 새로운 토론을 시작하는 질문을 한다.

  ⑤ 새로운 응답자가 답변을 한 다음 질문을 하면 팀 구성원들이 질문 및 답변 프로세스에 참여하여 다음 단계에 대한 합의에 도달한다.

The Futurespective의 게임으로 다음과 같은 부분을 구분해본다.

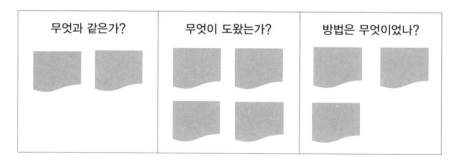

이슈 제거에는 5 Why를 통해 문제의 원인을 규명하고 이슈를 제거한다.

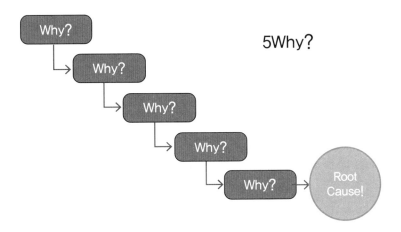

이슈 제거 활동에는 팀이 문제 해결에 초점을 맞춘다. 스크럼 마스터는 개선에 초점을 맞춘다. 반대에 대한 토론이 필요하다. 건전한 토론을 통해 이슈를 제거하는 것이 애자일 문화이다.

Q: 애자일 회고에서 촉진자의 역할은 무엇인가?

A: 독립적인 촉진자로 스크럼 마스터는 팀의 장애요소 제거에 초점을 두고 문제 해결에 우선을 둔다. 외부 컨설턴트가 회고 촉진자면 개방적 분위기 조성에 초점을 맞추고 개선에 초점을 둔다.

Q: 애자일 회고에서 이슈 제거를 위한 좋은 질문하기에서 각 역할 별 문제 부분은 어느 것인가?

A: 회고시 좋은 질문을 한다는 것은 쉬운 것은 아니다. 역할 별로 문제 부분을 보면 다음과 같다. 스크럼 마스터의 경우 경청 부족과 촉진역량 부족이 문제가 된다. 개발 팀의 경우 답변에 치중하거나 질문을 하면 역량이 낮은 것으로 인식하는 것이 문제이다. 제품 책임자는 회고미팅에 소극적인 것이 문제이다.

Q: 이슈 제거의 질문에 Kerth는 어떤 질문을 하는 것이 도움이 된다고 하는가?

A: 우리는 무엇을 잘했는가? 우리를 더 잘하지 못하게 한 것은 무엇인가? 우리를 당황하게 만든 것은 무엇이었으며 다음 스프린트때 어떻게 다르게 개선할 수 있는가? 대부분의 질문은 일일 미팅때의 질문과 회고시 스스로 질문하는 부분과 관련이 되어 있다. 이슈 제거에는 잘한 점을 회고하고 개선할 점을 찾아내고 장애물을 인식하고 개선하는 것이 초점이다.

Q: Dunning-Kruger Effect을 이해하고 우리는 어떤 자세를 가져야 하는가?

A: 우리는 대충 적당히 지식을 알고 많은 것을 아닌척하는 경향이 있을 수 있는데 이런 부분을 반성해야 할 것이다. 조금 아는 것은 모르는 것과 같다고 생각하면서 겸손함을 가져야 할 것이다. 노력을 많이 해서 지식을 충분히 쌓았다면 자신감을 가지고 리드 할 수 있을 것이다. 좀 더 지속적으로 깊게 탐구하는 습관을 가져야 할 것이다.

Chapter

17

애자일 실무 적용

학습목적

- 제품 백로그를 생성하고 우선순위를 결정하는 기법을 익힌다.

- 작업의 우선순위기법을 이해하고 실무에 적용할 수 있도록 한다.
  - 일반적인 작업의 우선순위
  - V-E 기법
  - MoSCoW 기법
  - KANO분석

- 스프린트 백로그 생성을 하고 작업 산정기법을 익힌다.

- 애자일 작업의 산정기법을 이해하고 실무에 적용하도록 한다.
  - Planning Poker
  - 친화도
  - 기타 산정방법

- Definition of Done의 내용을 이해한다.

- 작업의 성과 관리기법을 이해하고 실무 적용하도록 한다.
  - 작업보드(칸반)과 WIP를 이해한다.
  - 번 차트 생성 방법을 이해한다.

1 시나리오 이해

시나리오 작성하기(실습)

내가 혼자서 온라인 과정을 만든다면 무엇을 준비해야 할까? 유튜버가 되려고 한다면 어떤 것을 준비하고 진행을 하여야 할까? 한번 온라인 과정 사이트에 나의 동영상 강의를 런칭한다고 한다면 일은 다양한 부분이 있을 것이다.

이제 시나리오로부터 요구사항을 작성한다.

2 제품 백로그 생성

제품 백로그 생성(실습) – 요구사항 CASE – 온라인 강좌 개설 프로젝트

1. 통신판매사업	2. 플랫폼 사이트에	3. 노트북 구입 하기	4. 마이크 좋은 것 구 입하기
5. 동영상 촬영 녹화 도구 구입하기	6. 스크린 설치하기	7. 강의주제 10개 정 하기	8. 배경음악 준비 하기
9. 강의자료 작성			

3 우선순위 결정(작업의 우선순위)

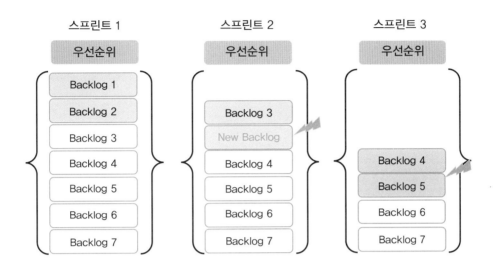

그림 17.3.1 **백로그 우선순위 개요**

대표적인 우선순위 기법은?

그림 17.3.2 **우선순위 기법**

A. 일반적인 작업의 우선순위

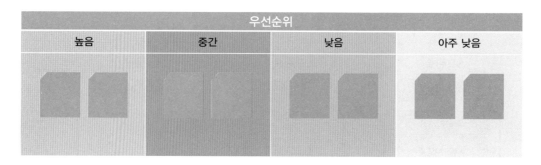

그림 17.3.3 **일반적 우선순위 기법**

일반적인 작업의 우선순위(실습)

우선순위			
높음	**중간**	**낮음**	**아주 낮음**
1. 통신판매사업자 등록하기	2. 플랫폼 사이트에 가입하기	8. 배경음악 준비 하기	6. 스크린 설치 하기
3. 노트북 구입 하기	5. 동영상 촬영 녹화 도구 구입하기	4. 마이크 좋은 것 구입하기	
7. 강의주제 10개 정하기			
9. 강의자료 작성 하기			

그림 17.3.4 **일반적 우선순위 기법 실습 예**

B. V-E 기법

점수 Backlog	Value(L-H)					Effort(L-H)					점수
	1	2	3	4	5	1	2	3	4	5	VXE
1											
2											
3											
4											
5											
6											
7											
8											
9											

그림 17.3.5 V-E 기법 양식의 예

V-E 기법 실습(백로그 매칭)

Backlog	점수 Backlog	Value(L-H)					Effort(L-H)					점수
		1	2	3	4	5	1	2	3	4	5	VXE
1. 통신판매사업자등 록하기												
2. 플랫폼 사이트에 가입하기												
3. 노트북 구입 하기	1											
4. 마이크 좋은 것 구입하기	2											
5. 동영상 촬영 녹화 도구 구입하기	3											
	4											
6. 스크린 설치 하기	5											
7. 강의주제 10개 정하기	6											
8. 배경음악 준비 하기	7											
	8											
9. 강의자료 작성 하기	9											

그림 17.3.6 V-E 기법 양식 1단계

V−E 기법 실습(백로그 점수 산정)

점수 Backlog	Value(L−H)					Effort(L−H)					점수
	1	2	3	4	5	1	2	3	4	5	VXE
1	1					1					1
2		2					2				4
3		2					2				4
4			3				2				6
5				4			2				8
6	1						2				2
7				4					4		16
8		2					2				4
9					5					5	25

그림 17.3.7 V−E 기법 작성 2단계

V−E 기법 실습(백로그 점수산정 후 재우선순위)

순	Backlog
1	9번 Backlog
2	7번 Backlog
3	5번 Backlog
4	4번 Backlog
5	2번 Backlog
6	3번 Backlog
7	8번 Backlog
8	6번 Backlog
9	1번 Backlog

왼쪽 목록:
- 9. 강의자료 작성하기
- 7. 강의주제 10개 정하기
- 5. 동영상 촬영 녹화 도구 구입하기
- 4. 마이크 좋은 것 구입하기
- 2. 플랫폼 사이트에 가입하기
- 3. 노트북 구입하기
- 8. 배경음악 준비하기
- 6. 스크린 설치하기
- 1. 통신판매사업자등록하기

그림 17.3.8 V−E 기법 작성 3단계

V-E 기법 실습(백로그 우선순위 매트릭스 작성)

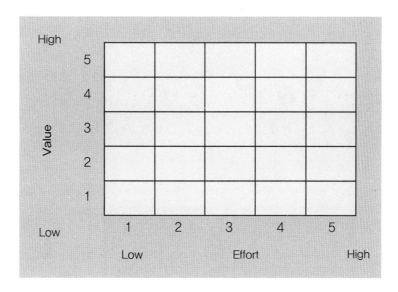

그림 17.3.9 V-E 기법 작성 4단계

V-E 기법 실습(백로그 우선순위 매트릭스 작성)

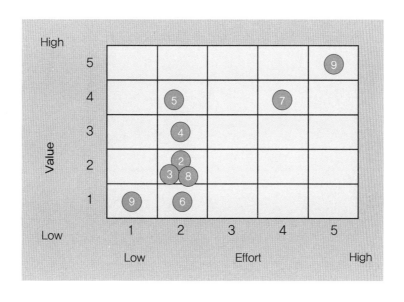

그림 17.3.10 V-E 기법 작성 5단계

V–E 기법 실습(백로그 우선순위 매트릭스 작성–H/M/L)

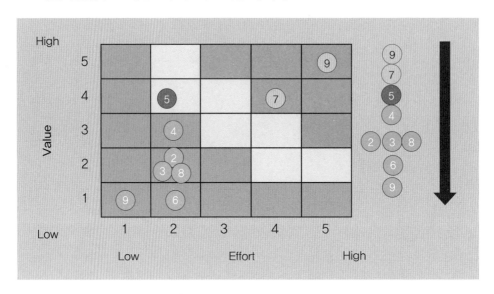

그림 17.3.11 V–E 기법 작성 6단계

C. MoSCoW 기법

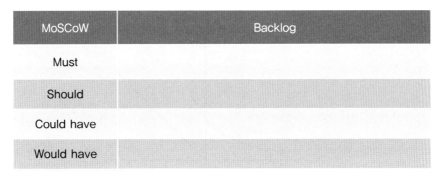

MoSCoW	Backlog
Must	
Should	
Could have	
Would have	

그림 17.3.12 MoSCoW 기법 양식

MoSCoW 기법(실습)

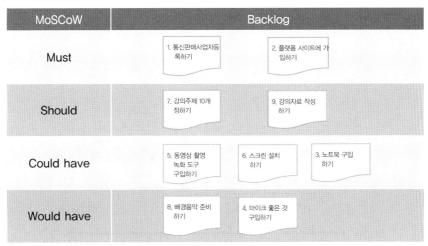

MoSCoW	Backlog		
Must	1. 통신판매사업자등록하기	2. 플랫폼 사이트에 가입하기	
Should	7. 강의주제 10개 정하기	9. 강의자료 작성하기	
Could have	5. 동영상 촬영 녹화 도구 구입하기	6. 스크린 설치하기	3. 노트북 구입하기
Would have	8. 배경음악 준비하기	4. 마이크 좋은 것 구입하기	

그림 17.3.13 MoSCoW 기법 실습

D. KANO분석

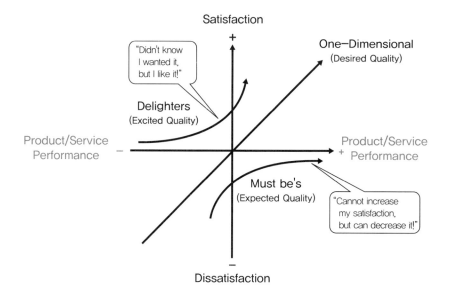

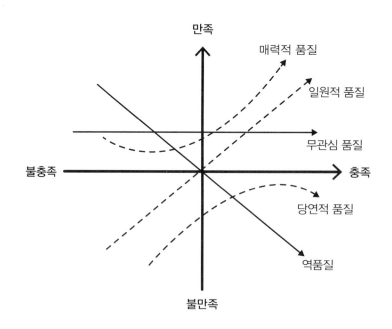

그림 17.3.14 **KANO분석**

KANO Analysis	
Basic Factors	Dissatisfiers
Performance Factors	Satisfiers
Excitement Factors	Delighters

KANO분석(실습)

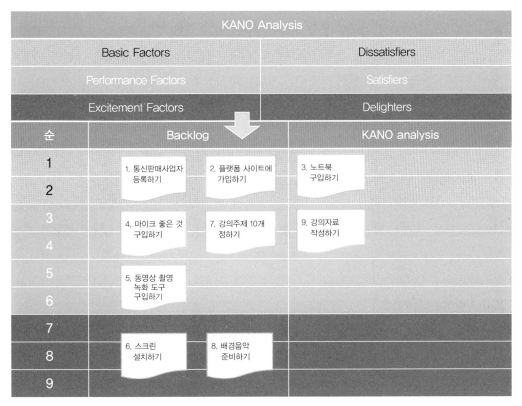

그림 17.3.15 **KANO분석 실습**

애자일 백로그 우선순위 기법인

- 일반적인 작업의 우선순위
- V-E 기법
- MoSCoW 기법
- KANO분석

우선순위 기법을 통해 어떤게 정답인가는 상황에 따라 판단을 하여야 한다.

만일 경험이 충분해 자신이 있다면 일반적인 작업의 우선순위로 해도 무방하다. 여러분이 잘하는 내용이라면 알아서 작업의 우선순위를 지식과 경험으로 결정해도 된다.

V-E 기법의 경우는 자원관리 측면과 일의 가치 측면을 다 고려하기 때문에 프로젝트 특성상 자원관리 부분이 핵심이라면 작업의 노력 정도가 중요하므로 이 기법을 사용하는 것이 유리하다.

MoSCoW 기법의 경우는 프로젝트 특성이 법규/규제 등과 많이 연관이 되고 계약 조건에 따라 중요도가 존재한다면 이 기법을 통해 우선순위를 결정하는 게 좋다.

KANO분석은 고객과의 피드백 등을 고려한 서비스와 관련한 경우 고려될 수 있다. 고객이 원하는 당연적 품질을 반드시 충족해야 해서 고객이 사용하는 시스템에 대한 성능이 제대로 구현이 되어야 하는 프로젝트에서 우선순위 기법으로 사용될 수 있다.

상기 기법 이외에도 다양한 기법들이 존재한다. Dot Voting or Multi-Voting, 100포인트 방법, 모노폴리 머니 등이 사용될 수 있다.

Dot Voting or Multi-Voting

각 이해관계자는 제시된 옵션들 사이에 분배하기 위해 사전 결정된 수의 점(Check Marks, Sticky Stars 등)을 얻는다. 일반적으로 옵션 중에서 우선순위가 결정되는 워크샵에서 투표를 사용한다.

100-Points Method

Dean Leffingwell & Don Widrig가 개발한 100-Point Method은 각 이해관계자에게는 가장 중요한 요구사항에 투표하는 데 사용할 수 있는 100점을 부여하여 각 백로그에 투표하게 한다. 점수가 높은 순서로 우선화 한다.

모노폴리 머니(Monopoly Money)

이해관계자에게 프로젝트 예산과 동일한 금액의 모노폴리 머니(Monopoly Money)를 제공하고 시스템 기능에 자금을 분배하도록 요청한다. 시스템 구성 요소의 일반 우선순위를 식별하는 데 유용하다. 비즈니스 기능의 우선순위를 지정하는 것으로 제한될 때 가장 효과적이다.

4 스프린트 백로그 생성

Sprint Backlog from Product Backlog

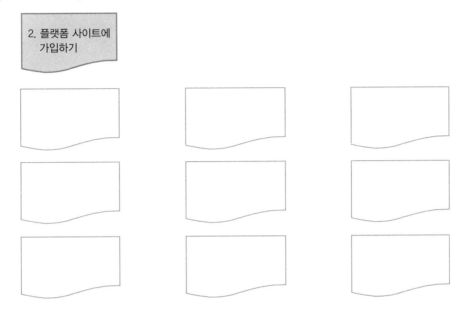

스프린트 백로그 생성(실습)

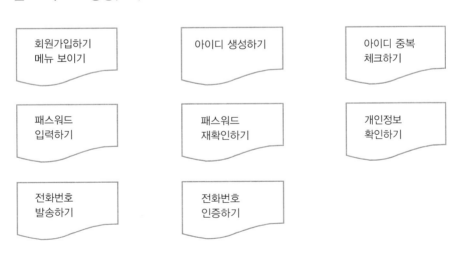

그림 17.4.1 **스프린트 백로그 실습 예**

5 작업의 산정

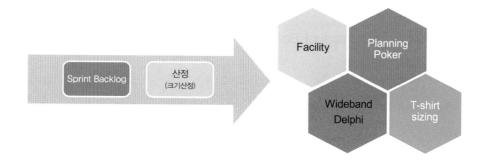

그림 17.5.1 **스프린트 백로그 실습 예**

A. Planning Poker

스토리 포인트의 예(피보나치 수열)

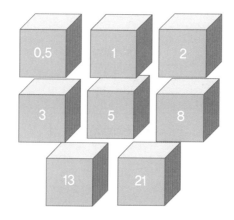

그림 17.5.2 **스토리 포인트: 피보나치 수열의 예**

스프린트 백로그의 작업크기 산정 준비

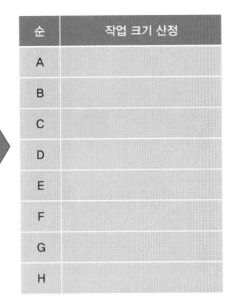

순	Sprint Backlog
A	• 회원가입하기 메뉴 보이기
B	• 아이디 생성하기
C	• 아이디 중복 체크하기
D	• 패스워드 입력하기
E	• 패스워드 재확인하기
F	• 개인정보 확인하기
G	• 전화번호 발송하기
H	• 전화번호 인증하기 → 로그인 완료

순	작업 크기 산정
A	
B	
C	
D	
E	
F	
G	
H	

스프린트 백로그의 작업크기 산정(실습)

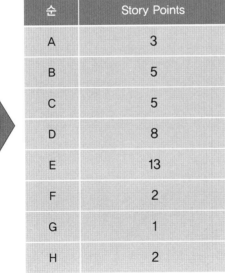

순	Story Points
A	3
B	5
C	5
D	8
E	13
F	2
G	1
H	2

B. 친화도

순	Story Points
A	
B	
C	
D	
E	
F	
G	
H	

Story Points	0.5	1	2	3	5	8	13

친화도 실습

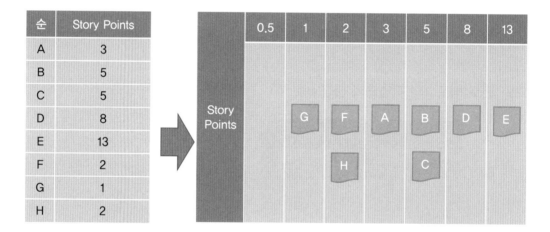

순	Story Points
A	3
B	5
C	5
D	8
E	13
F	2
G	1
H	2

Story Points	0.5	1	2	3	5	8	13
		G	F	A	B	D	E
			H		C		

6 작업 배정

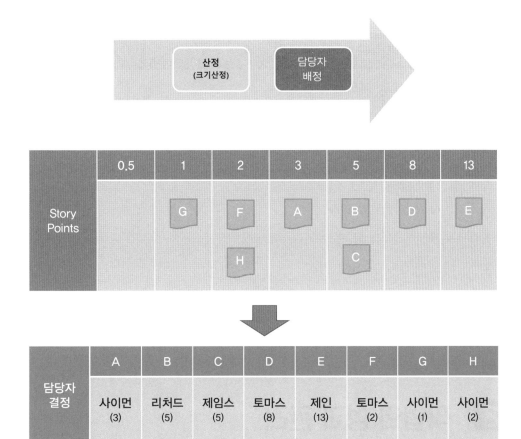

Story Points	0.5	1	2	3	5	8	13
		G	F	A	B	D	E
			H		C		

담당자 결정	A	B	C	D	E	F	G	H
	사이먼 (3)	리처드 (5)	제임스 (5)	토마스 (8)	제인 (13)	토마스 (2)	사이먼 (1)	사이먼 (2)

스토리 포인트를 친화도 기법을 통해 그룹핑을 하면 작업 분담에 유리한 환경을 만들 수 있다. 작업의 크기에 맞게 담당자들에게 적절히 작업을 분담할 수 있기 때문이다. 역량이 높은 사람이 큰 것을 담당하고 아직 초보인 사람은 작은 작업을 담당하는 것이 합리적일 것이다. 상기 표는 그런 부분을 반영하여 업무 분장을 한 것이다. 13을 담당하는 제인은 아마도 제일 역량이 큰 사람일 것이고 리처드와 제임스는 아마도 일의 경험이 적은 사람일 것이다.

7 Define DoD(Definition of Done) 생성

순서	DoD	합격여부 (O, X)
1	단위 시험 합격 여부	O
2	코드는 리뷰 완료여부	O
3	인수시험이 기준에 달성여부	O
4	기능시험 합격여부	O
5	비 기능시험의 합격여부	O
6	제품책임자가 사용자 스토리를 수용하였는가?	O
7	보안시험은 완료하였는가?	O

8 작업의 성과 관리

A. 작업보드 및 WIP

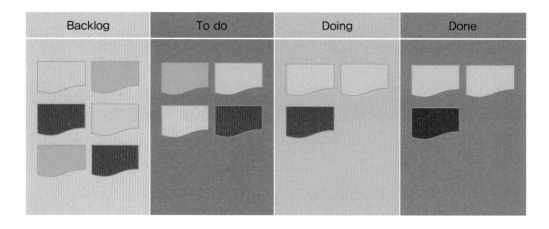

- 문제가 있으면 솔직하게 말한다.
- 조용히 문제를 해결하면 안 된다.
- 협업이 필요하다.

작업보드 및 WIP(실습)

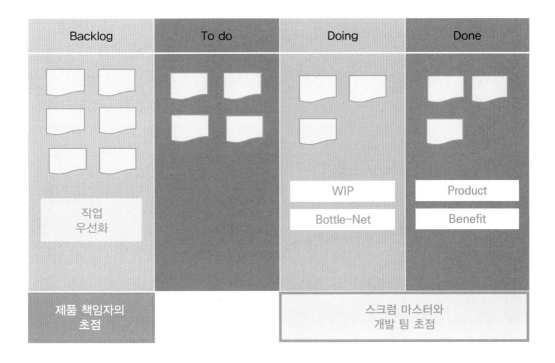

B. 번 차트

담당자 결정	A	B	C	D	E	F	G	H
	사이먼 (3)	리처드 (5)	제임스 (5)	토마스 (8)	제인 (13)	토마스 (2)	사이먼 (1)	사이먼 (2)

전체 스토리 포인트 합 (40)	A	B	C	D	E	F	G	H
	3	5	5	8	13	2	1	2

순	Story Point
A	3
B	5
C	5
D	8
E	13
F	2
G	1
H	2

Daily Burn-Down Charts 만들기

	Story Point Size	Velocity	일자	목표	완료누적	실제 완료
A	3	5	1	35	36	4
B	5	5	2	30	32	4
C	5	5	3	25	27	5
D	8	5	4	20	21	6
E	13	5	5	15	18	3
F	2	5	6	10	14	4
G	1	5	7	5		
H	2	5	8	0		

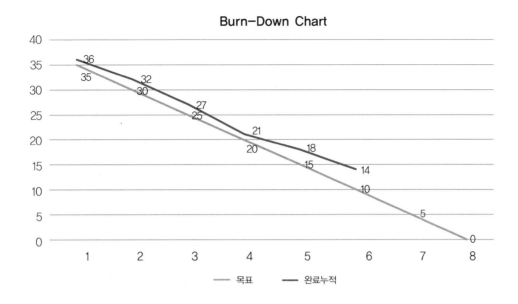

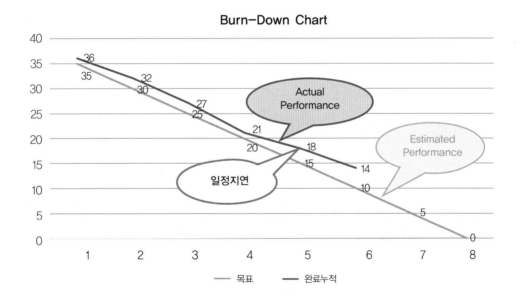

Burn-Up Charts 만들기

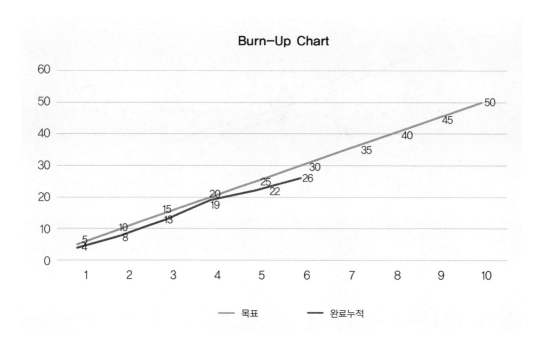

- 제품 백로그 생성은 고객의 요구사항으로부터 생성된다.

- 제품 백로그는 일종의 목록형태이다. 먼저 백로그를 정리하여 우선순위를 비즈니스 가치기 반으로 정렬하여야 한다.

- 작업의 우선순위기법 중 일반적인 작업의 우선순위 기법은 직관과 경험을 기반으로 결정하 는 것이다.

- V-E 기법은 가치와 노력을 기준으로 점수화 하여 우선화 한다.

- MoSCoW 기법은 아래 4가지로 구분하여 우선순위화 한다.

  Must가 1순위. Should have가 2순위, Could have 3순위이다.

- KANO분석은 고객의 Need 관점으로부터 서비스의 우선순위 기법으로 만족과 불 만족, 성 과의 +- 측면을 감안하여 당연적 품질, 일원적 품질, 매력적 품질로서 우선순위를 매긴다.

- 스프린트 백로그 생성 후 산정을 하여야 일의 크기를 알 수 있다.

  스토리 포인트 크기를 알아야 작업자들에게 작업을 할당하고 스프린트 당 속도를 결정할 수 있다. 애자일 작업의 산정기법을 이해하고 실무에 적용을 하여야 한다.

- 대표적인 산정기법에는 Planning Poker, 친화도, 기타산정 방법 등이 있다. 기획 포커 (Planning Poker)는 피보나치 수열을 기본으로 개발자들이 편견 없이 자신의 경험과 직관으 로 투표를 하여 합의를 만드는 협업 게임이다.

- 친화도 기법은 스토리 포인트를 그룹화하는 것이다. 친화도가 마무리되면 크기를 고려하여 개발자들이 기능(Task)별 작업을 할당한다.

- 완료의 정의(Definition of Done)는 데모를 하기 위해 필요한 문서이다.

- 데모 시 기능을 개발하여 보여주려면 해당 기능에 대한 인수조건을 합의 하여야 한다. 체크 리스트를 포함하여 인수조건 내용을 포함한 완료의 정의(Definition of Don)를 하여야 한다.

- 작업의 성과관리 기법은 스프린트 백로그가 시간이 지나면서 단계적으로 인도하는 성과 관 리와 팀 전체 역량에 대한 속도 측정 및 작업량의 기준대비 완료 여부를 측정한다.

- Doing작업이 WIP(Work In Progress)이다. 개발자들은 WIP에 Bottle neck이 발생되지 않도록 스스로 관리해야 한다. Multi-Tasking을 줄이고 원활한 흐름이 이루어지도록 작 업보드를 관리하여야 한다.

- 번 차트 생성 방법은 먼저 엑셀시트에 완료목표/완료누적(실적)을 입력하고 삽입기능으로 차 트를 생성하면 된다.

Q & A

Q: 애자일 방식(제품 백로그. 우선화 기법)은 실무에 적용한다면 어떤 부분에 바로 적용할 수 있을까?

A: 당장 해야 할 일을 기록하고 우선순위를 만들면 일의 우선순위 데로 작업을 진행할 수 있다. 스타트업은 프로젝트 관리 능력은 떨어질 수 있으나 사실 일은 애자일로 일한다. 불확실성을 가지고 작은 팀으로 협업을 하면서 같은 공간에서 Teamwork으로 목표를 향해 전진한다. 이런 부분에 애자일 방식으로 도입하면 더 효율적인 성과를 만들 수 있을 것이다. 중소기업, 중견 기업, 대기업에서도 팀 단위로 일의 우선순위를 정하는 방법에 애자일 우선화 기법을 도입하면 상호존중, 합의의 문화를 만들 수 있다.

Q: 산정된 스토리 포인트를 어떻게 팀원들에게 할당을 하여야 할까?

A: 아래 표처럼 합산을 하면 사이먼은 6, 리처드는 5, 제임스는 토마스는 10, 제인은 13 스토리 포인트를 할당 받는다.

담당자 결정	A	B	C	D	E	F	G	H
	사이먼 (3)	리처드 (5)	제임스 (5)	토마스 (8)	제인 (13)	토마스 (2)	사이먼 (1)	사이먼 (2)

토마스와 제인이 다른 사람보다 많은 스토리를 할당 받았다. 아마도 둘은 일의 전문성과 경험이 탁월하여 큰 스토리 포인트를 받았고 다른 개발자들은 신참이거나 경험이 적은 직원일 가능성이 높다. 가장 이상적인 것은 대부분이 유사한 경험의 소유자라면 비슷한 크기의 스토리 포인트 수를 할당 받는 게 좋다. 제인과 토마스가 힘든 작업을 하고 있다면 나머지 사람들이 일을 빨리 끝마치고 도와주면 좋을 것이다. 이런 것이 협업 문화이다.

18
Chapter

애자일 실무
가이드 요약

- '왜 애자일 실무 지침서가 필요한가?'를 이해한다.

- 애자일 접근 방식의 적합성 부분을 이해한다.

- 프로젝트 생애주기의 특성을 이해한다.

- 애자일 사고방식으로 출발의 의미를 이해한다.

- 섬김형 리더십 특징을 이해한다.

- 팀 결성의 내용과 중요성을 이해한다.

- 팀 헌장개발의 내용과 중요성을 인식한다.

- 팀의 가치인도에 도움이 되는 실행실무를 이해하고 적용한다.

- 리팩토링의 목적을 이해한다.

- 애자일 문제점과 가능한 문제 해결 방법을 이해한다.

- 애자일 지향 프로젝트에 대한 조직의 고려사항을 이해한다.

1 머리말

애자일 실무 지침서는 PMI+애자일얼라이언스 공동으로 제작되었다. 프로젝트 리더와 팀원을 대상으로 프로젝트 계획 및 실행 시 애자일 방식을 적용하는데 유용한 실무 지침을 제공한다.

왜 애자일 실무 지침서가 필요한가?

- 애자일 사용이 상당한 탄력을 받게 되며 애자일 선언을 통해 애자일의 결정적 가치와 원칙이 표명되었다.
- 프로젝트 리더와 팀은 고객들의 더욱 즉각적인 가치 인도 요구와 기술의 급격한 발전으로 와해되는 환경에 처해 있다. 애자일 기법과 방식은 이러한 와해성 기술을 효과적으로 관리한다.
- 애자일 제1원칙은 고객 만족에 최우선을 두고 고객에게 제품과 서비스를 인도하는 것을 핵심으로 한다. 조직이 경쟁력과 적절성을 지속하기 위해서 내부에 집중하기보다 고객 경험으로 지향점을 바꾸어야 하는 상황이다.
- 와해성 기술이 진입장벽을 낮춤에 따라 기업에는 급격한 변화가 일어나고 있다. 기업은 고객 요구에 맞는 제품을 신속하게 생산할 수 있는 소규모 조직이나 신생 업체와 경쟁을 벌여야 한다. 이러한 변화 속도에 따라 대규모 조직들은 경쟁력 우위와 기존 시장 점유율을 높이기 위해서 애자일 사고 방식을 계속 채택할 것이다.

애자일 실무 지침서 내용

- 프로젝트 생애주기 선택을 이해한다.
- 애자일 프로젝트에 대한 조직차원 고려사항을 설명한다.
- 애자일 구현방식을 구현하고 애자일 방식을 소개한다.
- 애자일 방식을 실무 적용시 고려해야 할 적합성 요인을 보여준다.
- PMBOK 프로세스 및 지식영역에 애자일을 매핑하여 전통형과 적응형이 상호 연관됨을 보여준다.
- 전반적인 분야에서 애자일 활용에 대한 논의를 하여 애자일 구현 시 고려해야 할 지침과 기법, 접근 방식을 보여준다.
- 애자일과 관련된 일반적인 용어 정의를 포함한다.

2 애자일 소개

A. 정의 가능한 작업 대비 불확실성이 높은 작업

- 불확실성 높은 프로젝트: 높은 변화율, 복잡도, 리스크가 크다.
- 애자일 방식: 짧은 주기로 실현 가능성을 탐색, 평가, 피드백으로 신속 적용을 추구한다.

B. 애자일 선언문

우리는 소프트웨어를 개발할 때, 다른 사람의 개발을 도와주면서 소프트웨어를 개발하는 더 나은 방법들을 찾아 나가고 있다. 이 작업을 통해 다음과 같은 가치를 추구한다.

- 프로세스나 도구 보다는 개인과 상호 작용을
- 포괄적인 문서보다는 작동하는 소프트웨어를
- 계약 협상보다는 고객과의 협력을
- 계획을 따르기보다 변화에 대응하기를

3 생애주기 선택

- **예측 생애주기:** 전통적(워터폴) 접근 방식이다.
- **반복적 생애주기:** 미완료 작업에 대한 피드백을 수용하여 작업결과를 개선하고 수정하는 접근 방식이다.
- **점증적 생애주기:** 고객이 이용할 수 있는 완료된 인도물을 제공하는 접근 방식이다.
- **애자일 생애주기:** 작업 항목을 구체화하고 자주 인도하기 위해 반복적, 점증적 특성을 모두 취하는 방식이다.

표 18.3.1 **생애주기 이해**

특성				
접근방식	요구사항	활동	인도	목표
예측	고정	전제 프로젝트에 대해 1번 수행	1회 인도	원가관리
반복적	동정	올바르게 될 때까지 반복함	1회 인도	솔루션 정정
점증적	동정	지정된 증분에 대해 한 번 수행함	더 작은 규모로 자주 인도	속도
애자일	동정	올바르게 될 때까지 반복함	작은 규모로 자주 인도	짖은 인도와 피드백을 통한 고객 가치

프로젝트 생애주기의 특성

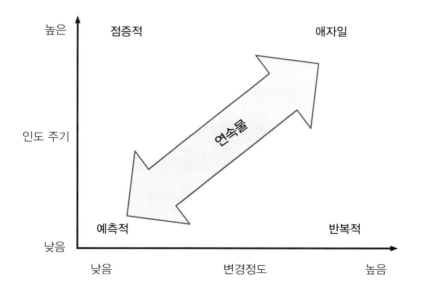

그림 18.3.1 **생애주기의 연속성**

4 애자일 구현(애자일 환경조성)

A. 애자일 사고방식으로 출발 한다.

- 어떻게 하면 프로젝트 팀이 애자일 접근 방식으로 행동할 수 있을까?
- 다음 인도 주기에 유리하도록 팀이 신속하게 인도하고 조기에 피드백을 받아야 할 항목은 무엇인가?
- 투명한 방식으로 작업할 수 있는 방법은 무엇인가?
- 우선순위가 높은 항목에 집중하기 위해 피해야 할 작업은 무엇인가?
- 섬김형 리더십 접근 방식이 팀 목표 달성에 어떻게 도움이 될 것인가?

B. 섬김형 리더십으로 팀 역량을 강화한다.

- 목적: 프로젝트 차원에서 전체팀을 최적화한다.
- 사람: 성공할 수 있는 환경을 조성하도록 팀을 장려한다.
- 프로세스: 결과물에 집중하여 교차기능팀이 완성된 가치를 자주 인도하고 제품과 프로세스를 반영할 때 그 팀이 애자일이 된다.

C. 팀 결성

- 애자일 선언의 가치와 원칙에 담긴 핵심 원리는 개인과 상호작용의 중요성이 있다.
- 애자일은 팀원들을 활용하는 방식보다는 고객에게 신속한 기능 인도의 주력하는 방향으로 가치흐름을 최적화한다.
- 다방면 전문가들의 모임이다.
  - T-Type팀원들로 구성한다.
  - 강도 높은 협업과 자율구성 방식이다.
  - 교차 가능팀으로 팀원을 구성한다.

팀 결성효과는?

- 사람들간 협업할 가능성이 커지고 팀이 가치 있는 작업을 더 빨리 완료한다.
- 멀티태스킹을 하지 않고 상황을 다시 정립해야 하므로, 팀의 시간낭비를 크게 줄일 수 있다.

5 애자일 구현(애자일 환경에서 인도)

A. 팀 헌장

팀 헌장 개발을 통해 팀가치를 높이고 협업을 강화한다. 팀헌장은 다음을 포함한다.

- 팀 가치, 지속 가능한 추진속도와 집중 근무시간대
- 업무협약
- 기본 규칙
- 집단 규범
- 애자일 환경의 조성

B. 백로그 준비

- 모든 작업을 순서대로 정렬한 목록, 스토리 형식이다.
- 팀에서 생산하는 산출물을 근거로 로드맵을 재수립한다.
- 제품 책임자가 작성한다.

백로그 상세화

- 어떤 내용인지 파악하고 상세한 수준으로 스토리를 정리한다.
- 반복기반 애자일 팀을 위한 여러 가지 상세화 토론, 제품, 제품분야 또는 문제영역이 생소할 때 사용할 수 있는 토론이다.
- 모두 함께 스토리를 논의하고 작성한다.
- 팀은 요구되는 스토리를 논의하고 상세하게 다듬는다.
- 작은 규모의 스토리로 구성된다.

C. 일일 스탠드 업(Daily Standup)

- 15분 이내로 제한한다.
- 내가 완료한 작업은 무엇인가?
- 지금부터 완료할 작업은?
- 나를 가로 막는 장애요인은?
- 칸반을 사용한다.

D. 데모(Demo)

- 스토리를 수락 또는 거절한다.
- 2주에 한번 제품 데모를 실시한다.
- 피드백으로 개선을 유도한다.

그림 18.5.1 **데모 개요**

- 결과물의 상태를 직접 느끼게 한다.
- PO와 고객과의 긴밀한 관계유지가 도움이 된다.
- PO와 고객과 같은 비전을 공유하고 있음을 확인한다.
- 개발자의 데모의 방향이 잘못되면 조정한다.

E. 회고

- 프로세스 개선이 목적이다. 과거에 제품 및 프로세스에 수행한 작업을 통해 교훈을 얻는데 도움이 된다.
- 정기적으로 효과적인 방법을 찾아서 반영하고 업무활동을 조율하고 조정한다.
- 회고의 시점은 이전 회고 이후 몇 주가 지난 시점이다.
- 회고는 책임을 묻는 것이 아니라 교훈을 수집하여 조금씩 개선하고자 하는 것이다.

F. 팀의 가치인도에 도움이 되는 실행실무

- 지속적 통합: 작업을 자주 통합한 다음 테스트하여 전체 제품이 의도한대로 작동하는지 확인을 한다.
- 모든 수준에서 테스트: 종단 간 정보에 대한 시스템 수준의 테스트와 빌딩블록에 대한 단위테스트 수행. 스모크 테스트(Smoke Test)가 유용하다.

G. 애자일 프로젝트 측정치

- 번다운 차트
- 번업 차트
- 칸반보드
- 획득가치 사용(SPI/CPI)
- 수용능력이 팀의 역량

6 애자일 지향 프로젝트에 대한 조직의 고려사항

- 안전한 환경 조성: 문화 규범
- 문화 평가: 조직 문화 평가

그림 18.6.1 **조직 문화 평가 사례**

만일 조직 문화를 아래와 같이 평가하였다면 전통형 접근 방식보다 애자일 접근 방식이 조직에 맞을 것이다.

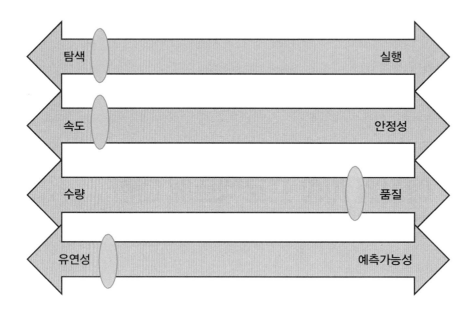

그림 18.6.2 **조직 문화 평가 사례 예**

7 실행요청

- 애자일 실무 지침서를 이해하고 실무에 조정하여 적용을 한다.
- 2001년 애자일 선언 후 애자일 관심이 증가하고 있다.

- 왜 애자일 실무 지침서가 필요한가?

  애자일 사용이 상당한 탄력을 받게 되며 애자일 선언을 통해 애자일의 결정적 가치와 원칙이 표명되었다. 프로젝트 리더와 팀은 고객들의 더욱 즉각적인 가치 인도 요구와 기술의 급격한 발전으로 와해되는 환경에 처해 있다. 애자일 기법과 방식은 이러한 와해성 기술을 효과적으로 관리한다.

  애자일 제1 원칙은 고객 만족에 최우선을 두고 고객에게 제품과 서비스를 인도하는 것을 핵심으로 한다. 조직이 경쟁력과 적절성을 지속하기 위해서 내부에 집중하기보다 고객 경험으로 지향점을 바꾸어야 하는 상황이다. 와해성 기술이 진입장벽을 낮춤에 따라 기업에는 급격한 변화가 일어나고 있다. 기업은 고객 요구에 맞는 제품을 신속하게 생산할 수 있는 소규모 조직이나 신생업체와 경쟁을 벌여야 한다. 이러한 변화 속도에 따라 대규모 조직들은 경쟁력 우위와 기존 시장 점유율을 높이기 위해서 애자일 사고 방식을 계속 채택할 것이다. 이에 애자일 실무가이드는 애자일 실무 적용의 가이드를 제공한다.

- 애자일 접근 방식의 적합성 부분은 연구 및 개발이 요구되는 프로젝트, 변경율이 높은 프로젝트, 명확하지 않거나 정확히 파악되지 않은 요구사항, 불확실성 또는 리스크가 내재된 프로젝트, 최종목표를 기술하기 어려운 프로젝트에 해당한다.

- 프로젝트 생애주기의 특성을 간단하게 요약하면 다음과 같다.

  - 예측 생애주기: 전통적 접근 방식

  - 반복적 생애주기: 미완료 작업에 대한 피드백을 수용하여 작업결과를 개선하고 수정하는 접근 방식

  - 점증적 생애주기: 고객이 이용할 수 있는 완료된 인도물을 제공하는 접근 방식

  - 애자일 생애주기: 작업 항목을 구체화하고 자주 인도하기 위해 반복적, 점증적 특성을 모두 취하는 방식

- 애자일 사고방식으로 출발은 다음과 같은 질문을 하면서 애자일을 시작하여야 한다.

  - 어떻게 하면 프로젝트 팀이 애자일 접근 방식으로 행동할 수 있을까?

  - 다음 인도 주기에 유리하도록 팀이 신속하게 인도하고 조기에 피드백을 받아야 할 항목은 무엇인가?

  - 투명한 방식으로 작업할 수 있는 방법은 무엇인가?

  - 우선순위가 높은 항목을 집중하기 위해 피해야 할 작업은 무엇인가?

  - 섬김형 리더십 접근 방식이 팀 목표 달성에 어떻게 도움이 될 것인가?

- 섬김형 리더십 특징은 다음과 같다.
  - 자기인식 고취
  - 경청
  - 팀원들에게 봉사
  - 팀원들이 성장할 수 있도록 지원
  - 지도와 통제사이 균형유지
  - 안전, 존중 및 신뢰증진
  - 다른 사람들의 활력과 지적 향상유도

- 팀 결성의 중요한 부분은 다방면 전문가들의 모임이고 T-Type팀원들로 구성되며 강도 높은 협업과 자율구성 방식이라는 것이다. 애자일 팀은 사람들간 협업할 가능성이 커지고 팀이 가치 있는 작업을 더 빨리 완료한다.
  멀티태스킹을 하지 않고 상황을 다시 정립해야 하므로, 팀이 시간낭비를 크게 줄일 수 있다.

- 팀 헌장개발은 팀 가치, 지속 가능한 추진속도와 집중 근무시간대, 업무협약, 기본 규칙, 집단 규범, 갈등관리 약속 등을 포함하여 팀의 작업 가이드 역할 같은 것도 한다. 팀 헌장이 있어야 프로젝트 목표에 대한 공동목표를 가지고 같이 협업하면서 일을 진행할 수 있다.

- 팀의 가치인도에 도움이 되는 실행실무는 대표적으로 다음과 같다.
  - 지속적 통합
  - 모든 수준에서 테스트
  - 인수 테스트 주도 개발(ATDD)
  - 테스트 주도 개발(TDD)과 행위 주도 개발(BDD)
  - 스파이크(Time Boxed 연구 또는 실험)

- 리팩토링의 목적은 SW의 디자인을 개선시키고 SW를 이해하기 쉽게 만든다. 버그를 찾는데 도움을 주고, 프로그램을 빨리 작성할 수 있게 도와준다. 리팩토링은 프로그램이 수정되더라도 품질이 저하되지 않도록 하는 프로그램 개선 방법이다. 향후 일어날 프로그램 수정에 따른 문제를 미리 줄이고자 하는 것이므로, 리팩토링을 예방적 유지보수라 볼 수 있다.

- 애자일 문제점과 가능한 문제 해결 방법을 이해한다.

문제점	가능한 문제 해결 방법
팀의 불분명한 목적 및 사명	애자일 헌장 개발
불분명한 요구사항	제품 로드맵 구축
부정확한 산정치	스토리 세분화/애자일 모델링
작업진척	일일 스탠드 업 미팅
기술 부채	리팩토링, 애자일 모델링, 자동화된 코드품질 분석
결함	페어작업, 제품의 공동소유권
업무지연	스토리 생성

- 애자일 지향 프로젝트에 대한 조직의 고려사항은 먼저 조직 변경관리를 고려하여 애자일 방식의 변화가 조직에 맞는지 검토하여야 한다. 그리고 조직의 문화를 평가하여 애자일에 적합한 조직의 문화인지 분석하여야 한다.
  또한 비즈니스 사례를 분석하여 애자일 방식과 맞는지 검토하여 조직의 PMO와 연계하여 애자일 방식의 도입을 협업하여야 한다. 여기에는 조직의 구조 등, 일련의 사례를 포함할 수도 있다.

Q & A

Q: 애자일 실무 가이드는 애자일을 도입하는 기업에게 도움이 되는가?

A: 도움이 된다. 애자일 도입의 첫번째는 애자일을 아는 것부터 시작한다. 실무가이드는 애자일의 보편적 지식을 포함하고 있으며 실무사례까지도 포함을 하고 있어 매우 유용한 가이드로 볼 수 있다.

Q: 애자일을 도입하면 기업이 변화에 신속하게 잘 대응하는 기업이 될 수 있는가?

A: 세상에 만병통치약은 없다. 애자일 역시 잘 도입하면 약이 되지만, 잘못 도입하면 독이 될 수도 있다. 추천 드리는 것은 경영진이 애자일을 실제 체험을 하고 애자일 문화를 충분하게 이해하고 기업에 적용하면 성공 확률이 높다. 환경 변화에 대한 신속한 대응은 요즘 기업의 숙제이다. 무조건보다는 먼저 잘 알고 도입하는 것이 좋은 방법이다.

Q: 기업의 경쟁력 향상을 위해 애자일과 연관이 있는 부분은 어느 것인가?

A: 애자일 방식을 도입하는 기업들은 디자인씽킹을 같이 도입하는 경우가 많다. 디자인씽킹의 공감, 문제정의, 아이디어 생성, 프로토타입 만들기, 테스트 프로세스에서 애자일의 경우 아이디어 생성, 프로토타입 만들기, 테스트의 반복 부분을 지원할 수 있다. 또한 ISO56000 혁신경영의 부분과 연관이 있다. 혁신경영의 내용에 애자일 부분이 등장하며, 실제 혁신기업으로 성공한 기업의 경우 애자일 방식을 도입하여 혁신의 성과를 이룬 경우가 많다.

부록

애자일 중요
용어 정의

핵심 가치와 마인드 셋

애자일은 단순히 특정 도구 또는 방법을 따르는 것이 아니다. 애자일 접근 방식의 프로젝트 관리는 실제로 애자일 가치와 원칙에 기반한 새로운 사고 방식을 갖는 것과 관련 있다. 이것은 'Being 애자일'과 'Doing 애자일' 차이다. 'Being 애자일'은 애자일에서 지향하는 마인드 셋을 가지고 상황에 적합한 관행을 선택, 조정해서 사용하면 더 효과적이라는 것을 뜻한다. 'Doing 애자일'은 애자일 마인드 셋을 수용하지 않고 애자일 관행을 사용하는 것을 말한다. 애자일 방법론은 2001년 소프트웨어 업계를 주도하는 리더들이 애자일 소프트웨어 개발을 위한 선언을 공표하면서 공식화되었다.

애자일 팀이 최고의 성과를 내려면 각 팀원의 인간적인 면에 관심을 가져야 하며 팀 구성원 간, 그리고 사용자와 이해관계자들과 상호작용도 중요하게 생각하여야 한다. 즉, 도구 보다는 개인과 상호작용을 더 중시한다.

애자일 팀은 포괄적인 문서보다는 작동하는 소프트웨어를 중시한다. 애자일은 소프트웨어를 중심으로 발전한 개발 방법론이기 때문에 작동하는 소프트웨어라고 언급이 되어 있지만, 소프트웨어 뿐만 아니라 실제로 동작하는 시제품이나 모형이 더 중요하다. 사용자가 소프트웨어의 작동을 측정하는 가장 효과적인 방법은 문서나 매뉴얼 보다 실제로 이를 이용해보는 것이다.

애자일 팀은 계약 협상보다 고객과의 협력을 중요시한다. 프로젝트는 계속 변하고 고객에게 중요한 가치도 계속 변화한다. 프로젝트를 처음 시작할 때 완벽한 정보를 얻을 수 없기 때문에 진행과정에 계속 고객과 협력하여 최상의 결과를 내도록 해야 한다.

마지막으로 애자일 팀은 변화를 두려워하지 않는다. 처음 계획을 수립할 때는 정보가 부족하지만, 시간이 지날수록 더 많은 정보와 가치가 쌓인다. 따라서 애자일 팀은 프로젝트를 수행하는 도중에 발생하는 변화에 대해 두려워하지 않고 대응을 해야 한다.

팀 구성과 역할

애자일 방법에서는 팀에 여러 가지 역할이 있다. 스크럼 방법을 기준으로 하면 '개발 팀(Development Team)', '제품 책임자(Product Owner)', '스크럼 마스터(Scrum Master)'로 나눌 수 있다.

개발 팀

주로 5-9명으로 구성되며, 매 주기 즉, 스프린트 마다 제품을 개발하는 그룹이다. 개발 팀은 지시를 받기보다 스스로 자기 자신의 업무를 관리할 수 있는 Self-Organization과 한 팀원이 여러 업무를 처리하는 T자형 역량을 가진 멤버로 구성이 된 교차기능(Cross-Function)의 특징을 가진다. 따라서 팀원의 공백이나 업무가 지연됐을 경우, 다른 사람으로 대체하거나 협력이 가능하다.

제품 책임자

제품의 백로그나 '완료'된 기능 리스트를 관리함으로써 제품의 가치를 최대화하는 역할을 한다. 프로젝트의 비전, 제품의 목적 그리고 작업의 상세한 내용을 공유할 의무를 가진다.

스크럼 마스터

스크럼 마스터는 전통적인 프로젝트 관리자와는 다른 서번트 리더십을 가진 관리자이다. 각 팀 구성원이 애자일을 이해하고 효율적으로 사용할 수 있도록 프로젝트 진행에 방해가 되는 요소나 낭비를 제거한다.

제품 백로그(Product Backlog)

제품 백로그란 개발해야 할 기능들을 사업상의 중요도에 따라 구분한 목록으로 개발과정에서 끊임없이 진화하는 것이 특징이다. 제품 백로그는 아직 특정 스프린트에서 구현하기로 할당되지 않은 사용자 스토리를 저장하기 위해 사용된다(사용자 스토리는 사용자 요구사항, 기술적 요구사항, 결함 수정 등을 반영한다). 제품 백로그는 제품 책임자가 책임지고 관리하지만, 다른 이해관계자들도 사용자 스토리를 추가할 수 있다.

제품 백로그는 첫 번째 스프린트를 수행하기에 충분한 사용자 스토리가 있도록 스프린트 제로에서 최초 작성된다. 그 이후에는 제품 책임자(Product Owner, PO) 가 수시로 관리(추가, 스토리 업데이트, 스토리 제거) 해서 가장 최신 요구사항(사용자 또는 애자일 팀의)이 반영되고, 스프린트 계획에 필요한 만큼의 사용자가 스토리가 포함되어 있도록 한다.

제품 백로그를 관리할 때 제품 책임자는 신규 및 변경된 요구사항이 제품 백로그의 사용자 스토리에 반영될 수 있도록 사용자 및 애자일 팀과 수시로 의사소통을 한다. 사용자 스토리를 직접 작성하는 제품 책임자가 있는 반면, 작성 자체는 다른 사람에게 위임하고, 결과가 정확하고 적절한지(구현하기에 충분한 정보를 담고 있는지) 리뷰하는 제품책임자도 있다.

제품 백로그는 A6 크기의 사용자 스토리 카드 모두를 담고 있는 물리적인 상자이거나, Jira

나 Rally 와 같은 애자일 프로젝트 관리 도구를 통해 구현될 수도 있다. 분산된 팀이 포함된 애자일 프로젝트에서는 도구를 사용할 가능성이 높다.

사용자 스토리(User Story)

사용자 스토리는 사용자가 원하는 무언인가(What)를 설명해 준다. 필요한 무언가는 대부분의 경우 소프트웨어이다(애자일 팀이 필요한 기능을 설명하는 사용자 스토리와 같이 다른 유형의 사용자 스토리도 있다). 이런 사용자 스토리는 일반적으로 고객을 대변하는 제품 책임자가 작성하며, 비 기술적인 이해관계자도 이해할 수 있을 만큼 간단하게 작성된다. 처음에는 제품 백로그에 기록되고, 특정 스프린트에서 구현하기로 결정하면, 스프린트 백로그로 옮겨진다.

사용자 스토리는 하나의 스프린트에서 처리하기가 용이한 크기로 압축되어야 한다. 일반적으로 각 사용자 스토리는 0.5일~5일 정도가 소요되도록 해야 한다. 이것보다 커질 경우, 하나의 스프린트 내에 완료하기가 어렵게 된다. 너무 큰 사용자 스토리를 에픽(EPIC)이라고 부르며, 에픽은 여러 개의 스토리로 나눌 필요가 있다. 제품 책임자가 사용자 스토리를 작성함으로써 생기는 장점 중 하나는 사용자 스토리를 어떻게 구현할 것인가에 대한 세부 구현 사항에 집중하기보다는 무엇이 필요한지에 집중하게 된다는 점이다.

애자일 프로젝트와 전통적인 프로젝트의 주요 차이점 중 하나는 애자일 프로젝트는 사용자 스토리 기반으로 진행되는 반면 전통적인 프로젝트는 아키텍쳐(Architecture) 주도로 진행된다는 점이다. 아키텍쳐 기반으로 할 경우 층별 구현이 이루어지게 되며, 각 층을 통합하기 위해 길고 복잡한 통합 단계가 필요한 경우가 많다. 반대로, 애자일 프로젝트에서 우리는 각 사용자 스토리를 구현하면서 여러 층이 같이 동작해야 하는 솔루션을 구현하게 되는데, 이럴 경우 아키텍쳐 층 간의 통합 문제를 프로젝트 초반에 처리할 수 있다는 장점이 생긴다. 물론 이런 접근법에도 단점은 여전히 있다. 우리는 여전히 각 층이 같이 동작하도록 해야 하며, 그것은 복잡할 수 있다. 즉, 애자일 프로젝트에서는 초반에 개발자가 이런 난관을 극복해야 하므로 진척(Progress)이 매우 더디게 이루어지는 것을 보일 수 있다. 하지만, 통합 문제를 초기에 처리하기 때문에 생기는 이득은 고객 기대치를 관리하기 위해 필요한 노력을 충분히 보상하고도 남는다.

사용자 스토리(태스크가 아닌)를 추적하고자 하는 경우, 태스크 보드를 활용할 수 있다. 이렇게 사용할 경우, 안쪽 열들이 수행된 태스크를 보여주게 된다.

스파이크

스파이크는 애자일 팀이 프로젝트의 기술적 혹은 설계상 어려워 보이는 점을 사전에 미리 식별하고 최대한 빨리 해결하기 위해 사용되는 도구다. 스파이크는 다음 두 가지 종류가 있다.

구조적 스파이크 개념을 증명하기 위해 사용되는 도구

팀에서 사용하려는 접근 방식이 팀은 특정한 기술적 해법을 설계하는 데 선택해야 할 사항이 다양 하거나 특정 방법이 효과가 있을지 잘 모를 때 이 도구를 사용한다. 예를 들어 "연결 방법을 결정하기 전에 기본 데이터베이스 드라이버의 성능을 테스트하는데 1 주일이 소요될 것이다." 또는 "짚을 재생 가능한 가정용 단열재로 사용하는 가능성을 테스트해야 한다." 와 같은 내용에 우리가 고려하는 접근법에 대해 "우리가 할 수 있는가?" 와 같은 질문에 대답하거나 "작동할 것이라는 것을 입증해라." 와 요구사항에 대해 확인해야 한다.

리스크 기반 스파이크

리스크 기반 스파이크는 프로젝트의 문제나 리스크 요소를 조사해서 사전에 제거를 하거나 줄이는 활동이다. 이 활동은 리스크 관리(Risk Management)의 핵심 도구이다. 스파이크는 장점은 기술적 문제나 설계 문제를 해결할 때 도움을 준다는 것이다.

스프린트 계획

스프린트 계획 회의, 스프린트 리뷰, 스프린트 회고 회의

1) 준비사항: 스프린트 계획 회의 시 제품 책임자는 최신 버전의 제품 백로그(지난 스프린트 때 만든 결과물을 가지고 이해관계자의 의견을 취합하여 수정 사항을 업데이트한 백로그)를 지참하여야 한다.
2) 참석자: 스크럼 팀원, 제품 책임자, 스크럼 마스터가 참여한다.
3) 목표: 스프린트에서 구현될 기능 목록을 결정한다.
4) 방법: 명확한 스프린트 목표 설정, 테스트 주도 계획 설정, 목표 달성을 위한 계획 실천을 약속한다.
5) 스프린트 계획 회의 시 활동 내용:
   - 제품 백로그로부터 항목 선정 및 논의
   - 항목을 작업 가능한 태스크로 분할
   - 각 태스크에 대한 작업량 추정

- 팀 역량이 남아있는 동안 다음 항목에 대해 반복
- 팀 역량이 모두 할당되면 스프린트 계획 종료

팀원의 역량이 충분하지 않을 경우를 대비하여 Risk Buffer를 남겨둔다. 스프린트 계획 시 각 팀원은 능동적으로 참여하여야 하고, 작업 할당 전에 개별 역량의 공유와 이해가 이루어져야 한다. 스프린트 계획 시 스프린트 목표에 기초한 종료 상태 정의를 꼭 짚고 넘어가야 한다.

스프린트 백로그(Sprint Backlog)

제품 책임자와 스크럼(Scrum) 팀이 모여 하는 스프린트 회의 시 결정되는 것으로, 요구사항을 태스크로 구체화한 문서이다. 테스트 주도 계획이 포함되어야 하며, 원칙상 수정이 불가하다. 스프린트는 스크럼에서 반복적 작업 백로그 중 일부를 수행하는 기간을 의미한다. 스프린트는 통상적으로 4주 정도의 기간으로 운영되지만 팀의 사정에 따라 변경할 수 있기에, 팀원들은 기간에 알맞게 피쳐들을 골라야 한다. 어찌됐든 스프린트 백로그에 명시된 사항들만 스프린트 기간 내에 처리하면 된다. 정해진 태스크 이외의 다른 태스크는 다음 스크럼 기간으로 연기한다. 그래야 개발자는 현재 스크럼 기간에 할당된 태스크에만 집중할 수 있다. 이는 불필요한 컨텍스트 스위칭을 제거하여 개발 효율을 높이는 것을 의미하며 온전히 하나만의 태스크를 위해 노력할 수 있다. 이렇게 개발자에게 주어진 아키텍쳐만 그리면 되고 잔여 태스크에 대해서는 다음 스프린트에서 처리하면 된다.

일일 스크럼(Daily Scrum)

일일 스크럼이란 말 그대로 매일 정해진 시간에 행하는 회의로써 팀 구성원들은 진행한 일, 오늘 진행할 일, 그리고 업무 진행에 있어서 장애 사항을 공유해야 하는 모임이다. 일일 스크럼은 왜 해야 할까?

사실 스크럼을 진행하게 되면 업무 진행 사항은 보드를 통해서 업데이트 된다. 일일 스크럼에서 이야기하는 진행한 일이나 오늘 진행할 일은 보드를 통해서 확인할 수 있거나 유추할 수 있다. 그럼에도 불구하고 팀원이 모두 모여서 회의를 해야 하는 이유는 무엇일까?

그 이유는 애자일 선언문을 보면 알 수 있다. '공정과 도구 보다는 개인과 상호작용을' 커뮤니케이션을 하는데 있어서 이메일이나 전화 등 도구를 활용하면 의미가 잘못 전달되거나 일부만 전달되는 경우가 있다. 의미가 잘못 전달되면 일을 제대로 진행하지 못할 가능성이 있어 결과적으로 업무가 지연될 가능성이 높아진다. 오히려 얼굴을 보고 준비한 이야기를 하는 것이 명쾌하게 일을 할 수 있게 도와준다. 공정이나 도구는 효율적이지만 항상 답은 아니다.

'계획을 따르기보다 변화에 대응하기를' 변화에 빠른 대응을 위해서는 장애사항 공유가 필요하다. 테스트 환경을 여러 사람이 활용하고 있기 때문에 업무가 지연되고 있을 수도 있고, 작성한 코드를 테스트하는데 있어서 예상치 못한 심각한 버그를 만나 지연될 수도 있기 때문이다. 장애사항들이 빨리 공유되어야 스크럼 마스터가 테스트 환경을 제공하기 위해 노력하거나 어려운 문제점을 팀 구성원끼리 도와줄 수 있다.

스프린트 리뷰(Sprint Review)

스프린트 리뷰는 개발 팀, 스크럼 마스터, 제품 소유자 및 이해관계자가 참석하는 비공식 회의이다. 팀은 제품에 대한 데모를 제공하고 완료된 제품과 완료되지 않은 제품을 결정하게 된다. 스프린트 리뷰 회의의 목적은 팀이 고객과 이해관계자가 스프린트를 통해 달성 한 작업을 보여주고 스프린트의 시작 부분에 주어진 약속과 비교하는 것에 있다. 각 스프린트는 두 부분으로 된 스프린트 검토 회의로 끝나게 되며, 이러한 회의는 고객 검토 및 데모로 시작하여 팀 소급으로 끝이 난다. 이 구성 요소는 모두 스프린트 마지막 날에 발생한다.

스프린트 리뷰와 스프린트 회고의 차이

스프린트 리뷰(Sprint Review)는 증분의 '검사' 및 '적응'에 초점을 맞추고, 스프린트 회고(Sprint Retrospective)는 스프린트 프로세스의 '검사' 및 '적응'에 더 중점을 둔다.

스프린트 회고는 Scrum Master가 진행 한 회의로, 팀은 막판 스프린트를 논의하고 다음 스프린트를 보다 생산적으로 만들 수 있는 변경 사항을 결정한다. 스프린트 검토는 팀이 구축하고 있는 것을 살펴보는 반면 회고는 팀이 구축하는 방법을 살펴본다.

스프린트 회고는 팀이 프로젝트 수명 동안 지속적으로 발전하고 개선할 수 있는 중요한 메커니즘이다. 팀, 제품 소유자 및 Scrum Master를 포함한 모든 사람이 개방적이고 정직하지만 건설적인 분위기에서 의견을 표현할 수 있는 기회를 얻는 것이 중요하다. 또한 경영진이 팀의 프로젝트 작업 및 진행 상황에 대한 피드백을 받는 데 도움이 된다. 회고는 불만을 기록하는 데 사용되지 않으며, 팀은 문제에 대한 효과적인 해결책을 찾고 행동 계획을 개발하기 위해 노력해야 한다.

Work-In-Progress(WIP)

일반적 의미: WIP(Work-In-Progress)라는 용어는 완료 대기 중인 부분 완제품을 설명하는 생산 및 공급망 관리 용어이다. WIP는 생산 공정의 다양한 단계에 있는 제품에 대해 발생하는 원자재, 인건비 및 간접비를 의미한다. WIP는 대차 대조표에 있는 재고 자산 계정의 구성 요소로서, 이 원가는 완제품 계정으로, 결국 판매 원가로 이전된다.

Software 개발에서의 의미: WIP(Work-In-Progress) 수의 제한은 소프트웨어 개발에서 병목 현상을 방지하기 위한 전략이다. 진행중인 작업 제한은 프로젝트가 시작되기 전에 개발 팀이 동의하고 팀의 진행자에 의해 시행된다. 예를 들어 팀은 기능에 대해 수행해야 하는 작업을 디자인, 코드, 테스트 및 배포로 나눌 수 있다. 특정 작업에 대한 WIP 제한에 도달하면 팀은 병목 현상을 해결하기 위해 중지하고 함께 작업한다. 이러한 방식으로 작업한다는 목표는 전체 팀이 프로젝트를 소유하고 고품질 코드를 생성하도록 하기 위함이다.

지속적인 통합

지속적인 통합은 애자일 방법론 중의 하나인 XP 개발 방법론의 실천 사항 중에 하나다. 지속적인 통합이란 개발에 참여하는 모든 팀원들이 지속적으로 자신의 작업 폴더에 있는 코드를 저장소와 통합한다. 만약에 각자 작업 폴더만 코드를 유지하고 저장소에 늦게 반영을 한다면, 나중에 소스를 통합할 때 충돌이 날 수 있다. 지속적인 통합을 한다면 초기에 이런 문제를 수정할 수 있다.

지속적인 통합은 지속적으로 소스 통합을 하고 자동화된 빌드와 테스트를 수행한 후에 빌드 또는 테스트 상의 문제점을 확인한 다음에 해결한다. 즉, 변경 비용 곡선을 낮추고 즉각적인 피드백을 받음으로써 최대한 문제점을 빨리 식별하고 해결한다. 즉, 지속적인 통합의 목적은 항상 자신의 작업 폴더를 최신 소스로 유지하여 변경 및 통합으로 인한 문제점을 사전에 방지하고 관리 비용을 최소화 하는 것이다.

지속적인 통합의 주요 구성요소는 다음과 같다.
- 소스코드 컨트롤 시스템: 모든 소스 파일의 버전을 관리한다.
- 빌드 도구: 소스 파일을 프로그램으로 만드는 도구
- 스케줄러 혹은 트리거: 빌드는 정기적 인 일정(예: 1 시간마다)으로 또는 시스템이 소스 코드 변경을 감지할 때마다 시작될 수 있다.
- 통지(Notification): 빌드가 실패하면 가능한 빨리 빌드를 수정할 수 있도록 팀에 알려야

한다. 이러한 알림은 이메일 또는 인스턴트 메시징을 통해 전송될 수 있다.

지속적인 통합은 단점도 있는데 시스템을 구축하는데 소요되는 시간과 비용이 발생한다. 그래서 주로 이터레이션 제로에서 구축하게 된다. 또한 코드를 저장소에 등록하는 과정인 체크인과 자동화된 빌드 및 테스트에는 시간이 소요가 된다.

하지만, 지속적인 통합은 문제점 발견과 해결하는데 걸리는 시간을 단축할 수 있다는 측면에서 소프트웨어 개발의 필요한 관행이다.

릴리스 계획

사용자 스토리를 바탕으로 전체 개발해야 할 제품의 스토리 포인트 전체 점수와 개발 팀 역량을 기반으로 전체 일정 계획을 수립하는 것을 의미한다.

릴리스 계획의 목적은 다음 릴리스를 위해 이터레이션 동안에 처리할 사용자 스토리를 결정하는 것이다. 즉, 배포하는 빈도와 내용 그리고 목표를 결정하는 행동이라 할 수 있다. 릴리스 계획은 모든 이해관계자가 참여하는 회의에서 결정된다. 처음에는 이터레이션 제로 동안에 수행되고, 이후에 새로운 릴리스가 시작되기 전에 수행된다. 릴리스 계획은 제품 백로그 관리와 관계가 있을 수 있다.

릴리스 계획에서는 다음과 같은 산출물이 작성된다. 먼저, 이터레이션에서의 작업을 개략적으로 설명하는 릴리스 계획서와 진행 상황을 식별하기 위해 사용되는 릴리스 번업 차트다.

릴리스 계획 회의에서는 다음과 같은 내용이 필요하다. 먼저, 우선순위가 결정된 스토리를 검토하고 필요하다면 크기를 조정한다. 그리고 릴리스 별로 스토리를 정렬하고 다음 릴리스에 포함될 스토리를 선택한다. 필요에 따라 로드맵을 변경하거나 수정할 수 있다. 한가지 중요한 점은 이터레이션 내에 작업을 완료할 수 있도록 스토리를 분할해야 한다는 것이다.

릴리스 계획의 예는 다음과 같다.

먼저, 다음과 같은 스토리가 있다고 가정하자.
스토리 1(스토리 포인트: 3)
스토리 2(스토리 포인트: 5)
스토리 3(스토리 포인트: 5)
스토리 4(스토리 포인트: 3)
스토리 5(스토리 포인트: 1)

스토리 6(스토리 포인트: 8)

스토리 7(스토리 포인트: 5)

스토리 8(스토리 포인트: 5)

스토리 9(스토리 포인트: 2)

스토리 10(스토리 포인트: 2)

예전에 비슷한 프로젝트 경험이 있거나 사전 정보를 통해 초기 개발 속도를 측정한다. 개발 속도를 먼저 13이라고 정하면 (1, 2, 3)을 한 이터레이션에서 처리를 할 수 있다. 이터레이션을 한번 돌고 나니, 개발속도가 17임을 알았다고 가정하다. 그러면 다음 이터레이션에서는 (4, 5, 6, 7)이 할당된다.

스토리 포인트(Story Point)

애자일에서는 일반적인 프로젝트 관리에서 사용하는 각 작업에 필요한 공수 산정과는 다르게 스토리에 포인트 값을 할당하여 프로젝트를 계획하고 실행/통제한다. 스토리 포인트는 각 작업(피처, 사용자 스토리)에 필요한 상대적인 작업량(크기)을 나타내는 값으로 예상되는 작업의 복잡도와 업무량의 상대적인 크기를 의미한다.

스토리 포인트는 상대적인 작업의 크기이므로 산정을 위해 티셔츠 크기를 이용하거나 피보나치 수열을 포인트 지표로 사용하기도 하며, 플래닝 포커 등의 추정 기법을 사용하기도 한다.

스토리 포인트를 할당하고 스프린트를 진행함에 따라 사용자 스토리에 대한 포인트 추정과, 스토리 포인트가 어느 정도의 노력이 소요되는지 예측/추정이 가능해지며 추정의 정확도와 일관성을 갖게 된다. 이를 통해 현재의 팀이 한번의 스프린트에 얼마만큼의 일을 할 수 있는지 감을 잡을 수 있고, 계획 수립/실행을 통제할 수 있게 된다.

번다운 차트(Burn-Down Chart)

번다운 차트는 남아 있는 일 대비 시간을 차트로 표현한 것이다. 스프린트 백로그에 있는 모든 사용자 스토리에 스토리 포인트가 할당되면, 스프린트 기간내에 완료해야 하는 일의 총량이 결정되고, 이를 스프린트 기간내 매일 얼마만큼의 스토리 포인트가 완료되어 얼마만큼의 스토리가 남아 있는 지를 보여줌으로써 모든 팀원들이 스프린트 목표를 달성하기까지 얼마나 남았는지를 명확하게 인지할 수 있다.

번업 차트(Burn-Up Chart)

번업 차트는 스프린트 기간 동안 완료한 스토리 포인트의 총 합을 추적하여 관리하는 차트이다. 이와 별도의 독립된 추세선을 통해 스프린트 기간내에 완료하여야 하는 스토리 포인트의 총 합을 관리한다, 이를 통해 스토리 포인트에 기반한 스프린트 범위를 관리할 수 있다.

번업 차트는 이 두 가지 항목을 통해 스프린트 범위를 관리하고 진행 상황을 명확하게 대비하여 볼 수 있다.

테스크 보드(Task Board)

사용자 스토리들을 보드에 표시하고 진행 상태에 따라 적절한 단계(구역)로 이동/분류하여 프로젝트의 현황을 보여주는 도구이다. 경우에 따라서 칸반 보드와 같거나 비슷할 수도 있으나 칸반 보드는 프로세스의 흐름에 따른 작업을 표시하고 제어한다는 점에 차이가 있다. 태스크 보는 일반적으로 할 일(To-Do), 진행 중(Doing), 완료(Done)로 구분하며, 팀원들은 작업을 시작하면서 할 일 칸에 있는 스토리를 진행 중 칸으로 옮기고, 해당 스토리를 끝내면 완료 칸으로 옮겨서 각자의 진행 상황을 공유한다. 이를 통해 현황을 보드를 통해 확인할 수 있다.

기술적 부채(Technical Debt)

기술적 부채는 소프트웨어 개발하는 과정에서 여러 가지 이유로 결함 또는 결함을 내포한 상태의 설계와 코드로 인해 발생하는 추가적인 작업 비용을 의미한다. 이러한 부분은 오래 방치될수록 문제가 더 복잡해지고 해결하기 힘든 상황으로 귀결되게 된다. 기술적 부채가 발생하는 원인은 다양하다, 정확한 요구사항의 파악이나 설계가 충분히 진행되지 않고 개발이 진행되거나 테스트 부족이나 팀원 또는 팀간 협업 과정에서의 문제들로 인해서도 발생할 수 있다. 리팩토링(Refactoring)을 통해 기술적 부채를 해결해 나아갈 수 있으며, XP에서는 주기적인 리팩토링을 실시하여 기술적 부채가 쌓이기 전에 해결하고 있다.

백로그 정제(Backlog Refinement)

백로그 정제란 개발해야 할 피처 목록에서 아이템을 추가, 제거하고 우선순위를 재설정 하는 것으로서 다음 스프린트에서 완성할 사용자 스토리를 정제하는 작업을 말한다. 즉, 각 백로그 아이템에 세부 내용과 추정을 추가하고 순서를 정비하는 것이다. 제품 책임자와 개발 팀이 제품 백로그 항목들을 상세화 하기 위해 협력하는 지속적인 과정이며(백로그 그루밍이라고도 한다) 한 스프린트 내에 완성할 수 없는 큰 사용자 스토리(에픽=EPIC)를 작은 사용자 스토리로 분할하고 분할한 사용자 스토리들의 스토리 포인트를 추정한다. 새로운 사용자 스토리에 대한 스토리 포인트를 추정하고 우선순위를 조정한다.

제품 백로그 정제를 약자로 PBR(Product Backlog Refinement, 제품 백로그 정제) 이라고도 하며 일반적으로 애자일 팀은 이 일을 하는 데 자신들의 시간 중 10% 미만을 사용한다.

가치흐름도(Value Stream Map)

가치흐름도를 작성하려면 백로그에서 고객이 중요하게 생각하는 제품의 가장 작은 부분을 확인한다. 그리고 나서 애자일 팀이 그 부분을 만들기 위해 밟은 모든 단계, 즉 처음 논의를 시작한 때부터 배포 단계까지 다시 생각해야 한다. 각 단계마다 상자를 그리고 화살표를 사용해서 각 프로세스 상자들을 연결한다. 그 다음 각 단계를 수행하는데 소요된 시간과 각 단계 사이에서 대기했던 시간을 추적한다. 단계 사이에 기다리느라 정체 또는 소비한 시간이 불필요한 부분이다. 프로젝트가 작동(On-Going)하고 있다는 것을 보여주기 위해 선은 올라가고 프로젝트가 대기 중임을 보여주기 위해 아래로 내려가는 선을 하나 그린다. 이제 작업과 불필요한 일을 시각적으로 볼 수 있다.

가치 흐름도는 단순한 다이어그램이지만, 프로젝트를 수행하는 동안 정확히 얼마만큼 대기하면서 시간을 낭비하는지 보여준다. 불필요한 부분으로 인해 어느 부분에서 태스크의 진척을 더디게 하는지 보여주기 위해, 팀이 사용하는 프로세스를 타임라인에 그리는 것이 도움이 된다. 가치 흐름도는 팀의 시간이 고객을 위한 가치로 이어지지 않는 작업에 얼만큼 허비되는지를 명확하게 보여준다. 팀이 불필요한 부분을 제대로 보게 되면, 팀은 기다리는 시간을 줄이기 위한 방법을 파악하기 위해 함께 노력하게 된다.

가치흐름도 작성 목표는 작업 시간과 불필요한 시간 사이의 균형을 이해하는 데 도움을 주는 것이다. 프로젝트 내에서 기다리는 시간을 모두 제거할 수는 없으나 팀이 얼만큼 대기하는데 시간을 소요하는지, 그리고 언제 기다리는지를 정확히 알면, 불필요한 부분을 알아볼 수 있게 되어 그 불필요한 부분을 제거할 수 있는 소중한 첫걸음이 된다. 가치 흐름도를 그려보는 것은 프로세스를 개선하기 위해 팀이 생각해 볼 수 있는 매우 좋은 방법이다.

누구나 쉽게 이해하는

애자일 기본 정석Agile

P M P를 위 한 애 자 일 완 벽 가 이 드

발행일 2023년 1월 3일

지은이 이두표 · 강석환
펴낸이 박승합
펴낸곳 노드미디어

편 집 박효서
디자인 권정숙

주 소 서울시 용산구 한강대로 341 대한빌딩 206호
전 화 02-754-1867
팩 스 02-753-1867
이메일 nodemedia@naver.com
홈페이지 www.enodemedia.co.kr

등록번호 제302-2008-000043호

ISBN 978-89-8458-353-5 13320
정 가 35,000원